최진기의

4차 산업혁명

한 권으로 정리하는

최진기의
4차산업혁명

최진기 지음

izi 이지퍼블리싱

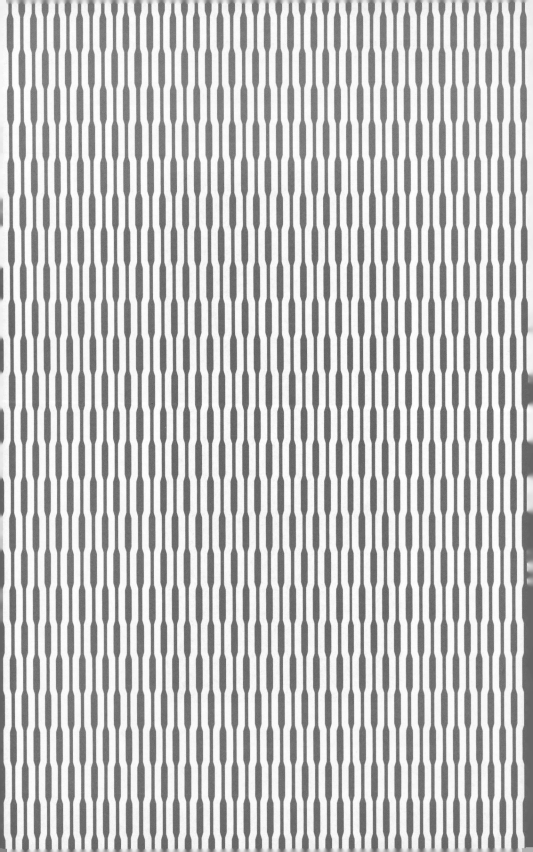

4차 산업혁명과 인문학

조금 뚱딴지같은 이야기일 수 있습니다. 4차 산업혁명을 말하면서 왜 인문학을 언급하냐 이거죠. 도대체 4차 산업혁명과 인문학이 무슨 관련이 있느냐고 말입니다. 4차 산업혁명에 대해 말하려면 기술을 언급해야지, 왜 인문학 이야기를 하느냐고 말입니다.

누구나 이야기합니다. 4차 산업혁명 시대라는 위기의 시대에 대비해야 한다고요. 그렇지 않으면 뒤처질 거라고 말하면서 4차 산업혁명이 가져올 미래를 전망하곤 합니다. 그런데 그 전망이 너무나 다양해서 우리로서는 어느 의견이 맞는지 정답을 찾아내기가 참 어렵습니다.

4차 산업혁명이 가져올 미래에 대한 답은 어디에 있을까요? 저는 우리의 과거에 있다고 생각합니다.

많은 사람이 4차 산업혁명이 일어나면 대규모 실업이 발생할 거라고 말합니다. 그것과 관련된 책 대부분은 어떤 직업군은 위험하고 어떤 직업군은 살아남을 거라고 주장하면서도, 정작 앞으로 발생할 대규모 실업 문제를 인류가 어떻게 해결할 것인가에 대한 논의는 빠져 있습니다.

산업혁명이 일어나자 대규모 실업이 발생했습니다. 증기기관으로 대표되는 기계가 많은 사람의 일자리를 빼앗았죠. 그러자 분노한 노동자들이 거리로 나가 기계를 부수기 시작했습니다. 이것이 러다이트 운동의 시작이었습니다. 그런데 지금은 아무도 기계를 부수지 않습니다.

왜 그럴까요? 노동시간의 단축, 3차 산업인 서비스업의 등장, 실업보험의 탄생 때문입니다. 그렇게 인류는 문제를 해결했습니다. 4차 산업혁명 역시 방법은 다르지만, 산업혁명이 해결했던 방향성을 가지고 해결해 나갈 것입니다. 그 이야기를 이 책에서 다루고 싶었습니다.

4차 산업혁명이 일어나면 인간 삶에서 어떤 측면이 가장 크게 변할까요? 아주 추상적인 이야기입니다만, 주변 책들을 보면 한결같이 삶이 편해질 거라고 말합니다. 그건 당연한 이야기입니다. 중요한 점은, 어떻게 달라질 것이냐는 겁니다. 저는 이 문제의 정답 역시 과거에 있다고 봅니다. 1910년대 본격적으로 등장해 2차 산업혁명을 마무리했던 포드주의적 생산방식에 말입니다.

컨베이어 벨트 시스템에 기반을 둔 포드주의적 생산방식은 비약적인 생산성 향상을 가져왔고, 그 덕분에 인류는 물질적 풍요를 누리게 되었습니다. 그러한 물질적 풍요의 기반에는 바로 석유가 자리 잡고 있었고요. 우리는 느끼지 못하지만 과거의 인류와는 비교할 수 없는 물질적 풍요를 누리고 있습니다. 그 물질적 풍요의 기반은 석유입니다. 그렇다면 4차 산업혁명은요? 포드주의적 생산방식을 가능하게 했던 게 석유라면, 4차 산업혁명을 가능하게 한 건 바로 빅데이터입니다. 석유가 인간에게 물질적 풍요를 가지고 왔다면, 빅데이터는 정신적 풍요를 가져올 거라고 믿어 의심치 않습니다.

4차 산업혁명 시대 생존에는 창의력이 필요하다고들 말합니다. 하지만 막상 창의력이 무엇이고, 그것을 키우기 위한 방법이 무엇인지는 말하지 않습니다. 또한 4차 산업혁명이 기업을 어떻게 변화시킬지 말하기보다는 기업의 변화 속도에만 주목하고 있습니다. 저는 그러한 문제에 대해 답하고 싶었습니다. 그리고 그 해답이 지나간 우리의 역사를 되새기며 그 과정에 인문학을 녹여내는 것이라고 생각했습니다.

그래서 저는 이 책을 씁니다. 많은 독자분이 읽고 같이 공감해 주면 좋겠습니다.

3년 만에 책을 씁니다. 오랜만에 한 땀 한 땀 글을 썼습니다. 이번 책을 내면서 다시 한번 마음을 다졌습니다. 힘이 다할 때까지 강연하고 책을 쓰겠다고 말이지요. 삶이 너무 고단해서, 세상이 너무 미워서 그리고 제가 너무 약해서 강사와 저자의 길을 버리려고 했던 시기들이 있었습니다. 이제 다시는 그러지 않으려고 합니다. 힘들고 어려워도 묵묵히 강사와 저자의 길을 가겠습니다. 이 책은 저 자신과 여러분에 대한 또 한 번의 약속입니다.

2018. 3. 10. 집무실 컴퓨터 앞에서

2 어떤 국가가 승리할 것인가?

3 어떤 기업이 승리하는가?

5 가상화폐, 블록체인 그리고 버블?

6 4차 산업혁명 시대 그리고 창의력

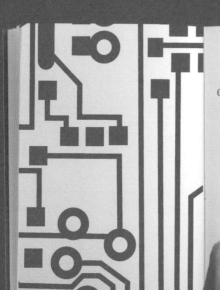

CHAPTER 01

4차 산업혁명이란
무엇인가?

4차 산업혁명은 과연 올 것인가? 그 시기와 변화된 미래에는 어떤 일이 발생할 것인가?

4차 산업혁명이
있기는 한 걸까?

01

The Fourth Industrial Revolution

대통령령으로 공포된 '4차 산업혁명위원회의 설치 및 운영에 관한 규정' 제2
조 1항으로 이야기를 시작하겠습니다.

'제2조(설치 및 기능) 초연결·초지능 기반의 4차 산업혁명 도래에 따른 과학기
술·인공지능 및 데이터 기술 등의 기반을 확보하고, 신산업·신서비스 육성
및 사회변화 대응에 필요한 주요 정책 등에 관한 사항을 효율적으로 심의·조
정하기 위하여 대통령 소속으로 4차 산업혁명위원회를 둔다.'

정부가 이런 규정을 대통령령으로까지 만드는 것으로 보아 4차 산업혁명이
코앞에 다가온 것 같습니다. 그러나 개중에는 4차 산업혁명이라는 용어가 한국
에서만 쓰이는 것으로, 금방 사라질 신기루에 불과하다고 말하는 사람도 있습
니다. 과연 어떤 사람이 옳은 말을 하는 것일까요?

사실 4차 산업혁명은 우리가 알게 된 지 얼마 되지 않은 용어입니다. 2016년 1월 말 세계경제포럼(World Economy Forum, 다보스 포럼)[1]이 열렸습니다. 당시 다보스 포럼의 핵심 주제는 '4차 산업혁명의 이해(Mastering the Fourth Industrial Revolution)'였습니다. 이 주제로 세계의 석학들이 논쟁을 벌였습니다. 이 논쟁으로 인해 사람들에게 알려지게 된 것이 바로 '4차 산업혁명'입니다.

4차 산업혁명이라는 용어가 처음 등장한 2016년 다보스 포럼에서 기조연설을 하고 있는 슈밥 회장

그런데 스위스에서 벌어진 석학들의 논쟁거리였던 4차 산업혁명이 한국에서 열풍을 일으킵니다. 같은 해 3월에 벌어진 이세돌과 알파고의 바둑 대결 때문입니다.

---

1. 세계경제포럼 : 매년 1월 스위스 다보스에서 개최되어 다보스 포럼이라고 불린다. 전 세계 정치·경제 지도자 2,000여 명이 약 일주일 동안 경제와 정치, 문화 등 다양한 분야의 토론을 펼친다.

이세돌은 4국에서 신의 한 수라고 부르는 백 78수를 두어 이겼지만, 전체 대국에서는 1:4로 졌습니다. 인간이 인공지능에 진 이 사건은 한국에서 4차 산업혁명이라는 개념을 일상으로 끌고 왔습니다.

이제 우리는 공포에 떨면서 "4차 산업혁명으로 인해 내 일자리를 빼앗기는 건 아닐까?", "인공지능이 우리를 지배하는 시대가 진짜 오는 건 아닐까?"와 같은 질문을 던지고 있습니다. 반면 "이제 운전하지 않아도 목적지까지 데려다주는 자동차가 생기는 걸까?", "고된 일을 인공지능이 해 주면 지금보다 창의적인 일을 하면서 문화적인 삶을 살 수 있을까?"라는 기대에 찬 질문도 해 봅니다.

이런 질문들은 더 이상 어색하지 않습니다. 4차 산업혁명이 우리 일상에 흡수되었기 때문일 것입니다. 자, 그렇다면 정말 4차 산업혁명이라는 게 있는 걸까요?

4차 산업혁명은 말장난이다?

4차 산업혁명은 실체가 없다고 주장하는 분이 많습니다. 그리고 이런 주장을 하는 분들이 비단 한국에만 있는 건 아닙니다. 먼저 세계적인 석학 로버트 J. 고든[2]의 말을 들어 보겠습니다. 그는 "우리가 이미 경험한 것이 지속되고 있을 뿐 4차 산업혁명이라는 이름에 걸맞은 변화는 없다"고 말합니다.

---

2. 로버트 J. 고든(1940~) : 노스웨스턴대학교 스탠리 G. 해리슨 석좌교수. 인플레이션, 실업, 경제성장에 관해 세계적인 권위자이며, 대표 저서로 『미국의 성장은 끝났는가』가 있다. 책 내용은 지금까지 산업혁명 이후에 인류는 자녀 세대가 자신들의 세대보다는 훨씬 나은 조건과 환경을 가질 것임을 의심한 적이 없었고 그것을 너무도 당연하게 여겼다는 것이다. 저자는 '우리 자식 세대가 우리 세대보다 더 못한 삶을 살게 될 것'이라고 말한다.

이번에는 한국 학자의 말을 들어 보겠습니다. 결례가 될 수도 있기에 책 제목이나 저자 이름은 밝히지 않겠습니다.

"4차 산업혁명이란 말은 분명한 내용이 있기보다는 2016 다보스 포럼을 위한 일시적 표어에 불과하다."

언뜻 생각해 보면 이분의 말이 맞는 것 같기도 합니다. 아무리 4차 산업혁명이라 해도 우리가 이미 경험한 것이 계속되고 있는 것처럼 느껴지지 않습니까? 사실 4차 산업혁명이라는 명칭에 걸맞은 변화는 아직 없는 것 같기도 합니다. 지금 우리 삶에서 4차 산업혁명 이후 급격하게 달라진 게 있습니까? 무인차를 타고 다닙니까? 즐기던 바둑을 끊었습니까? VR을 끼고 생활합니까? 3D 프린터로 무언가를 만들고 있습니까?

어쩌면 4차 산업혁명은 분명한 내용이 있다기보다 다보스 포럼을 위해서 만든 용어에 불과할지 모릅니다.

또 다른 주장도 보겠습니다.

"큰 패러다임은 3차 산업혁명과 본질적으로 변한 것이 없다. 1, 2차에 비하면 3차 산업을 논하기 시작한 지도 사실 얼마 되지 않았다."

저는 이 주장에 강력하게 반기를 들고 싶습니다. 본질적으로 변한 게 없다고 주장하는 사람에게 되묻고 싶습니다. 그렇다면 이 세상에서 변한 것은 무엇이냐고요.

자본주의사회는 본질에 있어 변한 게 없습니다. 18세기와 21세기의 자본주의를 비교해 봅시다. 1760년대 자본주의나 2010년대 자본주의 모두 노동력을 상품처럼 매매하고 있습니다. 본질에 있어서 변한 게 없습니다. 자본가는 여전히 노동력을 상품으로 사고 있고 노동자는 여전히 노동력을 판매하고 있습니다.

자본주의사회만 변한 게 없을까요? 우리 사회는 여전히 계층으로 이루어진 사회라고 할 수 있습니다. 인류는 늘 계층에 의한 사회적 차별을 경험해왔습니다. 그렇다면 과거에서 현재까지 달라진 건 무엇일까요?

'우리가 살고 있는 곳은 여전히 변함없는 자본주의 체제다', '우리가 살고 있는 곳은 여전히 계층 사회다', 이런 주장들은 때로 선언적으로 들립니다. 근본적으로 바뀐 것이 없기 때문에 변화로 볼 수 없다는 주장을 맹목적으로 받아들인다면 자칫 우리 사회에서 변화로 꿈틀거리는 작은 씨앗을 놓치는 실수를 범할 수 있습니다.

그렇기에 우리는 작은 씨앗의 움직임에 좀 더 주목해야 합니다. 씨앗이 일으킬 변화의 조짐과 결과를 실증적으로 찾아보는 것이 우리 사회가 더 좋은 방향으로 나아갈 수 있는 길 아닐까요? 씨앗이 변화를 일으키지 않을 수도 있습니다. 씨앗이 변화를 일으킬 수 없는 사회에 있을 수도 있습니다. 중요한 건, 그런 사회에서 이 씨앗이 어떻게 의미 있는 변화를 이끌어 낼 수 있을지 모색해야 한다는 것입니다.

'4차 산업혁명' 그 반대말을 찾아서

자, 그러면 본격적으로 4차 산업혁명에 대한 개념을 정의해 보겠습니다. 여러분 한 번 남자를 정의해 보세요. 남자? 어려워 보이지만 쉬울 수 있죠. 여자의 반대말입니다. 그렇죠? 한 단어를 정의하기 위해서는 그 단어의 반대말을 생각해 보면 됩니다. 그 단어의 정의나 개념이 뚜렷하게 다가올 수 있거든요.

본론으로 들어가 봅시다. 우리는 정치체제를 어떻게 정의할 수 있을까요? 반대말을 먼저 떠올려 봅시다. 바로 경제체제입니다. 경제체제를 고등학교 교과서에서는 이렇게 정의합니다. 한정된 자원의 배분을 통해 사회적으로 합의한 제도 또는 방식이라고 말입니다. 국가가 자원을 배분하면 계획경제체제, 시장이 자원을 배분하면 시장경제체제, 봉건시대와 같이 계급에 의해 자원이 배분된다면 전통 경제체제 이렇게 말이죠.

그렇다면 정치체제는 어떻게 정의하면 될까요? 한정된 권력을 배분하는 방식에 의해 결정되는 사회라고 하면 될 것 같습니다. 만일 그 방식이 일인에 의해 이뤄지면 독재정, 소수의 귀족에 의해 이뤄지면 귀족정, 다수결에 의해 이뤄지면 민주정 이렇게 말입니다. 이렇듯 반대말로 정의해 보면 간결하게 핵심을 찌르듯 이해할 수 있습니다.

저는 4차 산업혁명의 개념도 그렇지 않을까 생각합니다. 그렇다면 4차 산업혁명의 반대말은 무엇일까요? 너무 어렵다고요? 제가 앞에서 4차 산업혁명이라는 말이 2016년 이후 본격적으로 회자하기 시작했다고 말씀드렸습니다. 그렇다면 2008년 금융 위기 이후 2015년까지 세계경제와 한국 경제의 화두는 무엇이었을까요? 바로 뉴노멀[3]이었습니다.

무척 많이 들으셨을 겁니다. 그렇다면 뉴노멀이 무엇입니까? 말 그대로 해석하면 새로운 정상(正常)이란 뜻입니다. 그렇다면 새로운 정상은 무엇을

---

3. 뉴노멀(New Normal) : 2003년 벤처투자가 R. McNamee가 저성장, 저소득, 저수익률, 고위험 등을 특징으로 하는 새로운 시대의 경제적 기준으로 최초 제시했다. 이후 2008년 채권운용사 핌코(Pimco)의 CEO 모하메드 엘 에리언에 의해 보편화되었다.

의미할까요?

2008년 글로벌 경제 위기 이후 경제성장률이 매우 낮아졌습니다. 2008년 경제 위기는 바로 극복되는 모습을 보였습니다. 그러나 2009년 회복 이후 세계경제는 3%대 이상의 성장은 하지 못했습니다. 계속해서 더딘 성장을 기록하고 있죠. 처음 이런 현상이 일어났을 때 사람들은 일시적인 현상으로 봤습니다. 잠깐의 침체기로 바라본 거죠. 하지만 낮은 경제성장률이 10여 년 이상 계속됐습니다.

그럼에도 저성장의 끝이 보이지 않자 이제 사람들은 저성장을 일시적인 현상으로 보지 않게 되었습니다. 지속적이기 때문에 정상적인 것으로 보기 시작한 겁니다. 그래서 나온 단어가 바로 뉴노멀입니다. 저성장이 비정상이 아니라 정상이라는 겁니다.

뉴노멀은 일본의 예에서 잘 나타납니다. 일본이 경기 침체에 빠졌던 1990년대 초기의 반응은 어땠습니까? 경기 순환상 잠깐 나타나는 침체기라고 여겼습니다. 저금리 정책만 쓰면 곧 탈출할 수 있다고 여겼죠. 하지만 강력한 초저금리 정책을 썼음에도 일본의 경기 침체는 20년 이상 지속됐습니다. 결국 사람들은 일본의 저성장을 정상적인 현상으로 바라보기 시작합니다. 장기적인 경기 침체가 정상이 된 것입니다.

그런데 이제는 전 세계 경제가 일본 경제처럼 성장하지 않을 것이라는 전망이 쏟아져 나옵니다. 그래서 나온 것이 재패나이제이션[4]입니다. '일본화된다'는 것입니다. 이처럼 한때는 전 세계 경제가 일본처럼 더디게 성장할 거라는 비관적인 전망이 판을 쳤지요.

---

4. 재패나이제이션(Japanization) : '경제의 일본화'를 뜻하는 신조어. 양호한 경제성장을 하던 국가들이 일본 경제의 특징인 '장기 저성장' 구조로 변하는 것을 말한다.

하지만 요즘 뉴노멀이라는 말을 자주 사용합니까? 얼마 전까지만 해도 서점 경제 코너는 '뉴노멀'과 '재패나이제이션'에 대한 책으로 가득했습니다. 그런데 어느 순간 뉴노멀과 재패나이제이션에 대한 책이 사라져 버렸습니다. 그 이유는 뭘까요?

뉴노멀과 재패나이제이션은 이제 더 이상 화두가 아니라는 것입니다. 저는 비관적인 전망을 대표하던 주제를 대체한 단어가 바로 4차 산업혁명이라고 생각합니다. 이제 전 세계가 공감하고 있습니다. 우리는 장기적인 불황, 구조적인 저성장, 저금리로 대표되는 뉴노멀의 시대가 지속될 줄 알았습니다. 그런데 뭔가 변화가 일어나고 있음을 알아채기 시작했습니다. 그 변화에 대한 논의가 시작된 것으로 알 수 있습니다. 이 변화를 1차부터 2~3차로 이어져 온 산업혁명의 다음 단계인 4차 산업혁명으로 부르자는 사람들이 나타나기 시작했습니다.

이런 움직임은 4차 산업혁명으로 불리는 산업의 발전이 2008년 금융 위기 이후 일상화된 비관적인 전망을 깨뜨릴 수 있다는 전망과 희망에서 시작되었을 것입니다. 그렇다면 새롭게 나타난 4차 산업혁명이라는 말을 어떻게 받아들여야 할까요? 호들갑스럽지만 우리의 삶 전체를 한 방에 바꿀 수 있는 급진적인 혁명으로 보아야 할까요, 아니면 단순한 호들갑으로 냉담하게 받아들여야 할까요?

저는 '역사 속에 새로운 것은 없다'라는 말이 이 문제의 정답이라고 생각합니다. 우리는 이러한 호들갑과 냉담의 양 대결의 결과를 여러 번 본 바 있습니다. 한번 과거로 찾아가 봅시다.

세계화 논쟁과 포스트모더니즘 논쟁

　김영삼 대통령 때의 일입니다. 당시 김영삼 정권은 국정 운영의 최우선 과제로 세계화를 설정하고 추진했습니다. 1995년 1월 국가기관으로 세계화추진위원회가 공식 출범했습니다. 대통령은 "세계화는 우리 민족이 세계로 뻗어 나가 세계의 중심에 서는 유일한 길"이라고 천명했습니다. 김영삼 대통령을 문재인 대통령으로 바꿔 봅시다. 그리고 '세계화추진위원회'를 '4차 산업혁명위원회'로 바꿔 봅시다. 이름만 달라졌을 뿐 같은 내용이 반복되는 것 같지 않습니까? 거기다 세계화와 4차 산업혁명 모두 우리나라 내부의 충격이 아닌 외부에서 온 충격이라는 점, 외국보다 우리나라에서 더 난리가 났다는 점을 보면 마치 데자뷔 현상을 목격한 것 같지 않으십니까?

　세계화가 시작되었던 그 당시도 그랬습니다. 마치 4차 산업혁명을 접한 지금처럼 양극단의 주장이 충돌했지요. 한쪽에서는 마치 세계화에 동조하지 못하면 나라가 결단날 것처럼 날뛰던 사람들도 있었습니다. 반면, 본질적으로 변한 것은 없다고 말하는 사람도 있었지요. 알고 보면 세계화는 서구 자본주의가 일방적으로 개발도상국을 다시 한번 착취하기 위해 만든 개념이라고 말입니다.

　20여 년이 지난 지금 돌이켜 생각해 봅시다. 90년대 이후 EU[5]와 NAFTA[6],

---

5. EU(유럽 연합, European Union) : 유럽의 정치 · 경제 통합을 위해 1993년 마스트리히트조약에 따라 유럽 12개국이 참가하여 출범한 연합기구
6. NAFTA(북미자유무역협정, North American Free Trade Agrement) : 미국, 캐나다, 멕시코 간 관세와 무역 장벽을 폐지한 자유무역협정

그리고 WTO[7]의 등장은 분명히 이전의 자본주의와 다른 새로운 흐름을 만들어 냈습니다. 그 흐름은 바로 자본과 노동의 자유로운 이동 때문에 생겼습니다. 물론 자본의 이동이 노동의 이동보다 수월하기 때문에 자본에 유리할 수 있습니다. 그렇지만 시대는 이렇게 흘러왔습니다. 그리고 이러한 흐름 안에서 세계경제는 과거의 경제보다 동질화되었지요. 파리 패션쇼에 등장한 의상을 그다음 날 동아시아 소녀가 입고 다니는 시대가 온 것입니다. 분명 그 변화가 한순간에 혁명처럼 다가오지는 않았지만, 그렇다고 우리의 삶에 변화가 없었던 것도 아닙니다. 세계화라는 이름으로 다가온 물결은 도도하게 우리의 일상에 완전히 녹아 버렸습니다. 그리고 이제 더 이상 세계화를 논하지 않습니다. 우리는 이미 세계화된 세상에 살고 있으니까요!

이렇게 생각해 볼 수 있지 않을까요? 우리는 수많은 우여곡절 속에서 다른 나라에 비해 세계화에 더 호들갑을 떨었습니다. 이런 호들갑 때문에 세계화의 파도에 좀 더 효율적으로 대처할 수 있지 않았을까요? 누군가는 "경제는 심리다"라고 말합니다. 저는 이 말이 탐탁지 않습니다. 그러나 때로는 "경제는 심리다"처럼 유용한 표현이 없다고 생각합니다. 그런 의미에서 약간의 호들갑은 긍정적인 측면을 가진다고 봅니다.

가벼운 예를 들어 봅시다. 아이큐가 90인 친구가 있습니다. 그 친구가 자기 IQ가 90이라는 것을 알고 자포자기하는 삶을 사는 게 나을까요, 아니면 자기 IQ가 120인 줄 아는 게 좋을까요? IQ가 90이지만 120인 줄 알고 능동적으로 살아가는 게 좋지 않을까요? 자기 미래 역시 냉담하게 바라보기보다

---

7. WTO(세계무역기구, World Trade Organization) : 관세 및 무역에 관한 일반협정(General Agreement on Tariffs and Trade, GATT) 체제를 대체하기 위해 설립된 기구로, 회원국 간 협정을 관리 · 감독하는 기구

좀 더 밝고 희망적으로 생각하고 살아가야 하지 않을까요? 어쩌면 우리가 김대중 대통령 시절에 정보화사회라는 화두에 호들갑을 떨었기 때문에 오늘날 세계 최고의 정보 강국에 도달한 건 아닐까요?

하나의 논쟁을 더 살펴보겠습니다. 혹시 이 논쟁을 기억하시나요? 1990년대 포스트모더니즘[8] 논쟁 말입니다. 포스트모더니즘에 찬성하는 사람들은 더 이상 우리 사회를 모더니즘 사회라고 얘기할 수 없다고 주장합니다. 이 과정에서 '탈근대사회'에 대한 논의가 나왔습니다. 그러면서 당시 탈(POST)이라는 말이 봇물 터지듯 유행했습니다. 탈권위, 탈계몽, 탈중앙, 탈근대, 탈이성처럼 말이지요. 한마디로 이제 현대사회는 더 이상 근대사회가 아니라는 것이죠.

이런 논쟁에 당시 프랑스 철학이 큰 역할을 했습니다. 당시에 자크 데리다[9], 장 보드리야르[10], 미셸 푸코[11] 등 포스트모더니즘으로 대표되는 학자의 저서가 우리나라에서 번역되었습니다. 그러면서 한국 사회에 포스트모더니즘 열풍이 불었습니다. 당시는 대학생과 대학원생 사이에서 프랑스 철학을 모르면 시대 흐름에 뒤떨어지는 사람이라고 매도되는 시대였지요. 그때도

---

8. 포스트모더니즘 : 모더니즘이 가진 이성 중심주의에 대한 근본적인 회의에서 출발한 사상적 경향의 총칭. 철학, 문화, 예술, 건축 등 다양한 분야에서 이러한 경향이 나타났다.

9. 자크 데리다(1930~2004) : 알제리 태생으로 파리 고등사범학교에서 공부했다. 1987년 이후 파리 사회과학고등연구원에서 활동했다. 서양의 법적, 정치적 전통에 대한 해체 작업으로 사상사에 족적을 남겼다. 주요 저서로『그라마톨로지』『글쓰기와 차이』『마르크스의 유령들』등이 있다.

10. 장 보드리야르(1929~2007) : 40여 년간 50여 권에 이르는 저서를 출판했으며, 그중『시뮬라시옹』(1981)은 포스트모던 문화 이론, 미디어, 미학 등에 많은 영향을 끼쳤다. 생산보다 소비에 주목한 그의 이론은 현대사회를 해석하는 중요한 틀 중 하나로 자리 잡았다.

11. 미셸 푸코(1926~1984) : 콜레주드프랑스 교수를 역임하며 '사유 체계의 역사'라는 과목을 가르쳤다. 그는 정신의학, 의학, 감옥의 체계에 대한 비판과 권력과 지식의 관계, 성의 역사에 대한 사상을 통해 이름을 떨쳤다. 대표적인 저서는『광기의 역사』『지식의 고고학』『감시와 처벌』『성의 역사』등이 있다.

크게 두 개의 극단적인 주장이 있었습니다.

하나는 이제 모더니즘 세상은 끝나고 세계가 포스트모더니즘으로 곧 재편될 것이라는 급진적인 주장이었습니다. 그리고 또 하나는, 본질적으로 근대사회는 변한 게 없고 포스트모더니즘 역시 근대의 연장선상에 불과하다는 주장이었습니다.

이런 극단적인 주장들도 지금 보면 어느 정도 이해가 됩니다. 세상은 단번에 변하지 않습니다. 어느새 변화되어 있지요. 그것이 우리 삶에 녹아 들어가 그 변화된 것을 당연히 여기고 있는 겁니다. 이제는 더 이상 그것을 낯선 것이나 새로운 것으로 인식조차 하지 않습니다. 당시 포스트모더니즘을 대표했던 백남준의 비디오아트나 앤디 워홀의 팝아트를 우리는 더 이상 새롭다고 생각하지 않습니다. 그저 우리의 일상으로 받아들일 뿐입니다. 이제 누가 무대에서 랩을 한다고 해서 "아, 저것은 포스트모더니즘의 어느 한 부분의 음악적 사조야"라고 이야기하지 않죠. 이제 시간이 지나면, 무인차를 탄다고 해서 "아, 이건 4차 산업혁명의 결과물이야"라고 말하지 않을 것입니다. 변화는 요란하기보다 은밀하게, 점진적이고 전면적으로 다가와 우리에게 일상이 되는 것입니다. 결국, 본질적으로 변한 게 있냐는 질문에 대한 답은 간단합니다. 만약 저에게 누군가 이 질문을 한다면 변한 것이 무엇인지가 중요하지, 변하지 않은 것은 중요하지 않다고 답하고 싶습니다.

역사학도가 되어서 유적지를 발굴한다고 생각해 봅시다. 고대의 어떤 유적지를 발견했는데, 100개의 유품 중 99개가 석기시대 유물이고 1개는 청동검입니다. 그 유적지를 석기시대 유적지로 정의하겠습니까? 그렇지 않지요. 당연히 청동기시대나 초기 청동기시대의 유적지로 정의할 것입니다. 변하지 않는 99개보다 변하는 1개에 주목하는 힘. 4차 산업혁명이 시작된 지금,

그 힘이 필요한 때입니다.

산업혁명이란 무엇인가?

자, 혁명은 무엇입니까? 2017년 촛불집회는 혁명인가요, 아니면 시위인가요? 저는 시위가 혁명이 된 것이라고 말하고 싶습니다. 정치적인 혁명이라면 일단 정권이 교체되어야 합니다. 하지만 정권 교체가 있다고 해서 다 혁명은 아닙니다. 정치적 소수가 정권을 교체한다면 우리는 그것을 쿠데타라고 부릅니다. 혁명은 다수의 힘으로 해내는 것입니다.

물론 다수가 권력을 교체한다고 모두 혁명이 되는 건 아닙니다. 다수의 이름으로 권력을 바꿀 때 그것이 혁명이 되기 위해서는 정의롭지 못한 기존 정치권력에 대항해서 시대정신이라는 정의의 이름을 내세워야 합니다. 일반적으로 혁명이라는 건 이데올로기를 가지고 있다고 말합니다. 그렇기 때문에 '특정한 이념을 가지고 대다수 사람이 정치권력을 전복시키는 행위'를 우리는 정치적 혁명이라고 말합니다.

하나 덧붙이면, 물리적인 힘의 동원 여부는 정치적 혁명의 판단 기준에 포함되지 않습니다. 우리나라의 촛불 혁명이나 무혈혁명이지 프랑스혁명과 같은 대부분의 역사적인 혁명은 유혈혁명입니다. 무혈혁명은 굉장히 드물지요. 따라서 우리나라 경우는 몹시 특이하다고 할 수 있습니다. 우리나라는 무혈혁명을 두 번이나 겪었기 때문이지요. 그 혁명은 바로 1987년 6월 항쟁과 2017년의 촛불 혁명입니다. 제가 알기로 20세기 후반 이후 현대사에서 무혈혁명을 두 번이나 겪은 나라는 대한민국밖에 없습니다. 그런 면에서 대한민국은 대단한 나라입니다. 또 어떤 의미에서는 민주주의의 교과서라고 할 수 있는 특별한 나라입니다. 여기서는 이 정도로 정리하고 넘어가도록 하겠습니다. 자, 지금까지 정치 혁명에 대한 개념 정의를 했다면, 이제 본격적으로 경제 혁명에 대한 개념 정의로 넘어가 보겠습니다.

그렇다면 무엇을 가리켜 경제 혁명인 산업혁명이라고 할까요? 앞서 말씀드렸듯 반대말에서 그 답을 찾기 쉽습니다. 정치 혁명이 정치권력에서 질적인 전환이 일어난 것이라면, 산업혁명은 생산성에서 질적인 변화를 일으킨 것입니다.

헤겔이 언급하고 마르크스가 완성한 변증법[12]으로 경제 혁명을 해석하면 이렇게 말할 수 있습니다.

"양적 변화가 축적되면 질적인 변화가 일어난다."

따라서 모든 혁명은 질적 변화가 이뤄져야 합니다. 물은 1도에서 99도까지 아무리 데워도 여전히 액체 상태에 불과하죠. 그런데 99도에서 100도가 딱 되는 순간 기체로 변합니다. 이것이 질적 전환입니다. 이렇듯 혁명은 반드시 질적 전환을 수반합니다.

촛불 집회가 시작되고 참여하는 사람이 증가하기 시작했습니다. 그리고 그 기간이 길어졌지요. 하지만 그것은 아직 양적인 변화에 머물러 있는 것입니다. 그러나 촛불 집회에 참여한 인원과 시기가 일정 시점을 넘어서는 순간 탄핵이라는 정치적인 전환을 이뤄 냈습니다. 그것이 바로 질적인 전환이고 혁명이라고 부를 수 있는 것입니다. 4차 산업혁명도 마찬가지로 그것이 혁

---

12. 헤겔의 변증법 : 주체와 객체가 만나 합하고 통합되고 완성되는 것을 뜻한다.

명인지 아닌지는 결국 생산성의 질적인 변화 여부로 판단해야 할 것입니다.

이제 경제 혁명을 정의해 봅시다. 1차, 2차, 3차 그리고 4차 산업혁명은 무엇일까요? 1차에서 3차까지 있었던 산업혁명에서는 과연 질적인 전환이라고 할 만한 비약적인 생산성 향상이 있었는지, 4차 산업혁명으로 질적인 전환이 이뤄질 것인지 알아보도록 하겠습니다.

시위와 혁명의 변증법

체노웨스 교수의 3.5% 법칙

미국 덴버대학교의 체노웨스 교수는 전체 인구의 3.5%가 지속적으로 비폭력 시위를 벌이면 정부는 더 이상 버틸 수 없다고 주장합니다. 체노웨스 교수가 말하는 3.5%는 1900년부터 2006년까지 모든 형태의 반정부 시위를 통계학적으로 분석한 결과입니다. 그러나 이 3.5%에는 조건이 하나 있습니다. 바로 비폭력입니다. 인구의 3.5%가 비폭력적으로 꾸준히 시위에 참여한다면 기존에 있던 시위 참가자들과 함께 더 많은 시민이 장벽 없이 참여할 수 있기 때문이지요. 비폭력 시위는 시위에 참여하지 않은 사람들도 시위가 내건 이슈에 공감하며 시위 참여에 대한 정당성과 필요성을 느낄 수 있는 기회가 되기도 합니다.

그런데 시위가 폭력적으로 변한다면 어떻게 될까요?

대중의 힘으로 진행되는 시위가 긍정적인 효과가 큰 데 비해, 폭력적인 시위로 변질될 때에는 실패할 가능성이 50% 이상 된다고 합니다. 비폭력적으로 꾸준히 그리고 많은 사람이 참여한 우리나라의 촛불 혁명이 성공한 이유는 바로 여기에 있지 않을까요?

2017년 추웠던 겨울, 한국의 비폭력적인 시위는 결국 촛불혁명이 되어 자랑스럽고 아름다운 정치 혁명을 낳게 했습니다.

무엇을 가리켜 경제 혁명적인 산업혁명이라고 할까요?
반대말에서 그 답을 찾을 수 있겠군요!

역사를 공부하는 이유 중 하나는 반면교사를 삼기 위한 겁니다. 과거를 알아야 미래를 알 수 있다는 뜻이지요.

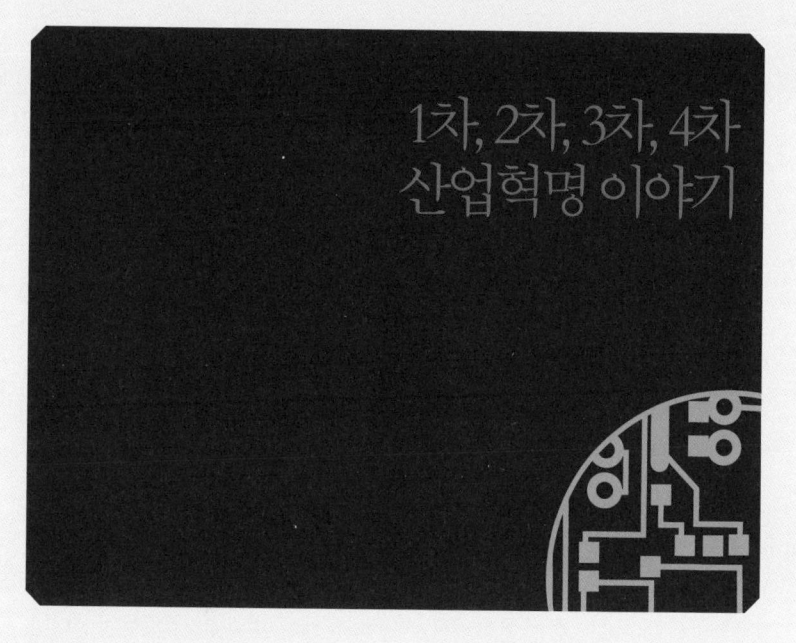

02

1차, 2차, 3차, 4차
산업혁명 이야기

그래서 지금부터 1차, 2차, 3차 산업혁명이 무엇이고 어떤 변화를 만들어 냈는지, 과연 4차 산업혁명을 혁명이라고 할 수 있을지, 만일 그렇다면 어떻게 정의해야 할지 알아보겠습니다.

4차까지 술 자리에 가 본 적 있는지요? 아마 그런 경험이 있다면 필름이 끊겨서 1차, 2차, 3차를 어디서 누구와 무얼 했는지 기억하지 못할 겁니다. 하지만 1차, 2차, 3차가 없었다면 4차 술자리가 불가능했을 터! 필름이 끊긴 것은 4차까지 가 버린 술자리만의 문제가 아니라, 1차부터 3차까지 누적된 알코올 때문이기도 하겠지요? 마찬가지로 4차 산업혁명을 이해하려면 우선 1차, 2차, 3차 산업혁명에 대해 알아야 합니다. 자 시작해 볼까요?

먼저 1차는 우리가 산업혁명이라고 할 때 떠올리는 바로 1760년대 영국에서 일어난 증기기관과 방직기라는 기계의 발명으로 대표되는 기계혁명이라고 할 수 있습니다. 현재와 가장 가까운 3차는 컴퓨터의 등장과 인터넷의 확산이 일으킨 정보화 혁명입니다. 그런데 많은 사람이 2차 산업혁명[13]에 대해서는 잘 알지 못합니다. 2차 산업혁명을 간단히 정의하면 바로 전기 혁명입니다.

전기가 등장하고 석유화학 산업이 출현한 덕분에 대규모 조선업이 발전했습니다. 그리고 철강 산업의 발전으로 이어지는 것이 바로 2차 산업혁명입니다. 2차 산업혁명이 시작된 시기는 대략 1870년대라고 할 수 있습니다.

사실 4차 산업혁명을 이해하기 위해서는 1차 산업혁명 못지않게 2차 산업혁명에 대한 이해가 필요합니다. 그래서 이 책에서는 2차 산업혁명에 대해 상당히 많이 언급될 겁니다. 자, 이제 1차, 2차, 3차 산업혁명을, 아침에 침대에서 일어나지도 못한 채로 1차, 2차, 3차 술자리의 기억을 떠올리듯 하나하나 거슬러 올라가 봅시다.

---

13. 2차 산업혁명(Second Industrial Revolution) : 19세기 중반에서 20세기 초에 독일, 프랑스, 미국의 생산력이 비약적으로 발전했기 때문에 영국에서 발생한 1차 산업혁명과는 다른 산업혁명. 기술직으로 에디슨, 테슬라가 주도한 전기의 발명·보급과 포드, 테일러에 의해 추진된 과학적 관리법을 의미한다.

2차 산업혁명의 산물들

혁명 같지 않은 혁명, 1차 산업혁명

우리는 산업혁명이 어떻게 시작됐느냐는 질문을 받으면 교과서적으로 제임스 와트의 증기기관 발명을 떠올립니다. 그런데 사실 증기기관은 고대 그리스 수학자 헤론에 의해서 최초로 발명되었습니다. 그는 물그릇에 있는 물을 끓이면 파이프를 타고 올라가 분출되는 증기에 의해 회전하는 구형 장치인 '아에올리스의 공'을 만들었습니다. 그러니 제임스 와트가 근대의 증기기관을 발명했다고 말할 수 없습니다. 단지 그는 이미 존재하는 증기기관에 응축기[14]를 부착하여 효율을 높였을 뿐입니다.

하지만 우리는 모두 산업혁명의 출발을 제임스 와트의 증기기관으로 봅니다. 왜 그럴까요?

---

14. 응축기 : 압축기에서 나온 고온·고압의 기체냉매의 열을 상온하의 공기 및 냉각 중에 방출시켜 응축 액화시켜주는 기기

응축기를 이용한 증기기관이 만들어지자 증기기관이 다양한 산업 현장에 보급되었습니다. 또한 이를 통해 생산성이 비약적으로 향상되었습니다. 안타깝지만 우리나라의 금속활자 발명이 구텐베르크의 금속활자 발명보다 훨씬 앞섰음에도 불구하고 인쇄 혁명이라고 부르지는 않지요? 왜냐하면 우리 금속활자는 대중화되지도 않았고 범용화되지도 못한 채 일부 귀족층의 수요를 만족시키는 고급 기술에 머물렀기 때문입니다.

반면 구텐베르크의 금속활자는 성경의 보급이라는 시대적 요구와 맞아떨어지면서 50년 만에 독일에만 300곳가량의 인쇄소를 만들어 냅니다. 범용화와 보편화가 이루어지면서 종교개혁에 결정적인 역할을 하게 되지요. 이렇듯 어떤 기술 발명이나 발전이 혁명이 되기 위해서는 범용화가 이루어져야 합니다. 그리고 범용화를 위해서는 생산성이 비약적으로 향상되어야 하지요. 표 하나를 봅시다.

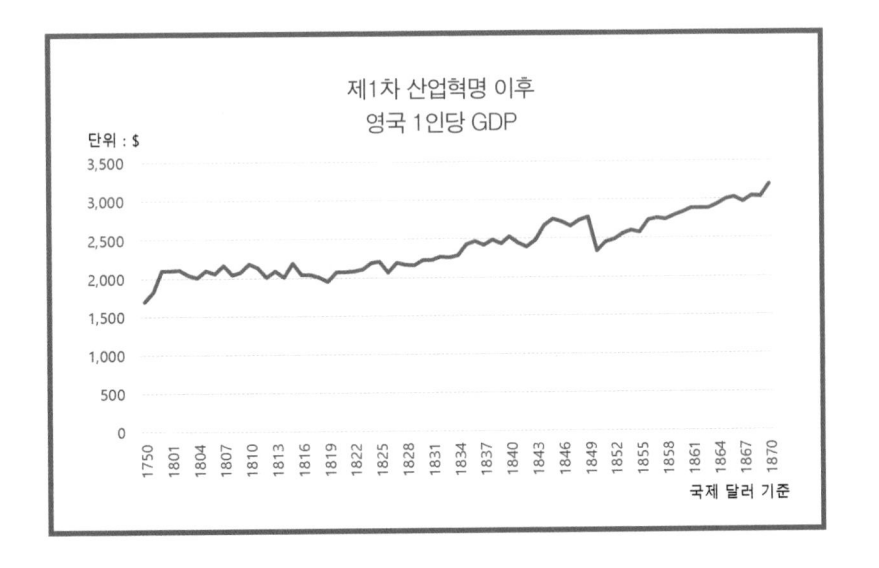

『미국의 성장은 끝났는가』 표지

표를 보면, 1750년 영국 1인당 GDP가 1,695달러 정도였습니다. 산업혁명이 일어나고 100년이 지난 1850년에는 2,330달러 정도였습니다. 그리고 1867년이 돼야 3,000달러가 됩니다. 1인당 GDP가 두 배가 되는 데 100년이 넘게 걸렸습니다. 경제학에 72의 법칙이 있습니다. 한마디로 GDP가 기존 GDP에서 두 배까지 증가하는 데 걸리는 시간이 얼마인지 쉽게 따져 볼 수 있는 계산법인데, 예를 들면 이렇습니다.

국민소득이 만 불인 나라가 연간 3%씩 성장한다면 GDP가 두 배로 성장하는 데는 '72 ÷ 3 = 24', 즉 24년이 걸린다는 겁니다. 만일 4%씩 성장한다면? '72 ÷ 4 = 18', 18년이 걸린다는 간단한 계산법입니다. 만일 6%씩 성장한다면 12년 만에 GDP가 기존 GDP의 두 배가 된다는 것입니다. 그래서 중국 경제가 지금 GDP에서 두 배가 되는 데 현재 성장률 6.9%를 적용한다면 10.4년 만에 경제 규모가 커지게 된다는 것이지요.

이 법칙을 적용한다면 영국에서 산업혁명이 터지고 나서 120년 동안 영국의 1인당 GDP는 고작 0.6%가량 성장한 셈이 됩니다. 산업혁명이 이루어졌는데도 말입니다. 2017년에 우리나라 GDP는 얼마나 성장했을까요? 3.1% 정도라고 합니다. 우리는 이 정도의 성장도 난리를 치며 저성장이라고 하는데 말입니다.

1차 산업혁명 당시 성장률은 지금에 비하면 성장도 아니라고 말할 수 있습니다. 그렇다면 혁명이 아닌 것 아닐까요? 그런데도 왜 산업혁명이라고 부르는 걸까요? 아래 표를 하나 더 보시죠.

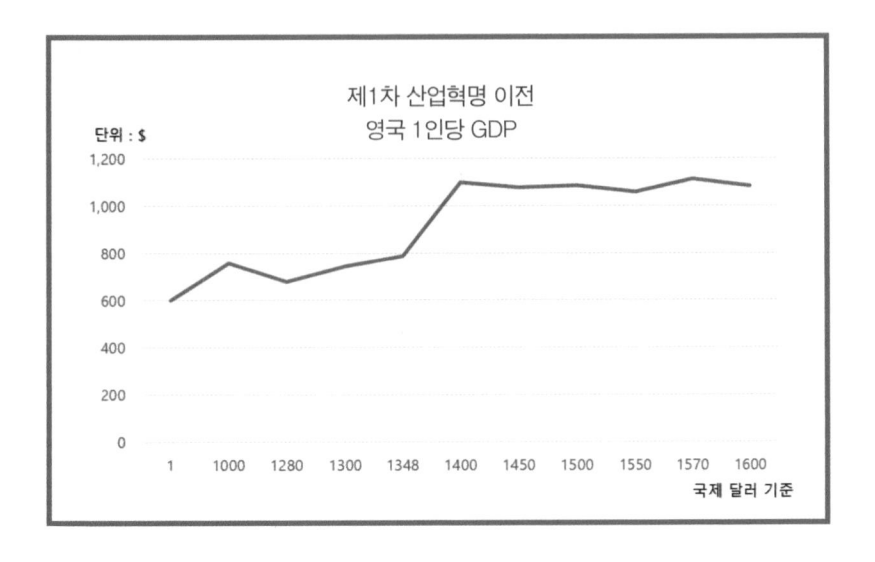

예수 탄생 당시 영국 1인당 GDP가 600달러였다면, 이후 약 1600년이 지난 후 1,082달러가 되었습니다. 그러니까 1인당 GDP가 두 배가 되는 데 1600년이 걸린 겁니다. 그런데 산업혁명은 120년 만에 1인당 GDP를 기존 경제규모의 두 배로 키웠습니다. 1인당 GDP 성장률이 0.6%라고 하면 지금 시각에서 보면 아무것도 아닌 것 같지요. 그런데 사실 이 수치는 엄청난 겁니다. 그야말로 혁명이었던 겁니다. 그 결과는 바로 여러분이 잘 알다시피 영국이 세계에서 '해가 지지 않는 나라'가 되었다는 것이지요. 학자마다 의견이 분분하지만 대체로 많은 학자들이 바로 이 기간에 영국이 중국의 1인당 GDP를 역전시키고 세계 최고의 경제 수준이 되었다고 봅니다.

1차 산업혁명 못지않게 중요한 2차 산업혁명

이 장은 한 장의 사진으로 시작해 보겠습니다.

단 5년 사이의 변화

왼쪽 사진 먼저 보겠습니다. 자동차가 한 대고 나머지는 다 마차입니다. 그런데 오른쪽 사진을 보면 마차가 한 대고 나머지는 다 자동차입니다. 단 13년 만에 이러한 변화가 일어났습니다. 더 정확히는 5년 만에 일어난 변화입니다. 도대체 무슨 일이 벌어진 걸까요?

미국 자동차 회사인 포드사가 '모델 T카'[15] 라는 이름으로 1908년에 자동차 한 대를 내놓았습니다.

---

15. 모델 T카 : 1908년부터 1920년대 말까지 포드사에서 생산한 자동차 모델로 자동차 대중화 시대에 기여했다. 당시 2천~3천 달러이던 자동차들에 비해 모델 T의 가격은 850달러에 불과했고 1920년대는 300달러까지 떨어졌다. 이러한 가격 절감에는 포드주의 생산방식이라는 혁신적인 생산모델로 인해 가능했다.

포드사가 내놓은 모델 T카

그리고 이 자동차는 출시되자마자 미친 듯이 팔려 나갑니다. 왜냐고요? 자동차 가격이 너무 싸졌으니까요. 2,500달러에서 3,000달러씩 하던 고가의 자동차 가격이 순식간에 700달러에서 850달러로 내려갔습니다. 포드로 인해 자동차는 더 이상 귀족들만의 사치품이라고 부를 수 없게 되었습니다. 누구나 탈 수 있는 교통수단으로 변한 겁니다. 한마디로 원하는 사람은 누구나 다 자동차를 타는 놀라운 시대가 열린 것이지요.

1870년대부터 시작된 2차 산업혁명을 단순히 전기혁명이 아니라 진정한 혁명으로 이끈 사람이 바로 오늘날 자동차 산업의 왕이라고 불리는 헨리 포드입니다. 당시 우연히 도축장을 방문한 헨리 포드는 컨베이어 벨트에 가축을 매달아 효율적으로 도축하는 장면을 목격하고 이를 자동차 산업에 도입합니다. 포드주의적 생산방식으로 불리는 컨베이어 벨트 시스템이 본격적으로 등장한 것이지요. 이제 노동자는 한 자리에서 마치 기계의 부품처럼 동일한 노동을 반복합니다. 찰리 채플린의 〈모던타임즈〉를 생각하시면 되지요. 노동자에게는 엄청 힘들고 고된 반복 노동이지만 컨베이어 벨트에서 이루어지는 노동은 비약적인 생산성 향상을 이루어 냅니다. 그리고 이런 자동차 생산방식은 다른 산업으로 번져 나가기 시작합니다. 인류는 이전까지의 수공업적 생산방식인 소품종 소량생산방식에서 벗어나 단일한 품목을 대량으로 생산하는 소품종 대량생산방식을 도입하게 됩니다.

컨베이어 벨트 시스템에서 노동자는 고된 노동을 하게 되지만, 상대적으로 고임금(포드 자동차 공장의 노동시간은 기존 9시간에서 8시간으로 줄고, 시간당 임금은 2.34불에서 5불로 인상됩니다)을 받게 됩니다. 이런 고임금과 휴식 시간의 보장은 대량소비의 기반이 되지요. 대량으로 생산하고 대량으로 소비할 수 있는 시대가 찾아온 겁니다. 자, 이제 인류는 새로운 삶의 조건을 마련합니다. 바로 물질적 풍요라는 조건을 말이지요!

컨베이어 벨트를 자동차 산업에 도입한 헨리 포드 덕분에
자동차를 누구나 탈 수 있는 놀라운 시대를 맞이했다.

수많은 인류가 지긋지긋했던 물질적 빈곤을 벗어던지고 인간다운 삶을 추구할 수 있는 물질적 조건을 갖추게 되었습니다. 바로 이 점 때문에 저는 2 차 산업혁명이 다른 산업혁명에 비해 훨씬 더 중요할 수도 있다고 말씀드리는 겁니다.

현재 우리 주변에 있는 물건들은 대부분 2차 산업혁명의 결과물입니다. 단지 자동차만의 이야기일까요? 혹시 여러분은 옷을 몇 벌이나 갖고 있습니까? 아마 100벌은 넘게 가지고 계실 겁니다. 대개는 평균 50~100벌일 겁니다. 얼마 안 된다고요? 만약 조선 시대 사람이 와서 이 이야기를 듣는다면 당신을 틀림없이 왕이나 왕족이라고 생각할 겁니다. 착각하시면 안 됩니다. 여러분이 100벌 이상의 옷을 가지게 된 건 여러분이 열심히 노력해서가 아닙니다. 1차 산업혁명의 결과로 방직기가 등장했기 때문이기도 하지만 바로 2차 산업혁명의 결과 덕분이거든요.

소품종 대량생산방식으로 대표되는 2차 산업혁명, 그 중에서도 석유화

왼쪽 : 나일론을 늘여 탄성과 강도를 보여 주는 캐러더스
오른쪽 : 나일론 공장에서 제품을 검수하는 모습

학의 대표적인 생산품은 나일론 입니다. 지금 우리가 입고 있는 다양한 옷은 전기 혁명으로 대표되는 2차 산업혁명 과정에서 등장한 듀폰사의 나일론[16]의 결과물이라고 할 수 있습니다.

2차 산업혁명을 통해 만들어진 컨베이어 벨트 때문에 모든 사람이 획일화된 제품을 여유 있게 쓸 수 있게 됩니다. 여기서 중요한 건, 컨베이어 벨트는 같은 제품을 대량생산하는 데 특화된 기계라는 것입니다. 그렇기에 2차 산업혁명 이후 대량으로 같은 상품을 여러 사람이 쓸 수 있게 된 것이지요. 일종의 한계라고 볼 수도 있겠습니다.

생산하는 품목을 바꾸려면 컨베이어 벨트를 바꾸어야 하는데, 컨베이어 벨트가 어디 한두 푼 하는 것이겠어요? 컨베이어 벨트 시스템 자체가 부품과 노동의 표준화로 이뤄진 시스템이기 때문에, 생산되는 제품은 당연히 표준화된 제품일 수밖에 없겠죠. 이제, 이런 생산방식은 그 상품을 사용하는 사람들도 평준화시킵니다.

제가 돈이 엄청 많아서 휴대폰 가게에서 휴대폰을 한 달에 한 번씩 바꾼다고 가정해 봅시다. 저는 시장에 나온 최신형 갤럭시8을 구매할 뿐이지 갤럭시88을 구매할 수 없습니다. 기껏해야 케이스에 도금을 하거나 이름을 새길 뿐이죠. 전용기를 타는 일부 소수를 제외하고는 우리는 보잉사 비행기를 타고요. 수십 년 전 전두환 씨도 88담배를 피웠고 저도 그 당시 88담배를 피웠습니다. 막강한 권력을 행사하던 대통령인 전두환 씨라고 해서 88담배와 다른 89담배를 필 수 있었던 게 아닙니다. 대통령이라고 '새우깡' 안 먹습니

---

16. 듀폰사의 나일론 : 듀폰사는 1차 세계대전 때 화학무기를 제조하는 기업이었다. 전후 사업의 다각화를 꾀하여 페인트, 염료, 합성섬유인 나일론을 개발했다.

까? 아닙니다. 다른 사람들과 똑같이 '새우깡'을 먹습니다.

19세기 후반에서 20세기 초반, 차티스트 운동의 결과 보통선거권이 확립됩니다. 정치적으로 1인 1표라는 평등이 이뤄진 거죠. 경제적으로는 컨베이어 벨트 방식으로 포드주의적 생산을 통해 만들어진 획일화된 상품을 대량으로 소비하는 사람들이 사회 구성원의 대부분을 차지하게 됩니다. 이제 우리는 이 사람들을 그 전 사람들과 구별하는 다른 용어로 불러야 할 필요성이 생기게 됩니다. 그래서 등장하는 단어가 있습니다. 바로 대중(mass)입니다.

포드주의적 생산방식이 대중사회[17]라는 사회구조를 만들어 내는 데 영향을 미친 겁니다. 이는 문화적 측면으로도 확장됩니다. 물질적 풍요를 누리게 되면 사람들은 그다음 바로 정신적 풍요를 원하게 됩니다. 사람들은 정신적인 풍요를 위해 새로운 문화를 만들어 내고 즐기게 됩니다. 이러한 대중의 폭발적인 문화 소비를 만족시켜 주는 도구가 등장합니다.

TV와 라디오, 그리고 신문입니다. 우리는 이것들을 대중매체(mass media)라 부르고, 이러한 대중매체를 통해 예전에는 박물관이나 미술관에 가서 봐야 했을 예술작품을 누구나 쉽고 빠르게 접하게 됩니다. 이것을 대중문화(mass culture)라 합니다.

누구나 물질적 풍요를 누리고, 누구나 문화를 향유하는 사회인 대중사회를 열고 대중을 등장하게 한 것이 바로 2차 산업혁명입니다. 2차 산업혁명이 인류 역사에서 얼마나 중요한지 아시겠죠? 이제 3차 산업혁명으로 가 볼까요?

---

17. 대중사회(mass society) : 대중사회는 만하임(Karl Mannheim)이 사용한 용어로, 대중이 정치·문화·경제·사회 등의 모든 분야에 관여하여, 그 흐름을 이끄는 사회형태를 말한다.

3차 산업혁명은 혁명인가?

이제 본격적으로 3차 산업혁명에 대해 알아보겠습니다. 4차 산업혁명이라는 말이 다보스 포럼의 슈밥 회장에 의해 대중화되었다면 정보화 혁명이라는 말을 대중화시킨 사람은 누구일까요? 바로 앨빈 토플러죠. 1980년대에 너무나 잘 알려져 다들 한 번쯤은 그 이름을 들어 봤을 앨빈 토플러에 대해 알아보고자 합니다.

엘빈 토플러, 『제3물결』

당시 앨빈 토플러가 제시한 개념이 그 유명한 '제3의 물결'[18]입니다. 그동안 4차 산업혁명 관련 강의를 하면서 보니, 제3의 물결과 제레미 리프킨이 제시한 3차 산업혁명의 의미를 혼동하는 사람이 많았습니다. 그럼 제3의 물결에 대해 먼저 알아볼까요?

제3의 물결은 바로 정보화 혁명입니다. 그렇다면 제1의 물결은 뭘까요? 신석기 혁명입니다. 제2의 물결은 산업혁명, 제3의 물결이 정보화 혁명입니다.

그리고 3차 산업혁명 역시 정보화 혁명을 말합니다. 컴퓨터와 인터넷의 등장으로 대표될 수 있지요. 그리고 우리는 컴퓨터와 인터넷이 우리의 삶에 지대한 영향을 미쳤다는 사실을 믿어 의심치 않습니다. 그런데 정말 그럴까요? 컴퓨터와 인터넷이 증기기관이나 컨베이어 벨트보다 우리의 삶을 더 많

---

18. 제3의 물결 : 미래학자 앨빈 토플러가 제시한 개념으로 정보통신 기술이 발달된 현대사회를 말한다. 그는
『제3의 물결』에서 "인류는 농경 기술을 발견한 이래 1만 년의 제1의 물결을 지나, 산업혁명에 의한 기술 혁신으로 300년 동안 제2의 물결을 경험했으며, 이제는 고도로 발달한 과학기술에 의해서 제3의 물결이라는 대변혁을 맞이했다"고 했다.

이 바꾸었다고 이야기할 수 있을까요?

이 질문에 대한 답을 찾기 전에 먼저 더 도발적인 문제 제기부터 한번 해 볼까요?

"컴퓨터는 세탁기만큼도 세상을 변화시키지 못했다"고 누군가 말했습니다. 이 말을 하신 분은 우리에게 『사다리 걷어차기』라는 책으로 잘 알려진 케임브리지대학교 경제학부 장하준 교수입니다. 그의 주장에 따르면, 세탁기는 20세기 중반까지 일하는 여성의 50%가 가정부였던 미국 사회에서 가정부라는 직업을 가진 여성들을 감소시켰고, 남아 선호 사상을 없애는 등 성평등을 가져오는 커다란 변화를 일으켰습니다.

반면 인터넷은 이전의 팩스와 비교할 때 정보의 전달 속도를 백 배쯤 빠르게 한 것에 불과하다는 겁니다. 물론 좀 과장되었다고 생각할 수도 있지만, 장하준 교수의 말은 컴퓨터가 그만큼 생산성을 향상시키지 못했다는 겁니다. 이 표를 한번 볼까요?

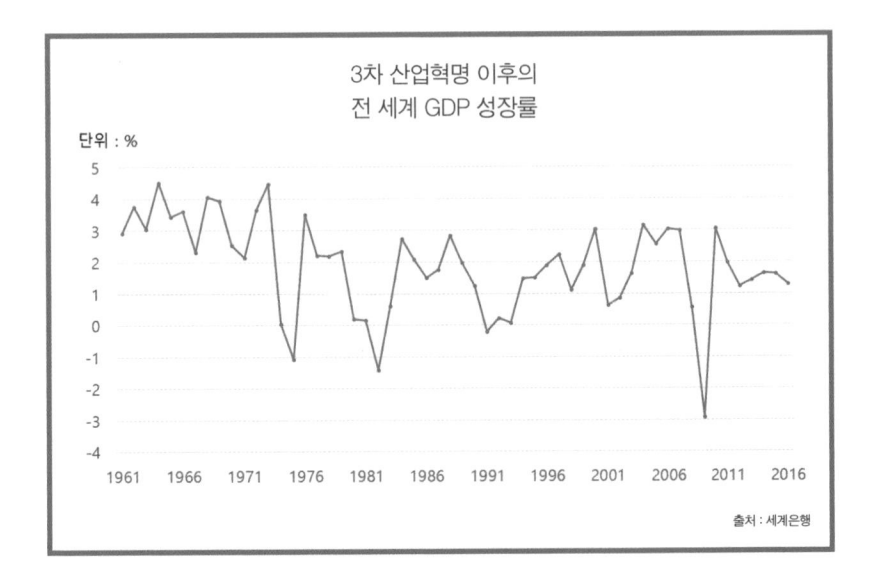

사실 컴퓨터가 일상화된 것은 그리 오래된 일이 아닙니다. 얼마 전 영화 〈1987〉을 보았습니다. 옆에 있던 학생이 이런 말을 하더군요. "아빠, 왜 경찰서에 컴퓨터가 하나도 없어?" 날카로운 지적이지요. 사무실에서 일하는 사람이 아무도 컴퓨터를 쓰지 않으니 말입니다. 학생으로서는 신기하겠지만, 컴퓨터가 보급된 것이 1990년대 이후라는 것을 알고 있는 어른들에게는 약간 어이없는 질문이었을지 모르죠. 표를 다시 한번 보시죠. 1990년대 이후에 경제성장률이 높아졌나요?

보시면 알겠지만, 1960년대, 1970년대, 1980년대의 경제성장률이 1990년대 중후반 이후 경제성장률보다 훨씬 높았습니다. "3차 산업혁명이 도대체 뭘 했어?"라는 이야기가 나오는 건 이 때문입니다. 기술혁신과 생산성 향상이 있었다면 GDP 성장률이 눈에 띄게 올라가야 할 텐데 그렇지 않다는 겁니다. 오히려 이전보다도 GDP 성장률이 떨어졌기 때문에 "이게 무슨 3차 산업혁명이야?"라는 이야기가 나오는 겁니다. 컴퓨터가 처음 등장했을 때에도 사람들은 그렇게 믿었습니다. "정보화 혁명 시대가 온다! 그런데 별로 변한 게 없네?" 사람들은 실망했습니다. 그런데 되돌아보면 2차 산업혁명은 달랐습니다.

1960년대 이후에 생산성이 비약적으로 향상하는 것을 볼 수 있지요? 2차 산업혁명은 역사적으로도 유럽과 미국에 큰 변화를 가져다줍니다. 장기 불황(The long Depression, 1873~1896)이라는 경제 침체기를 유발시키는 부정적인 측면을 지니고 있기도 합니다. 불황은 증가하는 상품 공급을 시장 수요가 쫓아가지 못하는 현상입니다.

한편으로 생각해 보면, 이 당시 기술혁신으로 세계적인 공급 증가[19]가 이뤄졌다는 걸 알 수 있지요. 또한, 이때 유럽과 미국은 각각 화려한 전성기를 맞이합니다. 유럽의 예를 들면, 먼저 벨기에와 프랑스를 중심으로 1차 세계대전까지 화려한 무늬와 장식으로 대변되는 벨 에포크[20] 시대가 열립니다. 미국은 레오나르도 디카프리오 주연의 영화 〈위대한 개츠비〉[21]를 생각해 보시면 되지요. 그 시대가 얼마나 화려했는지를 말입니다. 『위대한 개츠비』가 탄생했던 당시의 미국과 유럽의 벨 에포크 시대의 물질적 기반은 바로 2차 산업혁명이었습니다.

우리는 이것을 교과서에서 좀 다르게 배웠습니다. 미국과 유럽에서 아름다운 호황의 시대가 찾아온 것은 식민지 착취 덕분이었다고 말입니다. 물론 식민지를 착취해 성장 기반을 만든 것은 사실이지만, 그것으로 19세기 후반과 20세기 초반 서구 선진국의 발전을 설명할 수 있을까요?

당시 서구의 자본주의 발전 단계가 독점자본주의 단계였고, 제품 판매처이자 제품 원료의 공급처로서 신식민지를 수탈한 것은 사실입니다. 그러나 그것만으로 선진국의 발전을 설명할 수는 없습니다. 근본적으로 내부의 생산성 향상이 있었고, 이를 가능하게 한 게 바로 2차 산업혁명이었기 때문이죠.

---

19. 장기 불황 당시 생산성 향상 : 1870~1890년 사이 주요 조강 생산국의 생산량은 1,100만 톤에서 23,000만 톤으로, 철강 생산량은 50만 톤에서 11,000만 톤으로 증가했다.

20. 벨 에포크(La belle epoque) : '아름다운 시대'라는 뜻으로, 주로 19세기 말부터 제1차 세계대전 발발 전까지 유럽이 번성했던 화려한 시대를 회고하며 부르는 명칭이다.

21. 〈위대한 개츠비〉 : 1922년 미국 뉴욕과 롱아일랜드를 배경으로, 1차 세계대전 이후 미국 사회, 무너져 가는 아메리칸 드림을 예리한 필치로 그린 스콧 피츠제럴드 소설 원작의 영화이다.

제3의 물결은 바로 정보화 혁명입니다.
그렇다면 제1의 물결은 뭘까요?
신석기혁명입니다. 제2의 물결은 산업혁명,
제3의 물결이 정보화 혁명입니다.

테일러 시스템

우리는 포드주의적 생산방식이라는 용어에 많이 익숙합니다. 그런데 이 포드주의적 생산방식은 소위 '과학적 관리'의 주창자였던 프레드릭 윈슬로 테일러[22]에 의해 발전했습니다. 우리는 그가 19세기 말경에 이론적으로 정립한 노동 관리 방식을 공장에서 실현한 것을 간과하곤 합니다. 여기서는 테일러 시스템이 무엇이고 그것이 왜 이렇게 중요한지 알아보겠습니다.

테일러 시스템의 핵심은 '내가 무엇을 만들지 생각하고 생산하는 전형적인 노동과정을 분리시킨다'는 겁니다. 상품을 기획하고 구상하는 기능은 이제 노동자의 손을 떠나 관리자의 손으로 넘어가고, 공장에 있는 생산직 노동자에게는 구상된 상품을 만드는 실행 기능만 남게 된 것이지요.

테일러 시스템에서는 노동자들의 실행 직무를 아주 세분화하고 그에 필요한 노동시간을 계산하여 노동 전 과정을 관리자가 지배하게 만듭니다. 이제 노동자는 자신이 무슨 노동을 하는지도 모르는 채 아주 잘게 잘린 노동을 무의식적으로 반복하게 됩니다. 찰리 채플린의 유명한 영화 장면을 생각해 보세요! 노동자의 생산성은 비약적으로 늘어나지만 테일러 시스템 속의 노동자는 노동 속도나 강도를 스스로 조절할 수 없습니다.

정말로 마르크스가 말했듯, 인간이 기계를 만들었지만 거꾸로 기계에 의해 인간이 지배받는 소외가 발생하는 겁니다. 결국 포드주의란 테일러의 구상

---

22. 프레드릭 윈슬로 테일러(Fredrick Winslow Taylor) : 과학적 관리법을 창시한 사람으로 테일러의 이름을 따 과학적 관리법을 테일러리즘이라고 부르기도 한다. 테일러는 과학적 관리법으로 효율적인 생산과 대량 소비를 가능하게 했다.

과 더불어 부품의 표준화, 컨베이어 벨트를 이용한 이동식 생산공정을 도입하여 결합한 생산방식이라고 할 수 있습니다.

다시 한번 포드주의를 도식적으로 정리해 봅시다.
노동의 구상과 실행의 분리 + 컨베이어 벨트 + 부품의 표준화 = 포드주의
이렇게 정의할 수 있습니다.

히틀러와 포디즘

유럽에서 누구나 차를 탈 수 있게 한 건 누구일까요? 독일의 아돌프 히틀러입니다. 히틀러는 폭스바겐(Volkswagen)을 만들라고 명령합니다. 폭스바겐을 해석하자면 국민차라는 뜻이지요. 미국의 자동차 보급률이 부러웠던 데다가 자신이 국민들을 위해 일하고 있다는 선전 효과를 노린 겁니다. 그래서 1937년에 나온 차가 바로 딱정벌레처럼 생긴 비틀(Beetle)입니다. 이 앙증맞은 차가 속도를 내면 얼마나 낼 수 있겠어요? 그래서 생긴 것이 아우토반(Autobahn, '자동차 길'이라는 뜻의 독일 고속도로)이지요. 비틀은 저렴한 가격과 유지비 등으로 세계에서 가장 많이 팔린 차 중 하나가 되었습니다.

비틀이라는 이름은 영어 별칭입니다. 독일 이름은 캐퍼(Kafer, 딱정벌레)로 공식 명칭은 '폭스바겐 타입1'이었습니다.

폭스바겐 Type 1 Kafer

· · · · · · · · · · · · · · · ● · · · · · · · · · · · · · · · ·

3차 산업혁명은 컴퓨터와 인터넷의 등장으로
대표될 수 있지요.
우리는 컴퓨터와 인터넷이
우리의 삶에 지대한 영향을
미쳤다는 사실을 믿어 의심치 않습니다.

· · · · · · · · · · · · · · ● · · · · · · · · · · · · · ·

먼저 4차 산업혁명의 정의에서 출발해 보겠습니다.

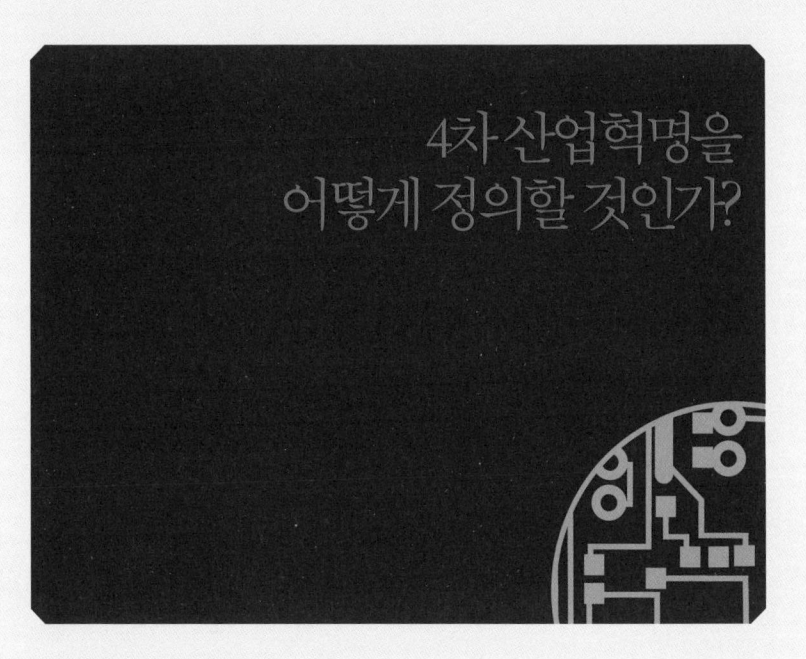

03

4차 산업혁명을
어떻게 정의할 것인가?

산업혁명을 산업혁명이라고 부르기 위해서는 기술이 혁신된 사실, 그 자체가 중요한 게 아닙니다. 그 기술혁신이 범용화되어 생산성 향상으로 연결되어야 합니다. 그런 점에서 증기기관과 컨베이어 벨트는 충분히 혁명이라고 부를 수 있지만, 컴퓨터 혁명은 부족한 점이 있다고 보았죠. 그렇다면 무인차나 인공지능과 같은 신기술로 대변되는 4차 산업혁명의 미래는 어떻게 될까요?

전기와 석유 그리고 철강의 등장으로 대변되는 2차 산업혁명은 미국을 어떻게 바꾸었나요? 앞에서 이야기했던 미국의 도금 시대를 살펴봅시다. 당시 미국의 시대상이 아주 잘 그려져 있는, 영화로도 나온 F. 스콧 피츠제럴드의 소설『위대한 개츠비』를 다시 한번 보겠습니다.

당시 미국은 무일푼인 사람도 엄청난 부자가 될 수 있는 시대, 개천에서 용 나는 시대였죠. 비약적인 경제 발전 속에 백만장자가 하나둘 등장하게 됩니다. 이때 등장한 백만장자들이 누구인지 봅시다. 석유왕 존 D. 록펠러 (1839년~1937년), 철강왕 앤드루 카네기(1835년~1919년) 같은 사람들입니다. 강철왕, 석유왕이라는 말처럼 한 사람이 해당 산업을 독식하던 독점왕의 시대, 그러면서도 새롭게 등장한 산업이 황금알을 낳는 거위로 발전하는 시대였습니다.

그러나 찰리 채플린 주연의 영화 〈황금광 시대〉[23]의 주인공들은 배가 고파 구두를 삶아 먹지요. 백만장자와 빈곤한 사람이 함께 증가했던, 빈부격차가 극심했던 시대였지요. 그리고 그 시대는 황금광 시대라는 말처럼 황금이 모든 인격을 말살시키는 물신(物神)시대였습니다. 과연 4차 산업혁명도 그 전철을 밟아 나갈까요?

---

23. 〈황금광 시대〉: 1896년부터 1898년 사이에 황금을 찾으려 한 시굴자의 궁핍한 생활을 담은 영화로 금광을 찾아 알래스카에 온 찰리(찰리 채플린)는 눈사태를 만나 오두막에 갇히고 만다. 그는 너무 배가 고픈 나머지 구두를 삶아 구두창의 못을 뼈다귀처럼 핥고, 함께 갇힌 맥케이는 찰리를 닭으로 착각하고 덤비기까지 한다. 간신히 마을에 도착한 찰리는 주점에서 조지아라는 무용수를 보고 한눈에 반한다. 그러던 중 구사일생으로 금광을 발견한 찰리와 맥케이는 백만장자가 된다. 미국행 배 위에서 낡은 옷을 입고 기자들을 위해 포즈를 취하던 찰리는 우연히 다시 조지아를 만나는데 그녀는 찰리가 무임승선한 줄 알고 그를 도와주려 한다. 그녀의 아름다운 마음씨에 감동한 찰리는 사실을 밝힌 뒤 그녀와 키스를 나눈다.

출발 지점에 답이 있다

다시 돌아와서 이제 4차 산업혁명을 어떻게 정의해야 할지 출발해 보도록 하겠습니다. 우선, 4차 산업혁명에 대한 몇몇 정의를 찾아보겠습니다.

어느 책에서는 '인공지능과 초연결 사회로 대변되는 자동화의 연결성이 극대화된 지능혁명의 시대', '4차 산업혁명은 정보기술로 인해 자동화의 연결이 극대화된 초연결, 초지능이 가능한 사회를 말한다'라고 하더군요. 쉽게 이해할 수 있습니까? 제가 봐도 너무 어렵네요.

제가 대학원에 다닐 때의 일입니다. 프랑스 철학자 중 한 명인 쟝 보드리야르의 소비 사회에 대해 세미나를 할 때였지요. 저의 스승님이 저에게 "'소비 사회'를 어떻게 정의해야 하는 거야?"라고 물어보셨습니다. 그때 저는 온갖 거창한 사회과학적 용어로 정의를 내렸던 기억이 납니다. 아마 이 정도였겠네요.

"하부구조인 생산력과 생산관계가 사회의 근본적 질서를 규정하기보다는, 상부구조의 제반 측면인 정치, 경제, 문화 등 여러 영역에서 발생하는 소비가 사회의 근본 질서를 잘 설명할 수 있는 사회입니다."

뭐 이 정도였을 겁니다. 그때 스승님이 이렇게 말씀해 주셨던 것이 생각납니다.

"진기야, 소비사회란 그냥 사람 하나를 규정하는 데 생산 영역이 아니라 소비 영역이 규정하는 사회라고 하면 되지 않을까? 과거에 네가 누구냐는 질문을 받으면 나는 '무슨 일'을 한다고 대답하던 사회에서 이제는 나는 '무엇을 소비한다'고 말하는 사회로 변한 사회라고 정의하면 되지 않을까?"

저는 그때 제 머리를 누구에게 망치로 한 대 얻어맞은 것 같았지요.

저의 스승님은 늘 말씀하셨습니다. 복잡하고 어려운 정의는 의심해 봐야 한다고 말이죠. 대개는 자기가 잘 몰라서 그렇게 정의하거나 자기를 대중보다 더 나은 엘리트라고 강조하기 위해서 만들어진 정의일 거라고 말입니다. 저는 그렇게 배웠습니다. 특히 사회과학 분야에서 이런 경우가 많다고 할 수 있습니다. 전 4차 산업혁명에 대한 기존의 정의가 잘 이해되지 않았습니다. 저에게 4차 산업혁명을 정의해 보라고 한다면 더 멋있고 간단하게 정의할 수 있을 것 같습니다.

"4차 산업혁명은 인공지능과 빅데이터를 기반으로 무인차와 VR을 사용하는 정보화 혁명이다. 이와 더불어 4차 산업혁명으로 인해 산업 기술이 발달되어 인간이 자유로움과 평화를 얻을 수 있는 놀라운 신세계가 열린다."

뭐, 이 정도로 4차 산업혁명을 쉽게 설명할 수 있지 않겠습니까?

이제 4차 산업혁명에 대해 간결하게 정의해 보겠습니다. "나를 더 잘 아는 사람은 나 자신이 아니라 어머니다"라는 말이 있습니다. 그렇습니다. 내가 태어났을 때의 상황을 우리는 모릅니다. 저도 강의할 때 이런 말을 자주 합니다. 자본주의에 대해서 나보다 당연히 애덤 스미스가 더 잘 알았을 거라고 말입니다. 왜냐하면 저는 자본주의의 탄생을 보지 못했지만 애덤 스미스는 자본주의의 탄생을 생생하게 목격했을 테니까요.

마찬가지로 지금은 러시아 사람들이 자본주의에 대해서 우리나라 사람들보다 더 잘 알 것으로 생각합니다. 그들은 1991년 구소련이 붕괴되면서 급격하게 자본주의사회로 넘어가는 과정을 목격했기 때문입니다. 구소련 사람들은 당시 이렇게 생각했을 겁니다. "아 이게 바로 자본주의구나!"

생산 라인 전체가 자동화로 이뤄져 있는 독일 지멘스의 암베르크 공장

4차 산업혁명이 어디서 나타났는지 살펴보기로 합시다. 4차 산업혁명은 독일의 인더스트리 4.0에서 왔습니다. 네 번째 산업이라는 것입니다. 독일의 인더스트리 4.0은 무엇일까요?

최초의 인더스트리 4.0 공장이라는 독일 지멘스의 암베르크 공장[24]을 봅시다. 이 공장은 생산 라인 전체가 자동화되어 있습니다. 이 공장의 성공으로 인더스트리 4.0이라는 단어가 대중에게 알려지기 시작합니다. 여기서 우리는 인더스트리 4.0이 독일 공장에서 나온 용어라는 데에 주목해야 합니다.

---

24. 지멘스의 암베르크 공장(Electronics Works Amberg, EWA) : 지멘스는 독일의 엔지니어링 기업이다. 암베르크 공장은 독일의 4차 산업혁명 대비 경제정책인 인더스트리 4.0에 맞추어 2억 유로가 넘는 비용을 들여 건설한 스마트팩토리이다.

독일이라는 나라에서 탄생한 것도 중요합니다. 그런데 공장에서 나왔다는 게 더 중요합니다. 4차 산업혁명이 다보스 포럼의 슈밥 회장의 말에서 시작한 것이 아니라 공장에서 나왔다는 사실에 주목해야 합니다.

무언가를 지멘스의 암베르크 공장에 도입했습니다. 그런데 제품을 생산할 때 0.0011%라는 획기적인 최소 불량률을 기록했습니다. 제품을 100만 개 생산하는데 불량품의 수가 11개에 불과한 기적 같은 일을 해낸 것이지요. 예전에 비해 생산성을 4000% 향상시킨 겁니다. 그 무언가가 무엇이었을까요? 아주 간단합니다. 이 공장의 모든 기계를 소프트웨어로 연결한 겁니다. 그에 따라 센서와 측정 장치로 제품의 이상 유무를 검사하게 된 거죠. 모든 기계를 소프트웨어로 연결한 것과 센서, 바로 여기에 답이 있습니다.

한마디로 생산공정에 컴퓨터가 투입되었다는 것입니다. 그리고 투입된 컴퓨터는 매일 5,000만 건의 정보를 생산합니다. 그리고 이렇게 모인 빅데이터를 바탕으로 가동률과 불량률 등을 실시간으로 점검해 놀라운 생산성 향상을 이룬 것이죠. 심지어 이렇게 쌓인 정보에 따라 컴퓨터는 오랜 시간 작동하지 않아도 문제가 없다고 판단된 기계의 전원 스위치를 내려 전력 소모를 방지하기도 합니다. 이제 4차 산업혁명을 간결하게 정의할 수 있습니다. 무엇이냐고요? 바로 제조업과 ICT[25]의 결합입니다.

인더스트리 4.0은 2011년 1월 독일 총리가 주도하여 진행된 산업 정책입

---

25. ICT(정보통신기술, Information and Communication Technology) : 정보기술(IT)와 통신기술(CT)의 합성어로 정보에 관한 하드웨어를 운영 및 관리에 필요한 소프트웨어 기술과 이 기술로 정보를 수집, 생산, 가공, 보존, 전달, 활용하는 모든 방법을 말한다.

니다. 제조업과 같은 전통 산업의 기존 공장에 ICT 시스템을 결합해 생산시설을 네트워크화하고 지적 기반을 가진 생산 시스템을 갖춘 스마트 공장으로 진일보하자는 의미에서 시작했습니다. 이를 보면 이 프로젝트의 시작부터 제조업과 ICT의 결합을 목적으로 하고 있다는 걸 알 수 있습니다.

왜 독일이 중요하냐고요? 생산성이 좋아진다는 것은 다르게 말하면 노동 생산성의 향상이라고 할 수 있을 겁니다. 영국에서 산업혁명이 발생했던 이유는 영국의 인건비가 다른 나라보다 비쌌기 때문입니다. 석탄을 캐는 과정에서 자꾸 지하수가 쏟아져서 그 물을 퍼 올려야 하는데, 인건비가 비싼 영국으로서는 그것이 큰 부담이었지요. 그래서 그 물을 퍼 올리는 증기기관의 발명이 앞당겨진 것입니다.

마찬가지로 당시 인더스트리 4.0을 추구하던 2012년 당시 독일의 시간당 노동생산성은 시간당 59.2달러입니다. 한국은 30.4달러이며 일본은 40.1달러인 것을 보면 독일의 노동 비용이 다른 나라보다 높다는 걸 알 수 있지요.

경제학의 여러 가설 중에는 노사 파업이 잦은 나라가 역설적으로는 생산성이 향상된다는 가설이 있습니다. 임금 상승 압력이 커져서 이윤 창출에 부담을 느끼고, 이에 기업가들이 서둘러 혁신에 나서기 때문이지요. 노동생산성과 임금 수준이 높은 독일이 생산성을 향상시키는 데 더 앞장서서 노력을 한 것이죠. 그리고 그 결과물로 나타난 것이 바로 제조업에 ICT를 결합해 생산성을 더 높이자는 인더스트리 4.0입니다. 더 나아가 독일의 이러한 움직임이 오늘날의 4차 산업혁명을 만들어 낸 것입니다.

제조업체가 ICT 기업이 되다

현대자동차 그룹의 커넥티드 카[26] 광고는 제조업과 ICT의 결합을 잘 보여 줍니다. 이 광고가 전달하고자 하는 핵심 메시지는 이렇지요. 쇼핑몰, 공연장, 도로, 학교가 모두 연결된 새로운 개념의 인공지능 커넥티드 카'를 만들기 위해 이곳저곳 연구하러 다니다가 아내한테 "자기야, 정말 자동차 회사 다니고 있는 거 맞아?"라는 의심 섞인 소리를 들었다는 겁니다.

달리 말하면, 기상 정보 분석가, 음성 인식 전문가, 헬스 케어 전문가, 보건 의료 전문가, 도시 생활 분석가, 사물인터넷[27] 전문가, 소셜 미디어 연구원 등 기존의 관점으로는 자동차 회사에서 일하는 것이 어울리지 않을 사람들이 자동차 회사에서 일을 하고 있다는 거죠. 원래 차량 센서 전문가나 친환경 주행 전문가라면 모를까, 의료, 도시, 헬스 케어, 보건 의료 전문가들은 자동차 제조 기업에서 채용하지 않습니다.

그러나 4차 산업혁명 시대에는 이런 직업의 진입 장벽이 느슨해집니다. 제조업에 ICT가 들어오기 때문입니다. 제조업체가 전통적인 틀에서 벗어나 생산공정에 ICT를 받아들여 ICT 기업이 되는 것, 이것이 바로 4차 산업혁명의 본질입니다.

---

26. 커넥티드 카(Connected car) : ICT가 탑재된 자동차. 교통 정보나 실시간 내비게이션, 원격 차량 제어, 멀티미디어 스트리밍 등을 이용할 수 있어 '스마트 자동차'라고 할 수 있다. 커넥티드 카에 응용된 기술들은 향후 자율주행차 기술 고도화에 도움이 될 것이라 예상된다.
27. 사물인터넷(IoT, Internet of Things) : 사물과 사물, 사람과 사물 등을 연결해 정보를 소통하는 기술. 예를 들어 주차장에 차를 세우면 이를 신호로 받아 집 안에 전등이 켜지고, 목욕물이 데워지는 등이 이루어지게 하는 기술이다.

이러한 4차 산업혁명의 모습을 가장 잘 보여 주는 곳이 바로 매년 라스베 가스에서 진행되고 있는 CES[28] 현장이라고 할 겁니다. 이제 우리는 아무도 CES를 세계가전박람회라고 하지 않습니다. 왜냐하면 더 이상 가전 회사들이 가전제품을 전시하는 곳이 아니기 때문이지요. 2016년 이미 CES의 주역 은 가전 회사가 아니라 자동차 회사들이었습니다. 각종 커넥티드 카를 들고 서 말이죠. 놀랍게도 2017년 CES의 주역은 가전회사가 아니라 알렉사[29]라 는 인공지능 스피커였습니다. 가전 박람회의 주역이 가전제품을 만드는 회 사가 아니라 아마존이라는 유통기업이었던 거죠.

더 나아가 올해 2018 CES 주인공은 단연 구글이 차지했습니다. 구글이 최초로 독립적인 부스 헤이 구글[30]을 열고 그들의 플랫폼인 구글 어시스턴트 를 홍보하는 데 주력했습니다. 구글이 가전 박람회에 나오다니! 내년에는 페 이스 북이 나올 차례가 아닐까요?

삼성전자나 LG전자도 마찬가지입니다. 2018년 CES 현장에서 그들은 그들의 가전제품의 우월성을 홍보하는 것보다 자사의 인공지능을 홍보하는 데 열을 올렸습니다. 삼성은 독자적 인공지능 플랫폼인 빅스비(Bixby)를 홍보 했고, LG전자는 그들의 모든 가전제품에 탑재되는 인공지능 브랜드 싱큐

---

28. CES(세계가전박람회, Consumer Electronics Show) : 1967년 미국 뉴욕에서 1회 대회가 열린 후 1995 년부터 매년 1월 라스베이거스에서 열리고 있다. 2015년 11월 주관 단체인 전미가전협회(Consumer Eletronic Association)는 전미기술협회(Consumer Technology Association)으로 명칭을 변경했다. 첨단 가전과 함께 첨단 기술이 선보여지는 장으로 CES가 발전했다는 것을 보여 준다.

29. 알렉사(Alexa) : 아마존에서 개발한 인공지능 비서로 아마존 에코에 설치하면 목소리로 기기 조정, 음악 재생, 정보 검색, 대화 등 여러 기능을 사용할 수 있다. CES 2017에서 많은 기업이 알렉사와 호환되는 제품 을 내놓았다.

30. 헤이 구글(Hey Google) : '헤이 구글'은 구글의 인공지능 비서 플랫폼인 '구글 어시스턴트'를 실행하는 말 이다.

가전제품의 우월성에서 시작해 인공지능 홍보에 주력하고 있는 삼성의 빅스비와 LG ThinQ

(ThinQ)를 전면에 내세웠습니다.

제조업과 ICT의 결합 또는 제조업체의 ICT 기업화, 거꾸로 ICT 기업의 제조업체화 이것이 바로 4차 산업혁명의 정의이자 본질입니다. 4차 산업혁명 시대에는 생산 영역에 ICT를 결합하는 곳이 살아남을 겁니다. 그것을 못하는 기업은 사라지게 되겠지요. 국가와 개인도 마찬가지입니다.

한 Q에 정리하기

Q1 뉴노멀이란 무엇인가?

2008년 이후 저성장이 지속되자, 이러한 저성장이 계속될 것으로 예측해 저성장이 새롭게 정상이 되는 것으로 판단하고 등장한 경제학적 용어

Q2 산업혁명이란 무엇인가?

기술혁신이 범용화됨에 따라 비약적인 생산성 향상이 전 사회적으로 발생하는 질적 전환이 이뤄지는 사회 및 경제적 변화

Q3 1차 산업혁명은 생산성 향상을 이루었는가?

1차 산업혁명 이후에도 영국의 1인당 GDP 성장률은 매년 0.4% 내외에 그쳤다. 하지만 영국의 경우 산업혁명 전 1인당 GDP가 두 배로 되는 데 걸리는 기간이 1600년이었다면 산업혁명 후에는 그것을 120년 만에 해냈다. 상대적으로 비약적 생산성 향상이 있었다.

Q4 2차 산업혁명이란 무엇인가?

1870년부터 일어난 전기 혁명이라고도 불리는 혁명으로, 철강, 석유, 화학, 조선 산업 등의 발전을 가져온 혁명이다. 그리고 그 핵심은 컨베이어 벨트와 포드주의적 생산방식에 있다.

Q5 대중사회란 무엇인가?

포드주의 생산방식은 대량생산 대량소비 시스템을 만들었다. 이에 따라 획일화·표준화된 제품을 대량으로 소비하는 대중이 등장했고, 이들이 물질적 풍요와 대중매체를 통한 대중문화의 향유를 통해 만들어 낸 사회를 대중사회라 한다.

Q6 왜 장하준 교수는 컴퓨터가 세탁기만 못하다고 했는가?

세탁기는 여성 해방이라는 큰 변화를 이끌어 냈지만, 컴퓨터는 실제적으로 생산성 향상을 이루어 내지 못했기 때문이다.

Q7 인더스트리 4.0이란 무엇인가?

독일 정부에서 독일 총리 주도하에 2011년부터 실시된, 제조업에 ICT 기술을 접목하여 생산성 향상을 도모하려는 국가적이고 산업적인 시도다.

Q8 4차 산업혁명이란 무엇인가?

제조업과 ICT가 결합하는 것이다. 기업적 측면에서는 제조업체가 ICT 기업이 되거나 ICT 기업이 제조업체가 되는 것이다. 이것은 제조업과 ICT의 경계가 허물어지는 것을 뜻한다.

 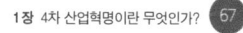

"나를 더 잘 아는 사람은 나 자신이 아니라 어머니이다."
라는 말이 있습니다. 그렇습니다.
내가 태어났을 때의 상황은 모르기 때문입니다.
저도 강의할 때 이런 말을 자주 합니다.
자본주의에 대해서 나보다 당연히 애덤 스미스가
더 잘 알았을 것이라고 말입니다.

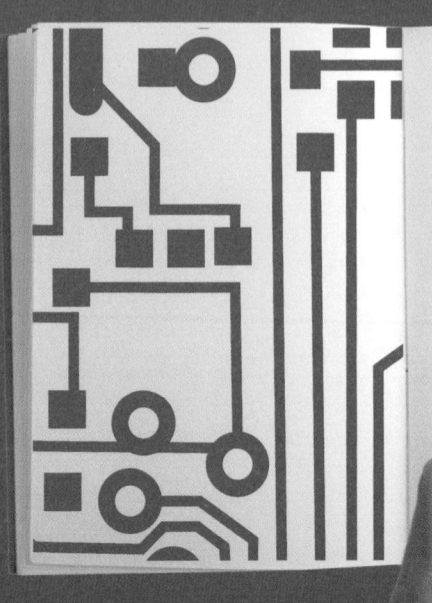

어떤 국가가
승리할 것인가?

스마트팩토리는 사람이 없는 공장을 말하는 거잖아요? 그렇다면 똑똑한 공장,
사람이 없는 공장이 가지고 올 미래는 어떨까요?

스마트팩토리에
정답이 있다

제조업과 ICT가 결합한 최초의 공장이 지멘스 공장이라고 말씀드렸습니다.
이제는 좀 익숙해졌을지 모르겠는데, 그런 공장을 스마트팩토리라고 합니다.
0.00011%의 불량률에서 보듯, 엄청난 효율성으로 상품을 생산하고 있습니다.
스마트팩토리라는 이름 덕분에 다 좋게 보입니다.

아래 사진 속 공장은 아디다스 스피드 팩토리[31]입니다. 그리고 그 밑에 있는 신발을 그 공장에서 만들었다고 하네요.

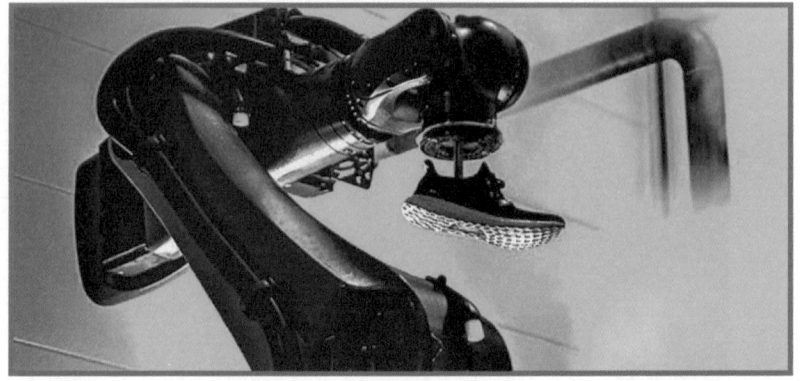

똑똑한 공장, 사람이 없는 공장 – 아디다스 스피드 팩토리

아디다스 스피드 팩토리에서 생산된 운동화

---

31. 스피드 팩토리(Speed Factory) : 로봇을 사용해서 자동으로 신발을 생산할 수 있는 공장이다. 일반 공장보다 훨씬 더 빠르고 높은 품질의 신발을 제공할 수 있다.

아디다스 스피드 팩토리에서는 1년 동안 운동화 50만 켤레를 생산합니다. 예전에는 이 정도를 생산하려면 신발 만드는 사람이 600명 정도 필요했습니다. 그런데 지금은 단 열 명이면 됩니다. 운동화 윗부분을 만드는 로봇과 신발 바닥을 만드는 로봇 두 대로 한 켤레를 만드는 데 5시간이면 충분합니다.

여기서 말씀드릴 두 가지가 있습니다. 첫 번째! 여기서 생산되는 신발 밑창을 3D 프린터로 만들기 시작하고 있답니다. 3D 프린터가 드디어 공장에 들어가 생산공정에 투입되기 시작한 것이죠.

두 번째! 다양한 디자인의 운동화를 만드는 스피드 팩토리에서도 만들지 못하는 운동화가 있습니다. 봉제를 해야 완성되는 운동화입니다. 스피드 팩토리에서는 신발을 찍어서 접착제로 붙이는 방식으로 만들기 때문입니다. 아직까지 로봇은 봉제를 할 수 없습니다. 그래서 스피드 팩토리에서는 봉제를 거치지 않아도 되는 신발만 생산되고 있습니다. 봉제선이 없는 신발의 가장 큰 장점이 뭐겠습니까? 뜯어질 일이 없어서 튼튼하다는 것이죠.

그럼 경쟁업체에서는 이렇게 말하겠죠. "이 공장에서 만드는 운동화는 접착력이 떨어지기 전에 밑창을 먼저 닳게 만들 게 분명하다"고 말입니다. 밑창을 빨리 닳게 하려면 어떻게 해야 할까요? 운동화 밑창으로 약하고 부드러운 소재를 사용하면 되겠지요? 그 부드러움 때문에 운동화를 산 소비자는 밑창이 푹신해서 신었을 때 편안하다고 느끼게 될 것입니다. 그러나 부드럽고 편한 만큼 신발이 금방 해지게 될 겁니다. 소비자 욕구를 기만하는 행위가 아니냐며 질투 어린 말을 하게 될지도 모르겠군요.

아무튼 스피드 팩토리에서 생산된 운동화는 아동 운동화 시장에서 상당히 인기가 있을 겁니다. 아이들에게는 끈이 없고 봉제선이 없어 잘 뜯어지지 않는 신발이 편하겠지요! 스피드 팩토리가 만들기 가장 좋은 신발입니다. 그리고 아동화는 오래 신을 필요도 별로 없습니다. 아이들은 금방 금방 자라잖아요. 너무 이야기가 곁가지로 나간 듯합니다. 이 이야기에서 중요한 것은, 스피드 팩토리에는 사람이 없다는 겁니다. 사람 없는 공장. 이 공장은 세상을 어떻게 바꿀까요?

자본주의의 본질은 공장 안에 있다

인간의 일상은 어찌 보면 노동과 휴식으로 구성되어 있다고 할 수 있겠죠. 자, 그렇다면 인간은 노동시간에 생산을 하고 휴식 시간에 소비를 한다고 할 수 있습니다. 요약하자면 우리의 삶은 생산과 소비로 구성되어 있는 것입니다. 그렇다면 그중의 더 중요한 것은 무엇일까요? 아마도 생산일 겁니다. 노동으로 상품을 생산해서 소득이 생겨야 소비를 할 수 있으니까요!

생산에 필요한 직종은 다시 두 가지로 나누어 볼 수 있습니다. 생산직과 사무직이죠. 생산직과 사무직 중 더 중요한 것은 무엇일까요? 사무직도 중요하지만 역시 생산직이 더 중요합니다. 사무직이란 기본적으로 생산직을 지원하고 운영하기 위해 만들어진 직종이니까요.

그렇다면 그 생산직이 일하는 곳은 어디일까요? 바로 공장입니다. 이 공장의 변화가 모든 산업혁명의 출발점이 되었습니다.

자본주의 시대는 공장의 시대입니다. 자본주의 시대가 시작되었다는 것은 공장이 출현했다는 것입니다. 공장만큼 자본주의를 명확하게 보여 주는 것이 없습니다. 사람들에게 자본주의가 무엇이냐고 물으면 대부분은 이렇게 대답합니다. '상품이나 노동의 매매 또는 투자와 분배가 시장을 통해 이루어지는 시장경제체제'라고 말이죠.

시장의 존재를 자본주의의 가장 큰 특성이라고 말합니다. 그런데 봉건시대에는 시장이 없었습니까? 있었지요. 시장은 어느 시대에서든 있었습니다. 시장은 인류 역사와 늘 함께해 왔습니다. 그리고 시대는 그 시장이 커지는 방향으로 흘러왔습니다. 결국 우리가 살아가고 있는 자본주의 시대는 시장이 전면화된 것이 특징이죠. 하지만 앞에서도 말씀드렸듯, 양적으로 커졌다고 혁명이 되는 것은 아닙니다. 시장이 전면화되었다고 굳건했던 봉건주의가 자본주의로 이행하는 것은 아니지요. 반드시 질적인 전환이 있어야 합니다. 자본주의 시장에서는 봉건주의 시장과는 질적인 차이가 생기게 됩니다. 바로 노동이 인격과 분리되어 매매되는 시장이 탄생하게 된 것입니다.

제가 자본주의 시장에서 가장 큰 특징은 노동이 인격과 분리되어 매매되는 것이라고 말씀드렸습니다. 거창해 보이지만 그렇게 어려운 이야기가 아닙니다. 옛날에는 시장에서 인간이라는 상품이 거래될 때 노동과 인격이 함께 거래가 되었다면, 지금은 인격과 분리되어서 노동만 매매된다는 것입니다. 사장이 직원을 고용했다고 인격까지 산 것은 아닙니다. 직원은 노예나 농노가 아니라는 거지요.

아주 옛날에는 돈 주고 사람을 사면 주인이 그 사람의 인격까지 좌지우지했습니다. 지금은 그러면 됩니까, 안 됩니까? 백화점에서 고객이 판매 직원에게 "무릎 꿇어!"라고 하면 우리는 분노합니다.[32] 난리난 적도 있었지요.

---

32. 2015년, 인천의 모 백화점에서 백화점 직원이 고객에게 무릎을 꿇고 사죄하는 사건이 있었다. AS와 관련하여 수리비를 내기 싫은 고객의 이른바 '진상'으로 인해 일어난 일이다. 이는 노동과 인격이 분리되어 판매되고 있는 자본주의의 원리와는 정반대되는 행위이다.

왜냐하면 그 직원이 판 건 노동력이지, 인격이 아니거든요.

자본주의를 바라보는 정치적인 차이가 생기는 것도 공장이라고 봐야 합니다. 노동이 매매되는 가장 대표적인 곳이 어디입니까? 바로 공장입니다. 공장주가 자본가이고요, 공장에 노동을 팔러 온 사람이 노동자입니다. 이 노동의 매매가 자유롭고, 서로 손해를 보지 않고 동등하게 이익을 가져가는 등가교환으로 매매를 보는 시각이 시장주의와 자유주의겠지요.

반면 노동의 교환이 자유로운 의사에 기반하지 않고, 그 교환의 결과, 자본가에게 유리한 쪽으로 이익이 나누어지지 않는다면 마르크스주의일 겁니다. 또 노동의 가치와 가격의 교환을 자유롭게 보장해야 하지만, 사회 공공이 그것을 철저하게 고려해야 한다는 시각도 있습니다.

여러분, 그런데 이제 공장이 변했습니다. 인더스트리 4.0으로부터 출발한 공장 변화를 저는 4차 산업혁명이라고 불러도 된다고 생각합니다. 앞에서 보았지만, 1차 산업혁명으로 영국은 생산성을 놀랍게 향상시켰습니다. 증기기관을 이용해 사람의 힘으로 할 수 없었던 일들이 가능해졌기 때문입니다. 그 힘이 토지가 아닌 공장을 생산성 향상의 주역으로 만들어 냈습니다. 2차 산업혁명도 마찬가지입니다 아래 자료를 보시지요.

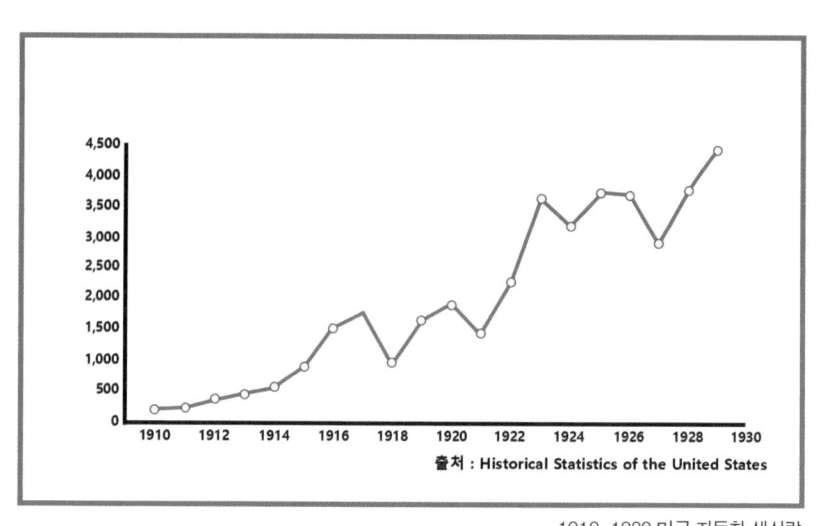

1910~1929 미국 자동차 생산량

2차 산업혁명 시기 자동차 생산량입니다. 2차 산업혁명을 우리가 왜 산업
혁명으로 불러야 하는지 그 이유가 잘 나타나는 표가 아닐까요? 뒤에서 또 다
루겠지만, 3차 산업혁명의 한계는 컴퓨터가 공장을 바꾸지 못했다는 겁니다.

잘 생각해 보시죠. 아까 우리 삶은 노동과 휴식, 다르게 표현하면 생산과
소비로 구성된다고 했습니다. 컴퓨터와 인터넷은 우리 휴식과 소비를 완전
히 바꾸어 버렸지요? 누워서 잠자기 직전까지 우리는 손에서 핸드폰을 놓지
않습니다. 그리고 생산하는 사람을 생산직과 사무직, 두 부류로 나누었습니
다. 컴퓨터는 사무직 일상을 완전히 바꾸어 놓았습니다.

이 책을 읽는 사무직 여러분 중 근무시간에 컴퓨터를 사용하지 않는 분
이 있나요? 책상에 컴퓨터가 없는 분이 있나요? 그리고 그 컴퓨터가 인터넷
에 연결되지 않은 분이 있나요? 컴퓨터와 인터넷은 우리 소비 생활과 사무
직 일상을 완전히 바꾸어 놓았습니다. 하지만 생산 영역에서 컴퓨터가 바꾸

지 못한 것이 있습니다. 바로 생산직입니다. 여전히 생산직 노동자들은 출근과 동시에 인터넷과 분리됩니다. 그들은 컨베이어 벨트 앞에서 구슬땀을 흘리지요. 어떻게 보면 이것이 3차 산업혁명의 한계일지 모릅니다. 2차 산업혁명 이후나 3차 산업혁명 이후나 공장은 변한 것이 없기 때문입니다.

공장에는 여전히 컨베이어 벨트가 돌아가고 있습니다. 포드주의적 생산 방식이 변하지 않고 군림하고 있다는 거죠. 그러니까 3차 산업혁명이 근본적인 생산성 향상을 가져오지 못했다는 겁니다. 그런데 4차 산업혁명은 다릅니다. 바로 이 컴퓨터와 인터넷이 공장으로 들어옵니다. ICT가 공장으로 들어와 기계에 설치되고, 사람들의 노동을 대체하거나 변화시켜 나갑니다. 그 대표적인 사례가 바로 앞에서 말씀드렸던 지멘스의 암베르크 공장입니다.

틀림없이 4차 산업혁명은 1차, 2차 산업혁명 못지않게 공장에서의 생산성을 비약적으로 향상시킬 것입니다. 그렇다면 4차 산업혁명에서 승리하는 국가는 어떤 국가일까요? 국가는 제조업과 ICT가 결합된 공장을 만들어 내고, 그 공장이 가져올 파급효과를 가장 먼저 파악해야 합니다. 이제 이러한 공장이 가져올 파급효과를 하나씩 보도록 하겠습니다.

사람 없는 공장 ─ 그 미래를 어떻게 접근할 것인가?

사람 대신 로봇이 일하는 공장, 노동에서 소외되는 인간. 마치 SF 영화에 나오는 모습 같지 않나요? 그러나 4차 산업혁명으로 인해 우리 주변에서 이미 벌어지고 있는 현실이 되었습니다. 아래 공장 사진을 보겠습니다.

프리몬트 테슬라 공장

미국 캘리포니아 주 프리몬트에 위치한 테슬라 공장(Tesla Factory)은 최첨단 공장입니다. 테슬라 공장에서 자동차 만드는 모습을 보면 눈에 안 보이는 것이 있습니다. 무엇일까요? 첫 번째는 일하는 사람이고요, 두 번째는 컨베이어 벨트입니다.

사람이 사라졌다는 것 못지않게 '컨베이어 벨트가 사라졌다'는 것에 주목해야 합니다. 컨베이어 벨트 시스템은 1910년대에 등장한 이후로 지금까지 최고의 생산성을 가진 방식이라는 명성을 한 번도 놓친 적이 없습니다. 지난 100여 년 동안 컨베이어 벨트 시스템을 뛰어넘는 생산방식이 있었나요? 없었습니다. 이는 그동안 인류가 컨베이어 벨트 시스템을 넘어설 수 있는 획기적인 생산 시스템을 만들지 못했음을 뜻하기도 합니다.

그런데 그 컨베이어 벨트가 이 공장에는 보이지 않습니다. 이 부분에 대해서는 '어떤 기업이 승리하는가'에서 더 구체적으로 다루도록 하겠습니다.

공장에 사람이 사라졌으니 당연히 실업이 발생하겠지요. 실업은 사회적으로 아주 심각한 문제입니다. 이 부분에 대해서는 또 '어떤 개인이 승리할 것인가?'에서 자세히 다루도록 하겠습니다.

여기서는 '공장에서 사람이 사라졌다'는 것에 대해 사회과학에서 말하는 총체적인 사고로 접근해 보겠습니다. 총체적 사고란, 어떤 한 부분의 변화가 생각지도 못한 다른 부분의 변화를 가져오는 것을 말합니다. 좀 더 쉽게 설명하면, 총체적 사고는 언뜻 전혀 연관이 없어 보이는 것들이 실은 서로 관련돼 있음을 전제합니다. 사물에 대한 접근 방식의 하나죠.

예를 들어, 인쇄술의 발전[33]이 종교개혁에 영향을 준다거나, 신대륙 발견 당시 아메리카 원주민 대부분의 사망 원인이 학정과 폭압이 아니라 구대륙의 전염병[34]이라는 사실을 들 수 있습니다. 그렇다면 세계적으로 공장에서 사람이 더 이상 필요하지 않게 된다면 어떤 업종의 입지가 위태로워질까요? 그리고 어떤 국가들이 어려워질까요?

그 답을 찾아가 보겠습니다.

---

33. 인쇄술의 발전 : 인쇄술의 발전은 성경의 보급을 가져왔고 이는 교회의 신부를 통하지 않아도 하느님의 말씀을 접할 수 있다는 성경 중심의 개신교 사고의 기반이 되었다.
34. 구대륙의 전염병 : 구대륙과 달리 신대륙에는 가축이 없었기 때문에 신대륙의 사람들은 가축에게서 오는 전염병에 대한 저항성이 없었다.

공장은 어디에 세워지는가? —리쇼어링[35]의 시대가 온다

앞에서 아디다스사의 스피드 팩토리를 소개했습니다. 현재 스피드 팩토리는 어디 있을까요? 바로 독일 안스바흐에 있습니다. 그게 뭐 대단하냐고요? 우리 한번 생각해 봅시다. 우리나라에 신발 공장이 있요? 있기는 하지만, 신발 공장 대부분은 인건비가 저렴한 중국과 베트남 등지로 이전했죠. 아디다스가 독일에서 운동화를 직접 생산한 건 1993년까지였습니다. 이후에는 인건비가 저렴한 동남아시아 국가에 있는 공장에서 운동화를 만들었습니다. 그런데 다시 독일로 돌아가게 된 겁니다. 이것을 독일에서는 20년만의 귀환이라고 부릅니다. 스피드 팩토리로 20여 년 만에 독일에서 자체적으로 운동화를 생산하게 된 겁니다. 이제 인건비를 낮추려고 중국이나 인도네시아, 베트남에 갈 필요가 없어졌습니다. 운동화 50만 켤레를 만드는 데 직원 열 명 정도만 있으면 되는 혁명이 일어났습니다. 멀리 갈 필요가 있나요? 이제 아디다스는 운동화 생산을 독일에서 하는 것이 제일 효율적이게 되었습니다. 빅데이터도 기술자도 디자이너도 최첨단 기술도 다 독일에 있기 때문입니다. 한마디로, 제품 생산에 들어가는 인건비가 줄었는데 굳이 인건비 저렴한 국가를 찾아갈 필요가 없다는 것이죠.

전기 자동차를 만드는 테슬라 공장은 어디에 있겠습니까? 인건비 저렴한 동남아시아에요? 그럴 리 없겠죠. 테슬라는 미국으로 돌아왔습니다. 최근 테슬라가 내놓은 모델 T카3의 가격은 4만 5,000불인데, 이 중 인건비가 2만

---

35. 리쇼어링(Reshoring) : 해외에 진출한 국내 제조 기업을 다시 국내로 돌아오게 하는 정책이다. 저렴한 인건비 때문에 국외에 있던 공장을 다시 자국으로 옮기는 정책이다.

7,000불밖에 되지 않는다고 합니다. 그런데도 공장을 동남아시아에 짓는다고요? 있을 수 없는 일이지요. 그렇다면 미국 어디에 공장을 지었을까요? 미국에서 가장 전통적인 자동차 생산단지는 북동부 오대호 연안의 '러스트 벨트'[36]라고 부르는 지역입니다.

가장 대표적인 도시는 디트로이트죠. 그렇다면 테슬라 공장은 디트로이트에 있을까요? 아닙니다. 러스트 벨트가 형성된 원인은, 오대호 연안이 공업용수를 쉽게 얻을 수 있었기 때문입니다. 또한 뉴욕과 같은 대도시가 소비지와 가까우면서 인력 충원이 용이하기 때문이기도 합니다. 그러니 더 이상 컨베이어 벨트와 인력이 필요 없는 테슬라 공장이 여기에 들어설 리가 없지요. 자동차 공장이 미국으로 돌아온다고 해서 디트로이트가 예전의 영광을 찾을 수는 없을 겁니다.

전기 자동차를 만드는 테슬라 공장에 필요한 것은 무엇입니까? 바로 최첨단 기술이지요. 미국 최첨단 기술의 집산지는 바로 실리콘밸리입니다. 그래서 테슬라 공장은 캘리포니아 주 프리몬트에 있습니다. 테슬라의 배터리 생산 공장인 기가 팩토리(Giga factory)는 캘리포니아 옆에 있는 네바다 주에 짓고 있습니다. 이제 공장의 입지가 바뀌는 겁니다. 인건비는 더 이상 중요한 변수가 되지 못합니다.

선진국의 다국적 기업은 이제 자신들의 고향을 향해 "뒤로 돌아!"를 시작할 겁니다. 4차 산업혁명은 세계적으로 리쇼어링 붐을 불러일으키게 될 것입니다. 트럼프의 최대 공약[37]이 점차 실현되겠지요. 트럼프는 자신이 내걸

---

36. 러스트 벨트 : 미국 제조업의 호황을 구가했던 중심지였으나 제조업의 사양화 등으로 불황을 맞은 지역을 이르는 말이다.

37. 트럼프의 최대 공약 : 2016년 제45대 미국 대통령 선거에서 도널드 트럼프는 리쇼어링을 위하여 1. 법인세 한계 세율을 35% → 15% 인하(2017년 9월 법인세 20%로 인하), 2. 최대 35%의 '국경세' 부과, 3. 송환세 등 각종 이전 관련 세금 인하를 공약으로 내세웠다.

었던 최대 공약을 성사시켰다고 자랑할 것입니다. 그러나 리쇼어링 현상은 4차 산업혁명의 결과물입니다.

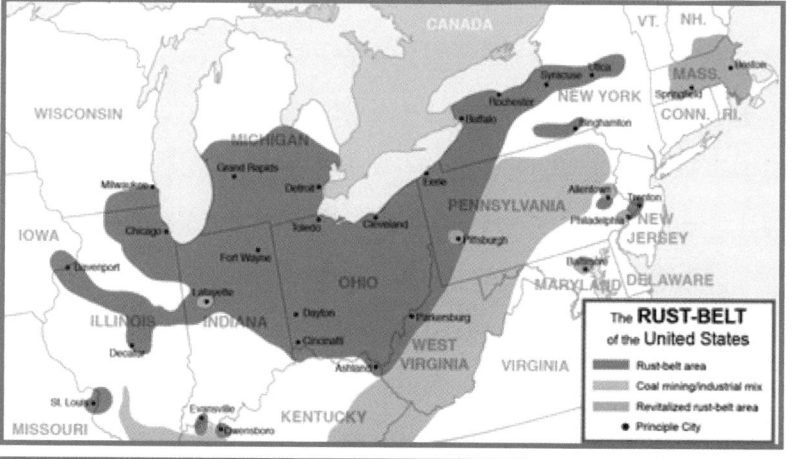

자국으로 돌아온 테슬라의 기가 팩토리(Giga factory). 파나소닉과 합작한 이 공장은 2020년 5조 8000억 원을 투입해 최종 완공할 예정이라고 한다. 현재 이 공장에서는 리튬이온배터리를 생산하는데, 테슬라차에 넣을 배터리뿐 아니라 사업용과 가정용 배터리도 만들고 있다.

이렇게 리쇼어링이 활발해진다면 어떤 산업이 어려움에 처할까요? 먼저 리쇼어링으로 인한 세계적인 생산 시스템의 변화를 봅시다. 간단히 자동차 산업을 생각해 봅시다. 자동차 공장은 어디에 있습니까? 자동차 공장이 인건비가 적게 드는 동남아시아에 있다고 생각해 봅시다. 그렇다면 그 공장에서 자동차를 만들기 위해 필요한 것은 무엇일까요?

물론 사람은 동남아시아 자국에서 충원하게 되겠지요. 그리고 먼저 재료인 철을 사 와야 할 겁니다. 그러기 위해 먼저 철광석이 호주와 브라질 등지에서 한국으로 넘어와 포항제철의 용광로에서 제철되어 동남아시아로 가야할 것이고, 다음으로 일본에서 생산된 자동차 부품이 동남아시아로 가야할 겁니다. 그러면 동남아시아에서 이 재료와 부품을 가지고 제품을 생산한 후 미국과 같은 소비지로 자동차를 운반하겠지요. 그런데 4차 산업혁명으로 공장이 다시 미국으로 돌아갔습니다. 무슨 일이 벌어질까요?

아마 미국 제철소가 다시 운영될지 모르죠. 부품 공장도 미국에서 다시 운영될지 모릅니다. 그러니 이제 동남아시아에서 미국으로 자동차를 운반할 일은 없어질 겁니다. 따라서 최소한 동남아시아에서 미국으로 물건을 나르던 해운사와 그 배를 만들던 조선소 그리고 항만사들은 경제적인 위기에 빠지게 될 겁니다. 물론 장기적인 이야기입니다. 그러나 사람 없는 공장이 만들어 내는 리쇼어링은 세계 무역의 물동량을 틀림없이 줄여 나가게 될 겁니다.

다시 한번 대분기가 온다

역사학자 케네스 포메란츠[38]는 그의 역저 『대분기』에서 도대체 영국은 어떻게 중국을 제압했는지, 그 답을 보여 줍니다.

그는 1차 산업혁명이 서구 사회와 동아시아의 경제적 격차가 벌어지는 분기점이라고 설명합니다. 우리는 굳이 이 책을 읽지 않아도 그 사실을 알고 있습니다. 1차 산업혁명에 성공한 서구 열강은 비서구 국가와 생산력 격차를 벌여 놓았습니다. 그리고 그것에 기반을 둔 우수한 무기와 군대로 비서구 국가들을 식민지화해 나갑니다. 한마디로 산업혁명이 본격적인 식민지 쟁탈전의 시작점이 된 것입니다.

그러다가 1, 2차 세계대전을 전후하여 많은 비서구 식민지국들이 독립합니다. 물론 이러한 독립은 비서구 식민지국에서 독립을 위해 싸워 나갔던 선각자들의 투쟁의 결실임은 주지의 사실입니다.

이렇게 독립을 얻은 국가는 세계 무대에서 목소리를 더 높여 나갑니다. 그렇다면 제3 세계로 대변되는 국가들이 20세기에 이렇게 성장하게 되는 경제적 요인은 무엇일까요? 저는 그 원인 중 하나가 20세기 중반 전 세계적으로 본격 시작된 포드주의적 생산방식이라고 봅니다.

한때 세계에서 최강 자동차 산업국이었던 미국은 어느 나라의 어떤 제품으로 인해 힘을 잃기 시작했을까요? 바로 미국이 그렇게 비웃던 일본의 토

---

38. 케네스 포메란츠(K. Pomeranz) : 예일대학교 박사이다. 현재 시카고 대학교에서 역사를 가르치고 있으며 1993년 『배후지의 형성』이라는 책이 미국역사학협회에서 올해의 책으로 선정되었다. 이 학자의 주요 저서로는 『대분기』 『설탕, 커피 그리고 폭력』이 있다.

요타였습니다. 그 후 자동차 시장에서 미국보다 대한민국, 최근에는 중국이 더 많은 힘을 갖게 되었습니다.

컨베이어 벨트에서 생산되는 자동차를 생각해 봅시다. 이러한 생산방식으로 부를 축적하는 나라는 어디일까요? 역시 자동차 생산 강국인 독일과 미국이라고 할 수 있습니다. 하지만 아직 개발이 덜 된 국가에게도 기회는 있습니다. 한번 생각해 봅시다. 자동차의 주요 재료는 철입니다. 그러면 철광석을 생산하는 국가가 철광석 수출로 부를 창출하게 되겠지요. 바로 호주와 브라질입니다. 그리고 자동차가 움직이기 위해서는 석유가 필요합니다. 석유는 어디서 나오나요? 바로 중동 산유국이지요. 그리고 더 중요한 것은 컨베이어 벨트에 기반을 둔 포드주의적 생산방식은 점차 저개발국으로 이동할 수밖에 없다는 사실입니다. 포드주의적 방식으로 생산할 때 드는 비용 중 인건비가 차지하는 비중이 크기 때문이지요.

저개발국은 선진국보다 인건비가 저렴하다는 장점을 지니고 있습니다. 앞서 말씀드린 테일러 시스템 기반의 컨베이어 벨트 앞에서 일하는 것은 강도 높은 노동입니다. 그렇기 때문에 높은 학력과 삶의 질을 중시하는 선진국 국민은 고강도 노동을 회피하려 한다는 점 또한 크게 작용합니다.

이런 이유로 저개발국으로 이전된 공장에서 노동자는 노동을 제공하고, 그에 대한 임금을 받으며, 선진국으로 도약할 수 있는 자본을 축적해 나갑니다. 더 중요한 것은, 선진국 공장에서 저개발국으로 기술이 이전될 수 있는 기회를 가질 수도 있다는 겁니다.

"아, 자동차용 제철은 이렇게 하는구나", "아, 부품은 이렇게 생산하는구나"라고 말이죠. 이들은 선진국의 자본과 기술을 공장에서 축적할 수 있었습니다. 저개발국이 선진국과 경제적, 기술적 격차를 좁힐 수 있는 기회를 잡게 된 것이죠. 그리고 이것이 바로 포드주의적 생산방식에 의한 것입니다. 그런데 4차 산업혁명은 이러한 개도국의 추격 기반을 일시에 무너뜨릴 수 있을지도 모르겠습니다.

테슬라가 생산하는 전기 자동차를 생각해 봅시다. 이놈의 자동차는 일단 석유를 필요로 하지 않습니다. 배터리를 충전하면 되니까요. 심지어 전기는 석유로 만드는 것도 아닙니다. 전기는 미국에 있던 풍부한 천연가스나 셰일가스, 또는 친환경에너지인 태양광으로 만듭니다. 또한 차체를 가볍게 하기 위해 사용하는 철의 비중이 줄어들게 됐습니다. 그렇기 때문에 중동이나 브라질 입장에서는 황당할 뿐입니다. 거기다가 앞에서 말씀드렸지만, 4차 산업혁명 이후 공장은 미국에 들어서게 됩니다. 이제 개도국은 공장에 인력을 제공할 수 없습니다. 그 임금을 바탕으로 자본을 형성할 기회는 물론이고, 기술 이전의 기회도 완벽하게 차단됩니다.

그래서 어떤 사람은 이렇게 말하기도 합니다. 4차 산업혁명은 선진국과 저개발국의 격차를 벌릴 대분기라고 말입니다. 그래서 우리가 더욱 냉철하게 현실을 직시하고 4차 산업혁명을 준비해야 하는 것이 아닌가 싶습니다.

간단히 자동차 산업을 생각해 봅시다.
자동차 공장은 어디에 있습니까?
자동차 공장이 인건비가 적게 드는
동남아시아에 있다고 생각해 봅시다.
그렇다면 그 공장에서 자동차를 만들기 위해
필요한 것은 무엇일까요?

무엇이 영국과 중국의 차이를 벌렸는가?

역사학자 케네스 포메란츠의 「대분기」는 '도대체 영국은 어떻게 중국을 제압했는가?'에 대한 답을 보여 주는 책입니다. 서구 사회와 동아시아 사이에 경제적 격차가 벌어진 거대한 분기점에 대한 내용이지요. 책에서 지목하는 이유는 딱 두 가지입니다. 하나는 석탄, 다른 하나는 식민지입니다.

중국은 식민지가 없었지만 석탄을 보유하고 있었습니다. 중국과 영국은 똑같이 석탄을 보유하고 있었고, 기술 수준도 같았습니다. 하지만 중국은 석탄이 신장 지역에서 생산되기 때문에, 대운하로 이어지는 양쯔강을 건너 운반하기가 너무 멀었습니다. 그리고 중국 석탄은 굉장히 건조해서 쉽게 터졌기 때문에 산업에 이용하기가 어려웠다고 합니다.

반면 영국은 석탄 산지와 가까웠으며 석탄 산지가 습했답니다. 석탄이 땅속에 있어서 물이 잘 찼는데, 그 물을 빼 올리기 위해서 증기기관이 발달했습니다. 특히 증기기관이 영국에서 먼저 발달한 이유가 있습니다. 다른 나라보다 인건비가 비쌌기 때문에 물을 빼내는 데 필요한 증기기관의 수요가 더 절실하고 컸습니다.

일본 자동차의 미국 진출기─토요타리즘

제2차 세계대전이 끝나고 난 후 독일의 폭스바겐이 미국에서 큰 인기를 얻었습니다. 2차 세계대전을 겪은 일본은 전쟁에서 패하고 무언가에 투자할 자본이 다 떨어졌지요. 이 때문에 기술이 부족해졌고 자동차 산업은 위기를 맞고 있었습니다.

한국 6.25 전쟁이 끝난 직후 일본은 독일에 자극을 받습니다. 독일의 자동차가 미국으로 수출이 잘되니 질투가 난 것이지요. 당시 일본의 최대 자동차 회사였던 토요타는 캘리포니아에 자신의 자동차를 전시하기 위해 토요타의 최고급 브랜드인 토요펫(Toyopet)라는 승용차 두 대를 가지고 로스앤젤레스에서 전시를 했습니다.

그리고 샌프란시스코에 전시를 앞둔 토요타는 미국 진출 이래 처음으로 고속도로 주행을 하게 되었습니다. 하지만 결과는 실패였죠. 아무리 엑셀을 밟아도 엔진이 깨지는 소리만 나고 차가 움직이질 않는 겁니다. 뒤에서는 미국산 자동차가 빵빵거렸습니다. 일본에서는 가장 고급이었던 자동차가 퍼져버리니 얼마나 당황스러웠겠습니까.

그런데 어느덧 세월이 지나고 토요타는 자신만의 생산공정을 만들게 됩니다. 우리는 그것을 적기생산방식(Just─In─Time)이라고 부릅니다. 이 생산방식은 필요한 때에 물건을 생산하고 공급합니다. 제조업체가 부품업체에게 부품을 필요할 때 필요한 수량만큼만 공급받아 재고가 없게 하는 재고 관리 시스템이지요. 토요타의 적기생산방식은 하버드대학교에서 연구될 정도로 유명했으며 우리나라를 비롯한 여러 기업이 이 방식을 채택하고 있습니다.

아래의 표를 보시면 이러한 생산방식으로 미국 고속도로에서 엄청난 창피를 당했던 토요타가 현재 미국 자동차 시장을 어떻게 재패하고 있는지 볼 수 있습니다.

주요 북미 완성차 OEM 업체 실적 변화

단위 : 억 달러, %

구분	매출액		증감률	순이익		증감률
	2015년	2016년		2015년	2016년	
GM	1,524	1,664	9.2▲	97	94	2.68▼
Ford	1,496	1,518	1.5▲	73.7	46	37.7▼
FCA (유로화 기준)	1,106	1,110	0.4▲	93	1,814	1,951▲
TOYOTA	2,276	2,629	15.5▲	182	214	17.9▲
HONDA	1,114	1,352	21.3▲	43	31.9	25.1▼
NISSAN	951	1,128	18.7▲	38	48.5	26.8▲

출처 : Hoovers

매출액으로도 토요타를 이길 엄두를 내지 못하는 GM과 포드를 보시면 토요타가 뒤에서 얼마나 큰 성장을 하게 된 것인지 알 수 있습니다. 순이익을 보더라도 토요타를 이길 나머지 자동차 회사는 없습니다. JIT라는 생산방식은 미국 고속도로도 달리지 못하던 토요타를 살린 가장 최고의 생산방식이 되었습니다. 더 이상 미국은 자동차 강국이라고 떵떵거리지 못하겠지요?

4차 산업혁명은 대한민국이 더 크게 도약할 수 있는 디딤돌이 될 수 있다고 생각합니다.
이 장에서는 그 이유에 대해서 차근차근 설명해 드리겠습니다.

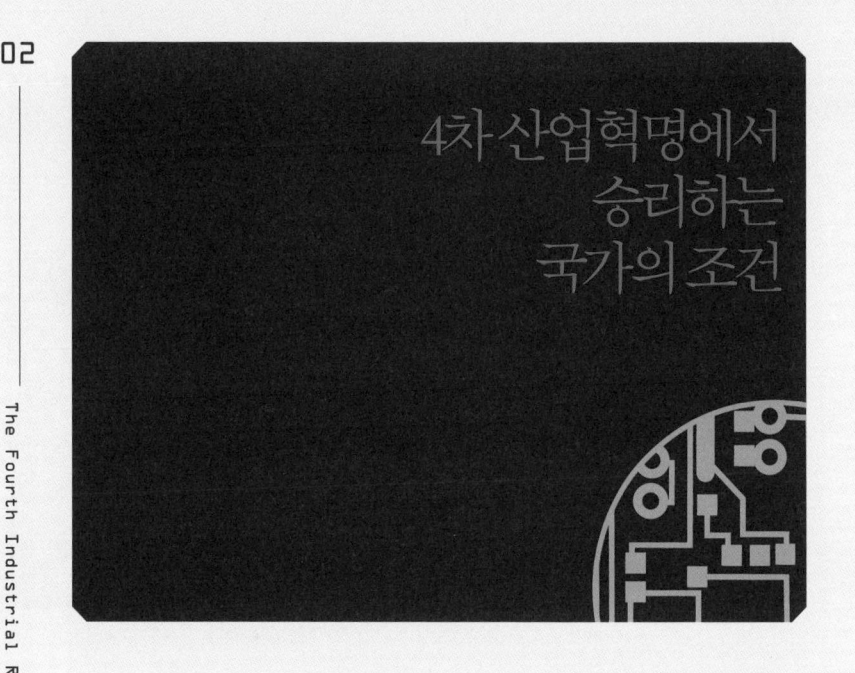

4차 산업혁명에서
승리하는
국가의 조건

최근 4차 산업혁명에 대해 이런 기사들이 쏟아지고 있습니다.

"국내 기업 70% 4차 산업혁명 제대로 준비 못해"

"한국 4차 산업혁명 경쟁력 세계 25위에 불과"

"한국은 왜 4차 산업혁명이 안 보일까?"

정말 대한민국은 4차 산업혁명의 파도 속에서 도태될 운명일까요? 저는 그렇지 않다고 봅니다. 저는 4차 산업혁명이 오히려 대한민국에게 유리하다고 생각합니다. 4차 산업혁명은 대한민국이 더 크게 도약할 수 있는 디딤돌이 될 수 있다고 생각합니다.

잃어버린 20년을 보냈지만 일본의 경제 저력은 그 누구도 무시할 수 없는 수준이다.

　잃어버린 20년을 보냈음에도 아직 저력이 남아 있는 일본을 무시하는 나라는 전 세계에서 한국과 중국밖에 없다는 농담이 있습니다. 아마 한국, 중국, 일본 삼국 사이에 오랫동안 엮인 역사적 요인 때문에 그럴 겁니다. 아베의 그 후안무치한 행동을 생각하고, 아베노믹스[39]를 분석하다 보면 저 역시도 '아, 일본이 잘 안 되었으면…' 더 나아가 '꼭 잘 안 돼야 해!' 같은 마음이 불쑥불쑥 들기도 하니까요. 하지만 우리가 저평가하는 국가가 일본밖에 없을까요? 아마 대한민국도 우리가 저평가하는 대표적인 국가일 겁니다. 어쩌면 식민지 경험과 오랜 독재의 영향 때문일 수도 있을 겁니다.

---

39. 아베노믹스: 아베 총리가 20년의 장기 경제침체를 타개하기 위해 2012년부터 시행한 경제정책이다. 강력한 금융완화 정책과 공격적인 재정지출, 구조개혁 정책이 대표적이다. 이를 아베노믹스의 세 개의 화살이라고 부르며 여전히 성공과 실패에 대해 논쟁 중이다.

우리가 피땀 흘려 이룩한 대한민국을 자랑스럽게 여기면서 광화문에서 성조기를 흔들라는 말이 아닙니다. 다만, 제2차 세계대전 이후 독립한 국가 중 두 번의 무혈혁명을 거쳤고, 민주주의를 아시아를 넘어 세계적인 수준으로 끌어올린 나라가 대한민국입니다. 또한 온갖 부조리한 정경 유착과 재벌 구조의 모순에도 선진국 수준의 경제체제를 만들어 낸 것이 대한민국입니다.

그리고 이러한 노력의 결과 대한민국은 4차 산업혁명에서도 다시 한번 세계 속에서 주도권을 잡을 수 있는 국가가 될 수 있다고 봅니다. 지금부터 4차 산업혁명 시대에 승리하는 국가의 조건은 무엇인지 알아보고, 한국은 과연 그러한 조건에 얼마나 부합하는지 알아보겠습니다.

제조업 강국이 승리한다

4차 산업혁명의 핵심은 제조업과 ICT의 결합이라고 이야기했습니다. 그렇다면 제조업체와 ICT 기업 중 어느 기업이 4차 산업혁명에서 더 유리할까요? 당연히 ICT 기업이라고 생각하는 분이 많을 겁니다. 그런데 과연 그럴까요? 2016년 제가 강의했던 강의의 주제 중 하나가 무인차였습니다. 그리고 강연 내용은 무인 자동차 시장에서 ICT 기업이 승리할 것인지, 전통 자동차 기업이 승리할 것인지 살펴보는 것이었습니다.

한마디로 저의 강연 주제는 구글, 애플, 테슬라가 승리할 것인지, 아니면 벤츠, 포드, GM이 승리할 것인지 살펴보는 것이었습니다. 당시에는 무인차의 윤곽이 뚜렷하지 않았기 때문에 좀 형이상학적으로 점검했지만, 지금은 승자가 좀 명확히 가려지는 것 같습니다.

무인차 시장을 전부 장악할 것 같던 구글은 최근 자율 자동차 개발을 중단하고 무인차 기술 개발에만 집중할 것을 천명했습니다. 무인차 핵심 기술인 데이터 수집 및 처리기술과 인공지능을 자동차와 접목시키겠다고 하지만, 어쨌든 자동차 만드는 것을 포기한 것이지요. 애플의 팀 쿡은 애플 카로 알려진 자체 자동차 생산을 포기하고, AI 소프트 기술 개발을 선택했습니다. 달리 말해, 자동차 생산을 포기한 거죠. 우리는 안타깝게도 애플의 세련된 디자인이 반영된 자동차를 영원히 탈 수 없게 되었는지도 모릅니다. 유일하게 고군분투하고 있는 기업은 테슬라밖에 없는데, 사실 테슬라를 ICT 기업이라고 부르기도 좀 애매하지 않습니까? 원래 전기 자동차 회사니까요.

화성에 사람을 보내고, 우주 공간에서 무인차를 움직이게 하는 그 커다란 꿈과 비전을 가진 엘론 머스크의 기업가 정신에 박수를 보냅니다. 한편으로 미뤄지는 출시와 잦은 사고 때문에 어딘가 믿음직스럽지 못한 것도 사실입니다. 반면에 전통적인 자동차 업체는 2~3년간 비약적 발전을 이뤄 냈습니다. 벤츠의 경우, 최고급 사양인 S클래스 상용차에 업그레이드 된 인텔리전트 드라이브를 선보였습니다. 그 기능들을 나열해 봅시다. 다양한 제한 속도 구간을 알아서 지키고, 커브와 로터리가 나오면 자동으로 감속하며, 깜

빡이 작동 시 끼어들고자 하는 차선에 차가 있는지를 확인하고 끼어들며, 알아서 주차한다. 한마디로, 거의 자율 주행이 가능한 자동차의 시판이라고 볼 수 있지요. 하지만 더 극적인 변화를 보인 것은 미국 기업인 GM이었습니다. 얼마 전 GM의 자회사인 크루즈 오토메이션의 설립자이자 CEO인 카일 보그트(Kyle Vogt)는 GM이 세계 최초로 완전 자율 주행 차량의 대량생산 준비를 끝냈다고 발표했습니다.[40]

"미국 정부의 규제만 풀린다면 우리는 완전 자율주행차를 대량으로 생산하겠다. 이건 전 세계에서 우리만 할 수 있다"라고 말한 거죠.

진짜 자율주행차의 시대가 왔다는 이야기입니다. 아무튼 미국 자동차 업계가 그동안의 부진을 털고 자율주행차 시장에서 대단한 약진을 하고 있다는 사실만큼은 부인할 수 없다고 봅니다.

예를 하나 더 들어 봅시다.

일반적으로 가전제품과 ICT가 결합한다면 그 핵심은 냉장고가 될 것이라고 이야기합니다. 왜냐하면 다른 제품과 달리 냉장고는 24시간 동안 전원이 켜 있기 때문입니다. 자, 그렇다면 냉장고와 ICT가 결합된 스마트 냉장고를 제일 잘 만들 것 같은 기업이 어딥니까? 구글입니까, 애플입니까? LG나 삼성 아닐까요? 마찬가지로, 스마트 TV를 제일 잘 만드는 기업은 어디일까요? 그 정답 역시 LG나 삼성 아닐까요? 향후 구글과 같은 ICT 기업의 전략은 직접 제조업에 뛰어들기보다 인공지능을 바탕으로 한 통합 시스템

---

40. GM은 2017년 9월 미시간 주에서 1년에 10만 대씩 자율주행차를 생산할 수 있는 능력을 갖추었다고 발표했다. 이는 단지 완전 자율주행차를 콘셉트카의 개념만이 아니라 실제 조립공장에서 대량생산이 가능하다는 것을 최초로 천명했다.

을 구축하는 방향으로 나갈 겁니다. 그러나 그 성공 여부는 좀 더 지켜봐야겠지요.

결론은 제조업체가 ICT 기술을 받아들여 제품을 생산하는 것은 상대적으로 쉽지만, ICT 업체가 제조업체의 기술을 받아들여 제품을 생산하는 것은 대단히 어렵다는 겁니다. 마치 최적의 복싱 기법에 대한 빅데이터를 축적한 복싱 코치와 그러한 빅데이터는 없지만 실전 경험이 많은 복서가 만나서 권투 시합을 한다면 실전 경험이 많은 복서가 코치를 이기는 것과 같겠죠. 실전 경험이 많은 복서가 코치의 빅데이터를 받아들이는 것은 무리가 없지만 코치가 그 복서와 같은 근육과 실전 경험을 쌓기에는 무리가 아닐까 싶습니다.

어떤 국가가 4차 산업혁명의 파도 속에서 승리할 것인가를 알기 위해서 4차 산업혁명의 미래를 보여 준다는 CES에 다시 한번 주목해야 합니다.

CES에서 제품을 선보이는 나라들이 어디입니까? 미국, 일본, 중국, 한국, 독일 5개국이 전부라고 해도 과언이 아닙니다. 올림픽 메달을 몇 개국이 독식하는 것과 똑같습니다. 이따금 덴마크, 노르웨이 등 북유럽 국가들이 보일 뿐입니다. 정말 재미있는 것은, 영국, 프랑스, 그리고 스페인, 이탈리아 같은 나름의 경제대국의 자리가 없다는 겁니다. 이 국가들의 공통점은 세계 경제 구조 속에서 제조업의 기반을 상실한 국가들이라는 것입니다.

금융업 중심의 영국, 제조업 하면 떠오르는 것이라고는 명품밖에 없는 프랑스와 이탈리아, 그리고 관광대국 스페인! 이들 국가에 비해 제조업 강국인 한국에게는 4차 산업혁명의 파도 속에서 더 많은 기회가 주어져 있다고 할 수 있습니다.

빅데이터를 가진 국가가 승리한다

4차 산업혁명이란, 생산 공장에 컴퓨터와 인터넷이 들어가서 생산성을 향상시키는 것이라고 했습니다. 그렇다면 3차 산업혁명 시대에는 없었던 공장 기계와 컴퓨터의 결합이 어떻게 가능하게 된 걸까요? 다시 한번 독일 지멘스 공장으로 가 봅시다. 어떻게 지멘스 공장은 불량률이 0.0011%일까요? 센서와 카메라가 수집한 정보를 컴퓨터가 기록해서 빅데이터[41]를 만들었기 때문입니다. 그 빅데이터가 제조 공정상에 불량이 발생하는 원인을 잡아냈고 필요 없는 시간에 기계를 자율적으로 정지시킵니다. 빅데이터가 공장 기계와 연결됨으로써 생산성이 향상된 겁니다.

IoT에 속하는 스마트 가전, 또는 스마트 홈 사업은 가전제품과 모든 사물에 빅데이터를 활용하여 기계와 인간의 상호작용을 통해서 기술의 효용을 높이겠다는 것입니다. 그렇기 때문에 빅데이터를 가진 기업이 승리할 수밖에 없습니다.

스마트 보일러가 집주인이 외출하고 돌아왔을 때 최적의 실내 온도를 맞출 수 있는 이유는 무엇이겠습니까? 바로 집주인과 비슷한 성향의 사람들의 귀가 시간과 계절별로 좋아하는 적정 온도에 대한 빅데이터를 가지고 있기 때문입니다. 냉장고에 물건이 떨어지면 알아서 자동으로 주문할 수 있는 것 역시 그 물건들의 유효 기간과 주간 소비량에 대한 빅데이터가 있기 때문입니다.

---

41. 빅데이터 : 기본 데이터 관리 방식으로는 다룰 수 없는, 최소 1024테라바이트 이상의 크기를 가지고 있는 데이터를 의미한다.

자동차 회사들이 서로 M&A를 하려고 경쟁하는 핵심 회사는 결국 지도 (map) 회사입니다. 단적인 예로, 독일 프리미엄 자동차 3사(벤츠, BMW, 아우디)는 힘을 모아 2015년 8월 핀란드 통신기기 회사 노키아의 디지털 지도 부문 노키아 히어를 28억 유로를 주고 인수했습니다. 지도에 대한 빅데이터를 확보하는 것이 자율주행차를 완성하는 종착지임을 숙지하고 있었기 때문이죠.

모건 스탠리에 따르면 2017년 구글은 지도 산업으로 매출을 14억 달러 올렸습니다. 또한 2020년에는 33억 달러의 매출을 올릴 것으로 예측합니다. 더 나아가 골드만삭스는 자율주행차를 위한 지도 산업이 2020년 22억 달러 규모에서 2050년 245억 달러 규모로 성장할 것으로 예측했습니다.

이렇듯 생산성 향상을 이룰 수 있는 빅데이터를 잘 확보할 수 있는 국가는 어디일까요? 당연히 기본적으로 정보화 수준이 높은 국가여야 할 겁니다. 일상생활에서 이루어지는 일들이 데이터화되어 정보로 저장되어야 하니까요. 고3 청소년이 버스를 가장 많이 이용하는 시간이 몇 시인지 짐작만 하는 것이 아니라, 일일이 기록되어 컴퓨터에 저장돼야 정확한 데이터가 될 수 있겠죠. 따라서 정보화 수준이 높은 국가가 당연히 빅데이터 확보에 유리하겠지요. 그런 면에서 한국은 그다지 불리할 것이 없을 뿐만 아니라, 오히려 유리하기까지 합니다.

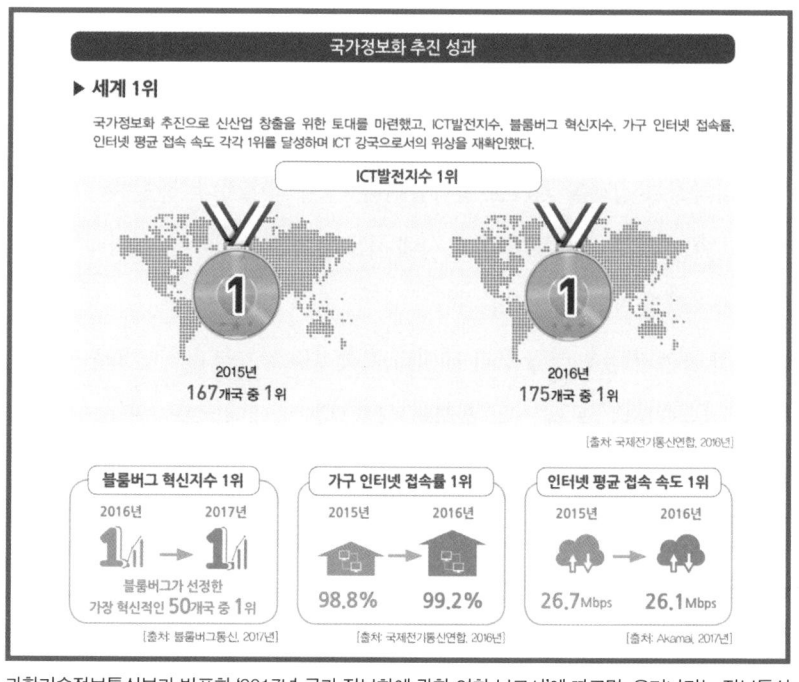

과학기술정보통신부가 발표한 '2017년 국가 정보화에 관한 연차 보고서'에 따르면, 우리나라는 정보통신 기술 발전지수, 블룸버그 혁신지수, 가구 인터넷 접속률, 인터넷 평균 접속 속도에서 각각 세계 1위를 달성했다.

어떤 국가가 빅데이터를 더 많이, 더 효율적으로 관리하여 4차 산업혁명의 승자가 될 수 있을까요? 이 질문에 대한 답변을 위해 다른 질문부터 시작하겠습니다. 4차 산업혁명은 양극화를 더 심화시킬까요, 아니면 완화시킬까요?

전문가 대부분은 양극화가 심화될 거라고 봅니다. 선진국과 저개발국 사이의 양극화도 더 커질 가능성이 높고, 부자와 빈자 간의 양극화 역시 더 심화될 가능성이 큽니다. 선진국과 저개발국, 부자와 빈자가 가지고 있는 빅데이터양이 다르기 때문에 축적되는 빅데이터양이 점점 더 차이가 날 수밖에 없습니다. 사람별로 축적하는 데이터양에 따라서도 양극화가 발생할 겁니다. 그렇다면 어떤 변수가 개인별 양극화를 심화시킬까요?

성별, 인종, 연령, 학력 등 여러 변수가 있겠지만, 저는 특히 도시와 농촌 간의 양극화가 심해질 거라고 생각합니다. 남자냐 여자냐, 흑인이냐 백인이냐, 젊은이냐 노인이냐를 떠나, 도시에 사느냐 농촌에 사느냐가 빅데이터 축적에 결정적인 변수가 될 것입니다.

사실 농촌의 경우 사람들 간 데이터로 축적될 상호작용의 빈도수도 도시에 비해 적습니다. 문제는, 발생하는 상호작용이 데이터화될 확률 역시 매우 낮다는 겁니다. 아주 쉽게 말씀드리면 시골에 거주할 경우, 정보화 기기를 접할 기회가 더 적고, 하다못해 하루에 CCTV에 노출되는 빈도수도 적습니다. 그래서 나온 개념이 바로 스마트 시티입니다. 스마트 시티의 핵심은 기존 도시에 스마트 시티 플랫폼을 구축하여 도시 문제를 해결하는 것입니다. 과거 도시는 교통 체증, 전력난, 환경오염 등의 문제를 도로 확충이나 발전소, 혹은 매립지 건설 등 물리적 방식으로 해결했습니다. 스마트 시티는 이와 달리 도시 시설물에 설치된 센서나 CCTV 등에서 생성된 데이터를 인터넷을 통해 수집하여 문제를 해결합니다.

스마트 시티는 교통, 환경, 주거, 전력, 수도, 교육, 의료, 구난 등 일상생활에서 대두되는 문제를 ICT와 IoT 개념을 도입해 시민들의 삶을 업그레이드 시킬 수 있는 도시입니다.

스마트 시티 속의 삶을 생각해 보세요. 차량 공유 제공 서비스로 도심의 차는 줄어들고 자동화된 신호 시스템으로 차량 정체가 사라졌습니다. 스마트 가로등은 지나가는 사람 수에 따라 조명을 바꾸고요. 남아도는 가구의 전력과 수도는 모자란 가구로 저절로 매매될 것입니다.

또한 교육과 의료는 예측되는 수요만큼 적정량만 공급되어 과잉 공급의 우려가 사라집니다. 경제 시간에 우리는 완전경쟁시장[42]이 자원의 효율적 배분을 가져온다고 배웠습니다. 스마트 시티가 도시 안에 자원의 효율적 배분을 달성하는 역할을 하게 될 것입니다. 스마트 시티를 완성시킨 국가는 스마트 시티에서 절약한 자원으로 다른 산업 역량에 투자할 기회를 갖게 될 겁니다.

이러한 스마트 시티를 가진 국가가 4차 산업혁명에서 유리한 고지를 선점하는 것은 당연하겠지요.

어떤 도시가 진정한 스마트 시티가 되기 위한 조건을 갖추었을까요? 스마트 시티가 되기 위해서는 세 가지 조건을 갖추고 있어야 할 겁니다.

첫째, 인구가 많을 것. 둘째, 인구 밀집도가 높을 것. 셋째, 거주하는 도시민의 소득수준이 높을 것. 한마디로, 소득 높은 많은 사람이 좁은 공간에서 복닥거리고 사는 것이 더 많은 빅데이터가 쌓여 효율적인 스마트 시티를 건설하는 조건이 됩니다. 서울 강남이 지방 소도시보다 당연히 스마트 시티가 되기 쉬운 조건을 갖추게 됩니다. 세계적 차원에서 유력한 예상 후보는 어디일까요? 아래 표를 보면 그 정답을 찾을 수 있을 겁니다.

---

42. 완전경쟁시장 : 완전경쟁시장은 경제적으로 효율성이 극대화되어 경제적인 이익이 최대인 시장을 말한다. 그런데 완전경쟁시장에는 네 가지의 조건이 성립해야 한다. 첫째로 시장 참여자는 모두 완전한 정보를 가지고 있으며 둘째로 시장에서 거래되는 상품은 모두 동질적이어야 한다. 셋째로 시장 참여자가 많아 시장에서 결정된 가격을 수용해야 한다. 넷째로 모든 기업의 진입과 퇴출이 자유로워야 한다.

Rank	Urban Area	Population Estimate	Land Area			
			Square Miles	Density	Km^2	Density
1	Tokyo–Yokohama	37,843,000	3,300	11,500	8,547	4,400
2	Jakarta	30,539,000	1,245	24,500	3,225	9,500
3	Delhi, DL–UP–HR	24,998,000	800	31,200	2,072	12,100
4	Manila	24,123,000	610	39,500	1,580	15,300
5	Seoul–Incheon	23,480,000	875	26,800	2,266	10,400
6	Shanghai, SHG–JS–ZJ	23,416,000	1,475	15,900	3,820	6,100
7	Karachi	22,123,000	365	60,600	945	23,400
8	Beijing, BJ	21,009,000	1,475	14,200	3,820	5,500
9	New York, NY–NJ–CT	20,630,000	4,495	4,500	11,642	1,800
10	Guangzhou–Foshan, GD	20,597,000	1,325	15,500	3,432	6,000

2015년 기준 세계에서 가장 큰 10개 도시

국가	1인당 GDP(2015년 기준/USD)
일본	$ 47,082
인도네시아	$ 3,827
인도	$ 1,758
필리핀	$ 2,615
대한민국	$ 24,870
중국	$ 6,496
파키스탄	$ 1,140
미국	$ 51,722

나라별 1인당 GDP

인구 규모와 소득수준 그리고 인구 밀집도를 고려했을 때, 개인적으로 점수를 매긴다면 도쿄, 서울, 뉴욕, 베이징이 스마트 시티가 될 좋은 조건을 가진 도시가 아닐까 싶습니다.

사회 통합을 이룩할 힘 있는 정부가 필요하다

레드 플래그 법을 들어 보셨나요? 영국과 독일 중 자동차 산업이 더 발전한 나라는 어디일까요?

당연히 산업혁명이 시작됐던 영국이 자동차 산업의 리더였습니다. 그런데 지금 고급 자동차 메이커 하면 사람들은 벤츠, BMW, 아우디 등 독일 메이커를 떠올리지, 영국 자동차 기업을 떠올리지 않습니다. 영국 고급 차의 대명사 롤스로이스의 자동차 사업 부문이 우여곡절 끝에 BMW에 인수된 것은 영국인에게는 상당히 충격적이었습니다. 영국이 독일에게 자동차 왕국 자리를 내주게 되는 여러 이유 중 하나가 영국에서 실제로 있었던 레드 플래그 법[43]입니다.

레드 플래그 법은 자동차가 시내에 들어오면 사람을 고용해 붉은 깃발을 들고 앞서서 뛰게 한 법입니다. 자동차가 오니까 위험하다고 외치면서 자동차 앞에서 뛰는 것을 의무화한 법이에요. 자동차가 사람을 뒤따라 천천히 가야 되는 법이 바로 레드 플래그 법입니다. 심지어 이 레드 플래그 법에서는 자동차 최고 속도를 6.4km/h로 제한하고, 시내에서는 3.2km/h로 제한했습니다. 자동차가 도시에서 3.2km/h로 가야 한다면 운동도 할 겸, 기름도 아낄 겸 자동차를 밀고 가지 왜 타고 갑니까?

---

43. 레드 플래그 법(Red Flag Act, 1865년) 주요내용
   1. 자동차 1대에는 운전수 3인이 필요하다.
   2. 운전수 중 1인은 빨간 깃발(야간에는 빨간 등)을 들고 자동차 앞에서 걸으면서 자동차 속도를 지키고 마차나 행인 등의 접근을 예고한다.
   3. 자동차의 최고 속도는 시속 6.4km, 도심에서는 시속 3.2km로 제한한다.
   4. 다른 시로 넘어갈 때는 도로세를 내야 한다.

레드 플래그 법을 시행한 영국―자동차 앞에 사람이 뛰며 경고를 외치게 했다.

도대체 왜 이런 법이 나왔을까요? 엉뚱한 질문 하나 하겠습니다. 1800년 대에 인구 백 만의 도시는 세계에서 딱 두 군데였는데, 어디였을까요?

바로 런던과 도쿄입니다. 도쿄라는 말에 조금 놀라셨죠? 언제 한 번 다뤄야 할 주제이지만, 이미 19세기 일본의 농업 생산력과 도시화 수준은 상당한 수준에 이르렀다는 사실을 우리는 간과하곤 합니다. 아니, 보고 싶지 않아서 보지 않을 수도 있습니다.

자, 각설하고 런던은 1800년대 영국에서 가장 큰 도시였습니다. 그러니당연히 물동량도 가장 많았을 것입니다. 그 물동량을 책임지고 있던 교통수단은 마차였습니다. 그 마부들이 모여 마차 연맹을 만들었습니다. 마차 연맹은 강력한 조직을 가지고 의회에 로비를 시도하죠. 그 로비의 결과가 바로레드 플래그 법입니다.

영국에서 자동차 기술을 발전시키려 사업가와 기술자는 더 이상 영국에서 자리를 잡을 수 없었습니다. 그러나 당시 후발 자본주의국가로서 다른 자본주의국가를 따라잡을 기회만 호시탐탐 노리던 독일에게는 얼마나 좋은 기회였겠습니까? 독일은 영국 기술자와 사업가를 자국으로 데려가 자동차 산업의 부흥을 꾀합니다. 그 결과 독일은 오늘날 자동차 왕국이 되었습니다.

이러한 일이 19세기 빅토리아 여왕 때 벌어진 일로만 끝나지는 않을 겁니다. 바로 눈앞의 우리 일이 될 수도 있습니다. 다시 영국으로 돌아가서, 그 당시 영국 정부는 어떻게 대처해야 했을까요? 마차 연맹을 공권력으로 강제 해산시켜야 했을까요? 마차 연맹은 도덕적으로 비난받아야 할까요?

아닙니다. 마차 연맹의 요구는 생존을 위해 자신들의 일자리를 지키고자 했던 정당한 것이었습니다. 다만, 그 요구가 다 수용되었기 때문에, 영국은 해당 산업에서 경쟁력을 잃고 세계경제에서 뒤처지게 된 것입니다.

그렇지만 현명한 정부라면 사회 통합을 시도할 겁니다. 느리지만 민주적 방식으로 대화와 설득을 시도할 겁니다. 그런데 사실 대화와 설득은 말로만 되는 것은 아닙니다. 진정한 대화와 설득은 바로 마부가 실직했을 때를 대비한 실직 대책을 사회적으로 수용할 수 있는 제도와 여론을 만들어 나가는 것이지요. 영국 정부가 해야 했던 일은, 자동차 산업이 미래 산업임을 사회적으로 공유하게 하는 것이었으며, 마부들의 실직은 마부들만의 문제가 아니라는 것을 공유하게 하는 것이었습니다.

그리고 이에 따라 발생하는 마부들의 실직을 해결하기 위한 제도와 재원을 마련하는 것이었죠. 이것이 영국 정부가 했어야 하는 일입니다. 당시 영국에만 국한된 게 아니라, 4차 산업혁명이 시작된 지금도 강력한 리더십을 가지고 민주적으로 사회 통합을 실현할 정부가 필요합니다.

우리는 맨날 기업하기 좋은 나라를 만들자고 합니다. 그리고 그 모범 국가로, 기업하기 좋은 국가 순위 1위를 기록하는 덴마크를 꼽으며 이렇게 말합니다. "덴마크의 노동 유연성은 높다. 쉽게 해고하고, 쉽게 고용할 수 있어서 기업하기 좋다"고 말입니다. 그런데 한국 기업은 자신의 기업 환경에 대해 이렇게 말하곤 하죠.

"대한민국은 쉽게 해고할 수 없어서 문제다. 그러므로 대한민국도 해고와 고용이 쉽도록 만들어야 한다. 그러나 노조가 강하다. 그리고 그 노조는 귀족 노조라 도덕적으로도 나쁘다."

뭐 이렇게 말이죠. 더불어 덴마크 운운합니다. "덴마크도 법인세를 낮추는데 우리만 법인세를 올린다. 이러면 기업하기 더 어려워진다"고 말이죠.

이 주장은 맞는 것처럼 보이지만 사실 커다란 문제점이 있는 주장입니다. 먼저 덴마크는 법인세가 우리나라보다 여전히 높습니다. GDP 대비 조세 부담률은 세계에서 가장 높습니다. 그런데도 기업하기 좋은 나라의 선두에 서 있습니다. 덴마크가 기업하기 좋은 나라인 이유는 두 가지입니다. 하나는 노동 유연성이 높다는 점이고, 또 하나는 관료의 부정부패가 없기 때문에 행정 투명성이 높다는 겁니다.

기업하기 좋은 나라와 가장 큰 인과관계를 가지는 지표가 바로 부패인식지수[44]입니다. 표를 보면 알겠지만 기업하기 좋은 나라 순위와 상당히 유사하죠? 같은 민족인 북한을 기업하기 좋은 나라 꼴지, 그리고 부패인식지수 순위 꼴찌인 나라로 본다는 게 기분 좋은 일만은 아니긴 합니다.

---

44. 부패인식지수(Corruption Perceptions Index, CPI) : 국제투명성기구에서 매년 발표하는 국가별 청렴도 인식에 관한 순위이다.

CORRUPTION PERCEPTIONS INDEX 2017

🔍 Search

2017 Rank	Country	2017 Score	2016 Score	2015 Score	2014 Score	2013 Score	2012 Score	Region
169	Iraq	18	17	16	16	16	18	Middle East and North Africa
169	Venezuela	18	17	17	19	20	19	Americas
171	Equatorial Guinea	17	N/A	N/A	N/A	N/A	N/A	Sub Saharan Africa
171	Guinea-Bissau	17	16	17	19	19	25	Sub Saharan Africa
171	Korea, North	17	12	8	8	8	8	Asia Pacific
171	Libya	17	14	16	18	15	21	Middle East and North Africa
175	Sudan	16	14	12	11	11	13	Middle East and North Africa
175	Yemen	16	14	18	19	18	23	Middle East and North Africa
177	Afghanistan	15	15	11	12	8	8	Asia Pacific
178	Syria	14	13	18	20	17	26	Middle East and North Africa
179	South Sudan	12	11	15	15	14	N/A	Sub Saharan Africa
180	Somalia	9	10	8	8	8	8	Sub Saharan Africa

CORRUPTION PERCEPTIONS INDEX 2017

🔍 Search

2017 Rank	Country	2017 Score	2016 Score	2015 Score	2014 Score	2013 Score	2012 Score	Region
1	New Zealand	89	90	91	91	91	90	Asia Pacific
2	Denmark	88	90	91	92	91	90	Europe and Central Asia
3	Finland	85	89	90	89	89	90	Europe and Central Asia
3	Norway	85	85	88	86	86	85	Europe and Central Asia
3	Switzerland	85	86	86	86	85	86	Europe and Central Asia
6	Singapore	84	84	85	84	86	87	Asia Pacific
6	Sweden	84	88	89	87	89	88	Europe and Central Asia
8	Canada	82	82	83	81	81	84	Americas
8	Luxembourg	82	81	85	82	80	80	Europe and Central Asia
8	Netherlands	82	83	84	83	83	84	Europe and Central Asia
8	United Kingdom	82	81	81	78	76	74	Europe and Central Asia

부패인식지수 하위 10개국과 상위 10개국

덴마크에서 노동 유연성이 높다는 것은 사실 해고하기 쉽다는 것입니다. 그 이유는 무엇일까요? 해고에 대한 노동자 저항이 약하기 때문입니다. 왜 약할까요? 상대적으로 실업보험이 잘되어 있을 뿐만 아니라, 재취업이 용이

하고, 재취업을 위한 사회교육이 발달되어 있기 때문입니다. GDP 절반을 세금으로 거둬 복지 분야에 투입하고 있기 때문입니다. 우리처럼 해고가 죽음을 뜻하는 사회가 아니라, 거꾸로 노동의 유연성을 보장받을 수 있다는 것이지요.

저도 기업을 운영해 보았지만, 기업하는 사람의 입장에서는 세금을 적게 내고 싶은 마음이 있습니다. 그러나 중소기업을 하는 사람들 입장에서 진짜 필요한 건 쓸데없는 간섭이 좀 덜하고, 절차 좀 간단하게 만들어 주고, 행정을 투명하게 해서 미래 전략에 대한 불투명성을 제거해 주고, 고용과 해고를 쉽게 할 수 있게 해 달라는 것 아니겠습니까? 정부가 세금 더 거둬서 이 시스템을 만들겠다고 하면 반대할 기업가가 몇이나 될까요?

자, 이제 결론입니다. 4차 산업시대에 승리할 국가는,

1. 탄탄한 제조업 기반
2. 높은 정보화 수준
3. 스마트 시티화에 유리한 메트로폴리스 보유 여부
4. 강력한 리더십으로 민주적 절차에 따라 사회 통합을 할 수 있는 정부

라고 말씀드릴 수 있겠습니다. 1, 2, 3, 4번의 요약에 의거한다면 당신은 대한민국에게 몇 점 정도를 줄 수 있겠습니까? 우리가 봤을 때 대한민국이 4차 산업혁명의 준비에 뒤처져 있는 것으로 보일지 모릅니다. 그러나 외국의 많은 석학과 외신들은 대한민국을 4차 산업혁명에 준비되어 있는 국가 중 하나로 꼽습니다. 대한민국 국민의 일원이라는 자긍심을 갖고, 밀려오는 4차 산업혁명의 파도를 기회로 바꾸어 나가길 바랍니다.

대한민국 국민의 일원이라는 자긍심을 갖고,
밀려오는 4차 산업혁명의 파도를
기회로 바꾸어 나가길 바랍니다.

한 Q에 정리하기

Q1 자본주의란 무엇인가?

자본주의는 시장경제체제의 동의어가 아니다. 시장은 예전부터 있었고 시장 안에서 노동이 인격과 분리되어 매매되는 경제체제를 말한다.

Q2 생산성 향상은 어디에서 이루어지는가?

공장이다. 생산성 향상 역시 인간 노동의 결과물이다. 노동과 휴식, 그중 노동이 생산성을 만들어 내고, 생산직 노동과 사무직 노동 중 생산성을 직접적으로 만들어 내는 것은 생산직 노동이다. 그리고 생산직 노동이 이뤄지는 공간이 바로 공장이다.

Q3 스마트팩토리와 리쇼어링은 어떤 관계일까?

스마트팩토리를 다르게 표현하면 사람 없는 공장 즉, 무인공장이다. 무인공장 시스템으로 인해 더 이상 인건비가 싼 나라를 찾아서 공장을 옮길 필요가 없다. 오히려 공장은 첨단 기술을 가진 도시 공간으로 들어오려 할 것이다.

Q4 스마트 공장은 선진국과 저개발국 중 누구에게 유리하게 작용하는가?

테슬라 자동차 공장을 예로 들어 보자. 그 자동차는 더 이상 중동 석유도, 브라질 철광석도, 그리고 동남아의 값싼 인력도 전처럼 필요로 하지 않는다. 더욱이 저개발국은 기술 이전 기회를 확보하기도, 빅데이터를 만들어 내기도 어려워진다. 그렇기 때문에 저개발국에게 유리하지 않다.

Q5 4차 산업혁명 시대 제조업의 중요도는 어떨까?

더 중요해진다. 4차 산업의 본질이 제조업과 ICT 업체의 결합이라고 할 때, 제조업은 하부구조, ICT는 상부구조라고 할 수 있다. 바닥이 탄탄해야 더 높이 쌓을 수 있는 법! 제조업 기반이 4차 산업혁명의 승패를 가른다.

Q6 스마트 시티란?

도시 안에 센서와 CCTV로 빅데이터를 수집한다. 이 빅데이터를 토대로 교통, 환경, 전력, 수도, 의료, 교육 문제를 해결함으로써 도시 안의 최적 자원 배분 시스템을 만드는 도시다.

Q7 기업하기 좋은 국가란?

눈앞에 보이는 법인세율의 높낮이보다 행정 투명성이 높고 부정부패가 적으며, 제반 복지 제도와 재교육 제도로 노동자들이 해고에 대한 두려움을 적게 가져, 해고와 고용이 자유로운 국가다.

Q8 어떤 국가가 4차 산업혁명에서 승리할 것인가?

1. 탄탄한 제조업 기반
2. 높은 정보화 수준
3. 스마트 시티화에 유리한 메트로폴리스 보유
4. 정부가 강력한 리더십으로 민주적 절차에 따라 사회 통합을 할 수 있는 국가

다시 한번
세계 속에서 주도권을 잡을 수 있는
국가가 될 수 있다고 봅니다.

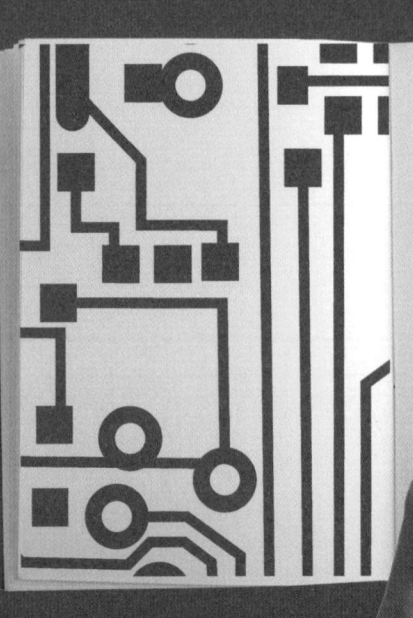

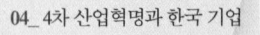

어떤 기업이
승리하는가?

몇 년 전까지만 해도 생소하기만 했던 빅데이터라는 말이 이제 우리에게 가깝게 다가왔습니다.
심지어, 빅데이터 전문가라는 직업도 생겨났지요.

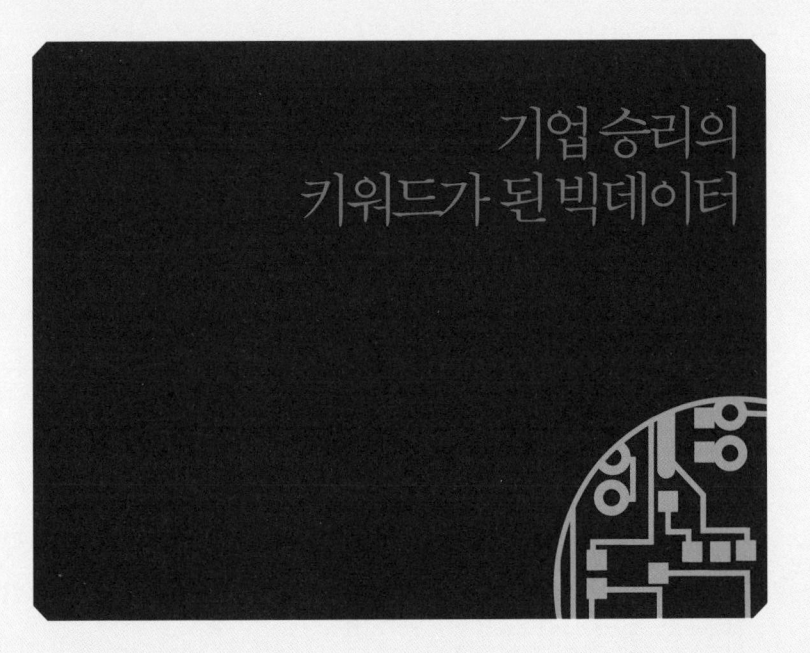

01

기업 승리의
키워드가 된 빅데이터

그렇다면 이 빅데이터는 앞으로 인류 역사를 어떻게 바꿀까요? 아마 그 단초는 과거 역사 속에서 유추할 수 있을 듯합니다. 그럼 지금부터 그 단초를 찾아 떠납시다.

빅데이터란 데이터가 모여서 '빅' 할 정도로 많아진 것이지요. 어쨌든 데이터이고 정보지요. 그렇다면 정보화 혁명이라고 부르는 3차 산업혁명으로부터 그 답을 찾아야 되지 않겠습니까? 1980~90년대 정보화 혁명이 일어나면서 사람들은 정보가 돈이 되고 혁명이 되는 시대라고 말했습니다. 정보가 돈이 되고 권력이 되는 시대가 된 것이 정보화 시대인가요? 맞습니다. 정보는 돈이고 권력이지만 그것은 정보화 시대 이전에도 마찬가지였습니다.

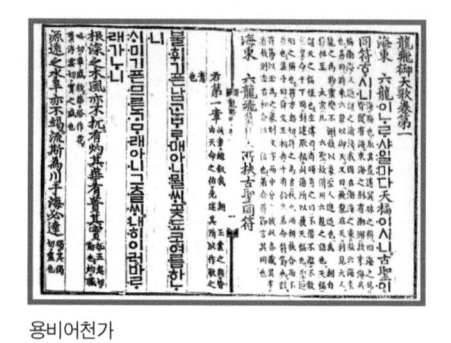
용비어천가

조선 시대의 예를 한번 들어 봅시다. 반란을 일으킬 때 가장 먼저 어디부터 장악했을까요? 궁궐일까요? 물론 궁궐도 장악하겠지요? 그러나 그 반란을 혁명으로 완성하기 위해서 주자소[45], 규장각[46], 지금으로 치면, 중앙 인쇄소인 출판국을 장악해야 합니다. 왜냐하면 거기가 바로 정보의 생산지이자 유통의 출발점이기 때문이지요. 그래서 이성계나 이방원은 권력 쟁취 이후, 자기 정권의 정당성을 유포시키는 정보물인 용비어천가 등을 만들어 자신의 권력과 부를 만들어 냅니다.

현대로 와 봅시다. 대통령이었던 박정희와 전두환을 예로 들어 보죠. 그

---

45. 주자소 : 주자소는 1403년 조선 태종이 설치한, 활자 주조 및 서적 유통을 관장하던 고관공서이다.
46. 규장각 : 규장각은 1776년 조선 정조가 창설한, 선왕의 물품 및 서적의 수집·출판을 담당하던 학술기관 겸 정책 씽크탱크이다.

들 역시 청와대를 장악하고 난 뒤에 바로 여기로 뛰어갑니다. 방송국이지요. 더 나아가 요즘이라면 권력과 부를 창출하기 위해서는 어떻게 해야 할까요? 일단 선거에서 이겨야 합니다. 지금은 민주주의국가니까요. 그러나 이제 그것만으로는 안 됩니다. 댓글 부대를 만들어서 인터넷 공간을 장악해야겠지요.

어찌 보면 단순히 웃을 이야기만은 아닙니다. 정보를 장악하는 자가 권력과 부를 차지한다는 키워드가 과거와 현재를 관통하고 있는 것은 깊은 뜻이 있으니까요.

정보화 시대란 무엇인가?

따라서 정보가 부와 권력을 창출하는 것이 정보화 혁명이라고 이야기하는 것은 올바르지 못한 정의가 될 겁니다. 그렇다면 어떻게 정의해야 할까요? 이것은 정보의 생산자와 소비자의 변화를 통해서 찾아야 합니다.

과거에 정보는 귀족의 전유물이었습니다. 소수만이 생산자고, 소수만이 정보를 소비했습니다. 정보라는 단어를 문화라는 단어로 대체하면 좀 더 쉽게 이해될 수 있을 겁니다. 예전에 문화라고 하면 고급스러운 것을 지칭했습니다. 다시 말하면 귀족 문화밖에 존재하지 않았습니다. 오페라를 생각해보면 됩니다. 소수의 귀족만이 문화를 생산하고 소비하는 주체였지요. 문화는 귀족이 독점하고 있었다고 할 수 있습니다.

그러다 앞에서 언급했던 포드주의적 생산방식이 들어서면서 TV, 라디오, 신문 등이 등장하고 대중문화가 만들어집니다. 대중문화는 누가 만들고 누가 소비합니까? 대중문화를 생산하는 것은 기자나 PD와 같은 소수의 지식인이지만 소비하는 것은 대중이죠. 다시 문화를 정보로 대체하면 정보는 예전처럼 소수의 지식인이 만들어 내지만 소비는 대다수 사람인 대중이 해 나가지요.

이제 정보화 혁명의 시대가 되었습니다. 누구나 정보를 생산하는 주체로 등장하지요? 이것이 바로 정보화 혁명입니다. 누구나 정보를 생산하는 주체이자, 동시에 소비 주체로 등장하게 됩니다. 그리고 생산과 소비를 언제 어디서나 해 나가기 시작합니다. 그것이 우리가 그렇게 말했던 유비쿼터스[47]의 세계이지요. 정보화 혁명이란, 사회문화적으로는 누구나 동시에 정보의 생산자이자 소비자가 되는 세상을 만든 것으로 정의되어야 합니다.

정보화 시대를 넘어 빅데이터 시대로

이렇게 세상이 변해 갑니다. 누구나 정보를 생산하고 소비하다 보니 정보의 생산량과 유통량이 엄청나게 늘어납니다. 산술급수적이 아니라 기하급수적으로 말이죠. 기하급수적으로 늘어난 정보를 무엇이라고 할까요? 그렇죠. 그것이 바로 빅데이터입니다. 그러나 아직 빅데이터에 대한 정의로는 충분치 않습니다. 데이터 양만 늘었다고 빅데이터라고 할 수는 없으니까요. 거기에는 양적인 변화와 더불어 질적인 변화가 있어야 합니다.

사람들은 빅데이터에 대해 질문하기 시작합니다. 이 엄청난 데이터로 이

---

47. 유비쿼터스 : '어디에나 있는'이란 뜻의 ubiquitous와 computing의 결합인 ubiquitous computing의 준말로, 통신이 가능한 컴퓨터가 어디든지 존재하는 세상을 의미한다.

제는 인간 행동을 예측할 수 있지 않을까? 그리고 그것을 산업에 적용시킬 수 있지 않을까? 더 나아가, 새로운 사회질서를 만들어 나갈 수 있지 않을까? 하고 말이죠. 여기서 4차 산업혁명의 본질이 나옵니다.

한 걸음 더 나아가 봅시다. '공장에서 생산할 때 축적된 빅데이터를 이용하면 어떨까?'라는 질문에서 시작된 공장이 바로 앞에서 설명했던 독일의 지멘스 공장이지요. 독일의 인더스트리 4.0. 바로 그 출발의 신호탄입니다.

이제 기업은 그냥 단순히 컨베이어 벨트에서 소품종 상품을 대량으로 생산하지 않습니다. 공장은 빅데이터를 가지고 소비자의 니즈를 파악합니다. 그리고 다양한 생산방식을 동원하여 효율적이고 유연한 생산을 추구하게 되는 것이지요. 정보화 혁명이 빅데이터라는 기술의 집합을 만나면서 제조업과 IT를 결합시켰습니다. 이제 빅데이터를 가진 곳과 가지지 못한 곳의 격차는 상상도 할 수 없이 커질 겁니다.

빅데이터에 대한 사회학적 정의

자, 그렇다면 빅데이터란 무엇일까요? 포털 사이트에 검색을 해 보았습니다. '정형, 반정형, 비정형 데이터 세트의 집적물 그리고 이로부터 경제적 가치를 추출 및 분석할 수 있는 기술'이라고 합니다. 이과적으로 이 정의가 맞을 겁니다. 하지만, 일단 '문송해야' 하는 저와 많은 독자에게는 너무나 어려운 정의일 겁니다. 그래서 저는 문송한 사회학자로서 문과적 정의를 내려 보겠습니다. 바로 '사람의 마음을 읽는 기술'이라는 겁니다.

제가 왜 이렇게 정의하는 걸까요? 아마 제가 빅데이터를 이공계 전공자보다 먼저 다뤘을지도 모릅니다. 무슨 소리냐고요? 저는 사회학을 전공했습니다. 예전에 제가 학생들을 가르칠 때 간혹 학생들이 이런 말을 하곤 했습니다.

"선생님, 저도 사회학과 가고 싶어요. 선생님 강의를 들으니까 사회학과에 가고 싶어졌어요."

"왜 가고 싶은데?"

"음, 일단 수학을 안 해도 될 것 같아서요."

그러면 저는 그 앞에서 실소를 짓고서 너는 절대로 사회학과를 가면 안 된다고 이야기합니다. 여러분! 수학이 싫다고 사회학과에 갔다가는 큰코다칩니다! 왜냐하면 사회통계라는 과목 때문입니다. 지금 사회학은 대부분 다 사회통계를 사용하여 이루어지고 있습니다. 다음 국회의원 선거에서 누가 승리할 것인가? 정치사회학에서 흔히 다루는 주제이겠지요? 이 주제를 다루기 위해서는 당연히 설문 조사를 하고, 그 설문 조사를 모아서 통계분석을 해야 할 겁니다. 그 결과 A 후보가 B 후보보다 20~30대 젊은 사무직 남성에게 지지율이 더 높다고 나올 겁니다. 그렇다면 그다음 단계로 이 지역 유권자 대다수가 20~30대 젊은 사무직 남성이기 때문에 B 후보가 당선되기 위해서는 이 지역 20~30대 젊은 사무직 남성을 대상으로 한 집중적인 선거 운동이 필요하다는 결론을 내리게 될 것입니다.

따라서 빅데이터는 단순히 많은 양의 자료가 아닌, 사람의 마음을 읽음으로써 인간 행동의 결과를 예측하고 그것을 기반으로 인간의 행위를 변화시키는 기술로 정의해야 할 겁니다.

자, 그렇다면 빅데이터란 무엇일까요?
바로 사람의 마음을 읽는 기술이라는 겁니다.

문송합니다

"문과라서 죄송합니다!"

만약 제가 조금만 더 늦게 태어났으면 이런 말을 하고 다녔겠죠. 얼마 전부터 문과에 있던 학생들이 자조적으로 자신들을 낮춰 안부를 묻고는 합니다. "문송하다!"고 말이죠. 저도 사회학과 출신이라 여느 문과생들과 다름없습니다.

"문송합니다"는 취업이 어려운 이 시대에 어려운 취업 문을 열기 위해 애쓰던 문과 출신 청년들이 만든 인사입니다. "문과라서 일단 죄송합니다"라고 말이죠. 자신이 아무런 쓸모가 없다고 말하는 자조적 인사입니다.

현실이 그렇죠. 어느 대기업도 문과 출신 학생들을 뽑으려 하지 않습니다. 벼는 익을수록 고개를 숙이지만 한국 취업 준비생은 그렇지 않습니다. 그저 문과라서 죄송한 것이죠. 제가 사회학을 전공해서 죄송합니다. 여러분께 4차 산업혁명에 대해 조금 더 기술적이고 전문적인 이야기로 찾아 뵈었어야 하는데 이렇게 인문학적인 이야기를 하다니 말이죠. 저는 정말 21세기에 맞지 않는 인재상 아닌가요? 저는 항상 말합니다. 제 전공으로 밥 벌어먹을 수 있는 게 기적이고, 그래서 너무 행복하다고 말이죠.

제4차 산업혁명 시대의 한국 문과생은 어떻게 살아남아야 할까요? 구글에서는 문과생을 뽑는다는데 왜 한국 기업에서는 아직도 문과를 선호하지 않을까요? 그저 이민이 답인 걸까요?

2017년 청년 실업률은 9.9%로, 아직 취업이라는 문은 어딜 가나 굳게 닫혀 있는 듯 보입니다. 14학년도 기준으로 사회 계열은 62.3%의 취업률을 기록했고, 인문 계열은 57.5%로 절반이 취업을 못하는 상황입니다. 반면, 공학 계열과 의학 계열은 73.3%의 취업률과 81.4%의 취업률을 보입니다. 지표로 확인해도 역시나 문송합니다. 한국에서 우리 문과생은 어떻게 살아남아야 할까요?

인문학과 사회학을 끝까지 파서 엄청난 전문가가 되어야 할까요, 아니면 다 포기하고 시골에 가서 농사를 지어야 할까요? 제 생각은 이렇습니다. 한국에서 요구하는 문과 전공의 능력은 쓸모 있는 문과생일 겁니다. 제4차 산업혁명 시대를 맞이하기 전, 역사적으로 우리는 빠른 경제성장을 했고 그 과정에서 실용적인 기술과 학문이 줄지어 중요해지기 시작했죠.

그리고 우리는 4차 산업혁명 시대를 맞이했습니다. 인공지능? 무인차? 스마트 시티? 낸드? 메모리? 문과생인 우리는 알지도 못하는 단어들이 난무합니다. 그렇기 때문에 문과생은 더더욱 쓸모가 있어져야 합니다. 기술에 대해 더 관심을 갖고 지켜보고 공부해야 하는 거죠. 문과를 전공하는 것이 죄송한 게 아닌데도 죄송해야 한다면 우리가 더 많이 알면 되는 거죠.

여러분, 인문학은 사람을 배우는 학문입니다. 그러니 사회가 요구하는 기술과 유리된다면 사람과도 유리되는 건 당연지사겠지요. 물론 문송하지 않는 사회가 사실 가장 좋은 사회입니다. 학문의 다양성이 지켜지고 모든 학문이 수평적인 질문을 던질 수 있는 사회가 가장 좋지요.

그러나 계속해서 기술이 발달하고 있는 지금 4차 산업혁명 시대에 여러분은 조금 더 바빠져야 할 것 같습니다. 문송하지 않은 시대를 맞이하기 위해서 말이죠.

4차 산업혁명 시대의 핵심 키워드는 바로 빅데이터입니다. 그렇다면 그 빅데이터가 우리를 어떻게 변화시켜 나갈까요? 그 대답은 바로 2차 산업혁명에 있습니다.

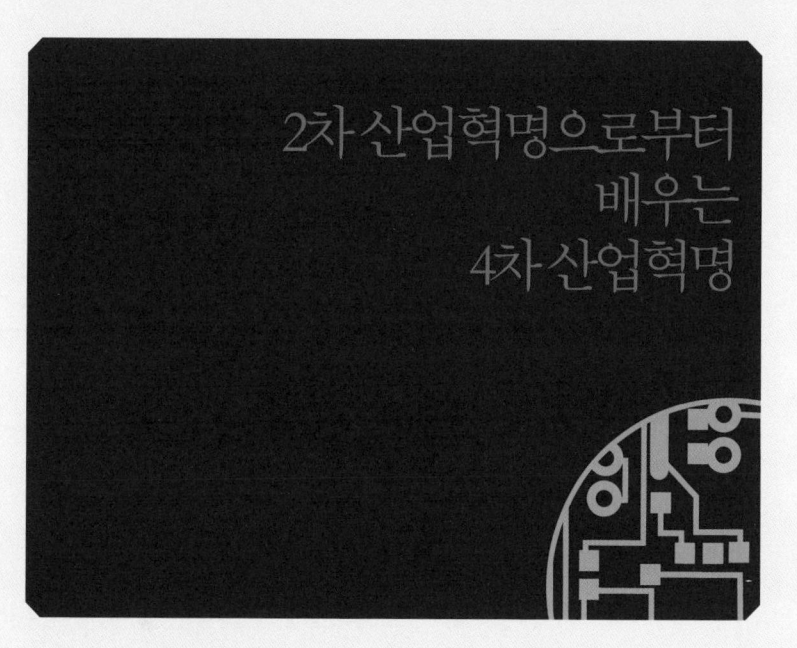

2차 산업혁명의 어떤 요인이 우리 삶을 변화시켰는지 파악한다면, 4차 산업 혁명에 있어 빅데이터가 어떻게 우리 삶을 변화시켜 나갈지 예상할 수 있을 겁 니다.

역사 이야기 하나만 하겠습니다. 고종과 메이지 황제는 같은 해에 태어나 동시대를 살았습니다. 하지만 역사에서 그 운명은 완전히 달랐죠. 그 운명의 갈림에 대해서 말씀드리고자 합니다. 이 사진 속 일본의 만 엔 지폐에 그려진 사람은 일본 근대화의 정신적 지주 후쿠자와 유키치[48]입니다.

일본의 만 엔권 지폐에 새겨진 일본 근대화의 정신적 지주 후쿠자와 유키치

지금도 일본인에게 존경하는 사람을 꼽으라고 하면 항상 TOP 5 안에 들어가는 중요한 사람입니다. 이 사람이 서양을 돌아보고 와서 책을 하나 씁니다. 바로 『서양사정』입니다. 책 제목에서도 보이듯, 서양의 사정이 이러저러하더라는 내용입니다. 과연 이 책이 몇 권이나 팔렸을까요? 100만 권이 팔렸습니다. 1860년대에 쓴 책이 무려 100만 권이나 팔린 겁니다.

그다음 1870년대에 서양학문을 배워야 된다 하여 집필한 책이 『학문의

---

48. 후쿠자와 유키치 : 탈아론의 표명과 함께 봉건시대 타파를 강력히 주장하고, 서구 문명 도입을 통한 일본의 근대화를 주장한 일본 근대화의 선각자. 의학, 물리학 등 자연과학을 중시하여 일본 3대 대학의 하나인 게이오기주쿠대학을 설립했다. 다만 후에 그의 탈아론은 조선과 청나라를 정벌하여 일본의 발전을 가져와야 한다는 아(亞)제국주의론의 기반이 되었다는 비판을 받는다.

권장』이라는 책입니다. 이건 몇 권 팔렸을까요? 놀랍게도 340만 권 팔렸습니다.

우리나라에도 『서양사정』과 비슷한 책이 있었습니다. 유길준이 쓴 『서유견문』입니다. 유길준의 『서유견문』은 몇 권 정도 팔렸을까요? 정답은 0권입니다.

팔리기는커녕 금서로 지정되었습니다. 이 책을 가지고 있다가는 처벌 대상이 되곤 했지요. 서양 문물이라는 새로운 정보 혹은 문화를 대하는 태도에 따라 두 나라의 운명이 어떻게 달라졌는지를 보여 주는 극적인 사례일 것입니다.

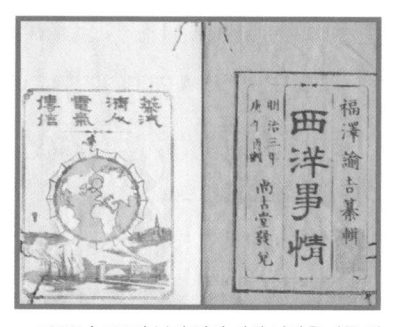

1860년 100만 부가 팔린 서양 사정을 다룬 책

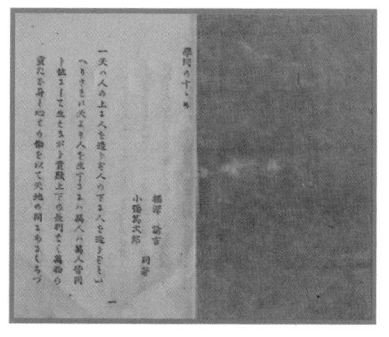

340만 부가 팔린 서양 학문을 배우도록
독려한 『학문의 권장』

유길준과 『서유견문』. 놀랍게도 우리나라에서는 금서로 지정되었다.

저도 최근에 새롭게 알고 깜짝 놀란 사실이 있습니다. 1876년 강화도 조약이 맺어집니다. 학교 다닐 때 다 배웠겠죠? '강화도조약은 불평등조약이며 치외법권을 인정했다.' 모두 이렇게 배웠죠? 저도 그렇게 배웠습니다.

그런데 교과서에서는 가르쳐 주지 않는 아주 재밌는 사실이 하나 더 있습니다. 강화도조약 때 일본이 우리에게 선물을 줍니다. 바로 개틀링 기관총[49]과 2,000발의 총알입니다. 단순한 선물이 아니라 '우리에게는 이런 게 있으니까 까불면 큰일 날 거다' 이런 뜻도 있었을 겁니다. 왜냐하면 일본도 똑같은 경험을 했으니까요.

일본은 미국의 페리 제독에게 압박을 받아 1853년에 개항을 합니다. 그때 페리 제독이 일본에 선물을 두 개 줍니다. 하나는 신형 소총 두 정이었습니다. 일본은 그것을 분해하고 분석해서 2년 뒤에 3,000정을 만들어 냅니다. 우리나라는 강화도조약 때 받은 그 기관총을 어떻게 했을까요? 창고에 고이 모셔 둡니다. 그리고 18년 뒤 우금치에서 개틀링 기관총을 보유한 일본군 2,000명한테 동학농민군 수만 명이 학살과 다름없는 일을 당합니다.

역사는 이렇게 바뀌는 겁니다. 페리 제독이 당시 일본에게 주었던 또 하나의 선물은 증기기관차 모형이었습니다. 그러자 일본은 미국으로 많은 젊은이를 보내 그 기술을 배워 오게 합니다. 그 결과, 일본은 1872년 도쿄와 요코하마 사이에 일본 최초 철도를 부설합니다. 이때 더 놀라운 것은 당시 이 철도 부설에 사용된 기술과 자본이 모두 일본 것이었다는 겁니다.

우리가 최초로 철도를 놓은 것은 1899년 경인선이었고, 외국자본과 외국 기술로 이루어졌다는 점을 비교해 봅시다. 그 차이가 더 크게 느껴지지

---

49. 개틀링 기관총 : 개틀링 기관총은 1862년 리처드 조던 개틀링이 제작한 기관총으로, 수동으로 돌려 발사하는 형태로 제작되었다.

요? 새로운 사실을 어떻게 바라보고 접근하느냐에 따라 엄청난 차이를 낳습니다. 흥미로운 이야기인 동시에 우리에게는 끔찍한 사실이지요. 역사는 우리에게 재미와 흥미를 줄 뿐만 아니라, 반면교사 역할도 합니다.

2차 산업혁명과 석유

석유 채굴 현장

　제가 앞에서 고종과 메이지 천황 이야기를 한 것은, 말할 것도 없이 미래를 알기 위해서는 과거를 알아야 한다고 생각하기 때문입니다. 역사에는 새로운 것이 없다는 금언을 다시 확인하고 싶었던 것이지요. 그렇다면 4차 산업혁명을 가능하게 한 빅데이터를 이해하기 위해서는 무엇을 보아야 할까요? 저는 2차 산업혁명에 있다고 생각합니다.

　2차 산업혁명에 대해 다시 알아보겠습니다. 앞에서 제가 2차 산업혁명은 인류에게 물질적 풍요를 선사했다고 했습니다. 그렇다면 무엇이 2차 산업혁명을 가능하게 했을까요?

경제학 이야기를 잠깐 해 보겠습니다. 물가는 언제 오르나요? 그렇습니다. 공급보다 수요가 많을 때이지요. 판매하려는 사람보다 구매하려는 사람이 많을 때 물가는 오르는 것이지요. 그런데 1970년대 초반에 그렇지 않은 상황이 발생했습니다. 공급보다 수요가 많지 않음에도 전 세계적으로 물가가 오른 것이지요. 우리나라 역시 예외가 아니었습니다. 왜냐고요? 바로 석유 가격이 급등했기 때문입니다. 미국의 닉슨 대통령[50]이 금태환을 포기하자 달러 가격이 폭락했습니다. 그리고 당시 OPEC(Organization of the Petroleum Exporting Countries)이라는 중동 석유 산유국 협의체가 등장했습니다.

그들은 카르텔을 형성하여 석유 공급량을 제한했습니다. 한마디로 석유 가격이 오르자 모든 물건의 가격이 다 올랐던 겁니다. 왜냐고요? 당연히 모든 물건을 만드는 데 가장 중요한 가격이 석유 가격이기 때문이지요.

잠시 주변을 둘러봅시다. 조금만 둘러봐도 모든 물건이 석유로 만들어졌다는 것을 알게 될 겁니다. 신발, 양말, 옷, 모자, 책, 책상, 냉장고, 커피메이커, 밥솥까지 석유 없이 만들어진 것이 없습니다. 심지어 난방과 냉방에도 석유가 필요하고요. 우리와 떼려야 뗄 수 없는 자동차는 심지어 석유로 만들어서 석유로 움직입니다. 사랑하는 애인에게 꽃 한 송이를 선물해 볼까요? 겉으로는 꽃을 선물한 것 같지만 사실은 석유를 선물한 겁니다. 대부분의 꽃은 비닐하우스에서 재배하지요. 그러기 위해서 비닐하우스 온도를 일정하

---

50. 리처드 닉슨(Richard Milhous Nixon): 미국의 제37대 대통령. 하원의원, 상원의원, 부통령을 거쳐 대통령에 당선되었다. 〈닉슨독트린〉을 발표하였고, 워터게이트사건(Watergate Case)으로 사임하였다.

게 해야 합니다. 그리고 석유로 난방을 하겠지요. 그래서 꽃값을 결정하는 결정적인 비용 역시 석유 가격입니다.

경제학에서는 이런 현상을 수요가 늘어나서 물가가 올라가는 '수요 견인 인플레이션'이라고 부릅니다. 그리고 비용 증가로 물가가 올랐다고 해서 '비용 인상 인플레이션'이라고 합니다. 2차 산업혁명에 등장하는 전기, 석유화학, 자동차, 철강 등 이러한 산업을 가능하게 한 것은 석유 채굴 기술의 발전에 기반하고 있는 석유라는 연료였습니다. 사실 2차 산업혁명은 전기 혁명이 아니라 석유 혁명으로 불러야 한다고 생각합니다.

재밌는 이야기 하나 할게요. 석유가 없으면 어떻게 되는지 보여 주는 나라가 하나 있습니다. 어디일까요? 바로 북한입니다. 남북한이 체제 경쟁을 벌였을 초기에는 북한이 남한보다 잘나갔습니다. 1970년대 초·중반까지만 해도 북한의 생활 수준이 남한보다 높았던 것은 물론이었지요.

그리고 공업 생산량과 군사력 역시 비교가 되지 않을 정도로 차이가 많이 났습니다. 그런데 지금은 어떤가요? 더 설명할 필요가 없을 겁니다. 남북한 경제 상황이 역전된 것은 여러 사유가 있겠지만, 결정적인 원인은 1991년 구소련의 붕괴에 따라서 소련으로부터 지원되던 석유가 끊겼기 때문입니다.

단적인 예를 들어 봅시다. 북한 경제가 발전하면서 가장 큰 곤란을 겪었던 것 가운데 하나가 국토 중에 산지가 많다는 사실이었습니다. 그래서 김일성이 주체농법을 들고 나오게 된 것이지요. 주체농법에는 벼와 옥수수 품종 개량 사업들도 있지만 중요한 사업 중 하나는 경지 면적을 늘리기 위해 계단식 농법을 도입한 것입니다.

하지만 1991년에 구소련이 붕괴되면서 구소련의 석유 공급이 어렵게 되자 양수기로 물을 퍼 올려 물을 공급해야 하는 계단식 농업은 일시 중단됩니다. 석유가 없으니까 양수기를 돌리지 못한 것이지요. 바로 이 때문에 수확량이 급감하고 사람들이 굶어 죽었습니다. 북한 사람들이 1990년대를 일컫는 고난의 행군이 시작되었던 것이지요.

오늘 점심 무엇을 드셨나요? 밥을 드셨다고요. 마음껏 드셔서 배도 부르다고요. 우리 이런 말 있지요. '등 따숩고 배부른 게 최고다.'

자, 등 따숩고 배부른 것을 무엇이 만들어 줍니까? 등이 따뜻한 것은 당연히 석유고, 배부른 것은 밥일 테지요. 그리고 따뜻한 등과 부른 배를 만들어 준 것은 석유라고 대답하겠습니다. 왜냐하면 밥은 석유니까요.

우리가 밥 먹을 때 석유를 먹고 있다고 생각하기란 쉽지 않습니다. 하지만 석유가 없던 조선 시대의 쌀 생산량과 지금의 쌀 생산량을 비교해 봅시다. 무엇이 이러한 획기적인 차이를 가져왔을까요? 당연히 일차적으로는 석유로 만드는 화학비료의 등장입니다. 그리고 석유로 만드는 농약, 이앙기와 탈곡기도 있지요! 이뿐만 아닙니다. 쌀을 포장하는 플라스틱 포대가 등장했고, 석유산업에 의해 움직이는 신속한 배송 수단과 저장 수단 그리고 쌀을 밥으로 만드는 전기밥솥까지. 이제 이해가 가죠? 일반적으로 학자들은 전 세계 농업생산물의 70% 이상을 석유로 만든다고 이야기합니다. 석유 가격이 오르면 일차적으로 농산물 가격이 오르는 것은 이 때문입니다.

제가 이렇게 석유 이야기를 길게 한 것은 바로 2차 산업혁명의 석유가 우리에게 무엇을 주었는지 이해하는 것이 4차 산업혁명의 빅데이터가 우리에게 무엇을 줄 것인지를 이해하는 키워드라고 생각하기 때문입니다.

결론적으로 석유는 우리를 '등 따숩고 배 부르게' 만들어 주었습니다. 물질적 풍요를 안겨 주었다는 것이지요. 이것은 좀 더 거창하게 말하면, 석유 문명에 기반하고 있는 2차 산업혁명은 컨베이어 벨트를 토대로 한 포드주의적 생산방식을 만들어내면서 소품종 대량생산방식을 가능하게 했습니다. 그리고 소품종 대량생산은 대량으로 생산하고 대량으로 소비하는 시스템을 기반으로 한 사회를 만들었지요. 이에 인류는 이제까지 해 보지 못했던 물질적 풍요를 향유하는 대중사회로 진화하게 되었다는 것입니다.

석유와 빅데이터 그리고 물질적 풍요와 정신적 풍요

그렇다면 빅데이터는 우리에게 무엇을 줄까요? 앞에서 저는 빅데이터를 인간의 마음을 읽는 기술이라고 정의했습니다. 따라서 석유가 물질적 풍요를 줬다면, 4차 산업혁명은 우리에게 정신적 풍요를 줄 거라고 생각합니다. 사람의 마음을 읽는다는 것이 무엇이겠습니까? 오해하면 안 됩니다. 배고파 보이는 사람에게 밥을 주었습니다. 이것이 사람의 마음을 읽은 걸까요? 아니오. 이 행동은 그 사람이 처한 물질적 조건을 읽은 것이죠. 절대 사람의 마음을 읽은 것이 아니라고 생각합니다. 사람의 마음은 좀 다른 것이지요.

예를 들어 보겠습니다. 남자들은 이런 이야기를 합니다. "여자의 마음을 알기는 너무 어렵다"고 말입니다. 이때 알기 어렵다는 것은 무엇일까요? 애인이 배가 고픈지 아닌지를 알기 어렵다는 것이 아니죠.

애인이 배가 고픈지는 알겠는데 무엇을 먹자고 해야 할지를 모르겠다는 것 아닌가요? 애인의 생일입니다. 선물을 바란다는 것을 모르는 것일까요? 아니지요! 어떤 선물을 해야 할지 모르겠다는 것이지요. 이럴 때 필요한 것이 무엇입니까? 바로 정보죠. 내 애인이 견과류 알레르기가 있다는 정보, 스파게티를 좋아한다는 정보, 크림 스파게티보다 토마토가 들어간 스파게티를 좋아한다는 정보, 푹 익은 면보다 덜 익어서 꼬들꼬들한 면을 좋아한다는 정보 그리고 그때 곁들이는 음료는 와인보다 시원한 맥주를 좋아한다는 정보 말입니다. 그래서 그런 정보를 취합하기 위해 애인의 친구나 남동생에 접근하지 않습니까? "뭐 좋아하니?"라고 묻고 싶어서 말입니다.

드디어 애인 생일 날 식사를 같이합니다. 스파게티집으로 갑니다. 꼬들꼬들한 토마토 베이스의 스파게티에 시원한 흑맥주가 나옵니다. 그리고 그녀가 좋아하는 음악과 그녀가 좋아하는 치즈 케이크! 그녀가 좋아하는 튤립까지! 그리고 다가오는 웨이터에게 물어봅니다. "땅콩은 빼주셨지요?"

저들의 사랑은 실패할 수 없겠죠? 두 가지에 주목합시다. 이때 그녀가 느낀 것은 무엇일까요? 바로 물질적 쾌락이 아닌 정신적 쾌락이지요. 다르게 말하면 그녀는 물질적 풍요가 아니라 정신적 풍요를 누리게 된 것이죠. 더 중요한 것 하나! 그녀에게 이러한 정신적 쾌락을 준 것은 무엇인가요? 착각하지 마세요. 당신이라는 남자가 아니라 당신이 가지고 있던 데이터이지요. 빅데이터는 우리에게 정신적인 쾌락을 줍니다.

2차 산업혁명이 석유라는 물질에 근거해 사람들에게 물질적 풍요를 안겨 주었다면, 4차 산업혁명은 빅데이터라는 무형의 정보에 근거해 사람들에게 정신적 풍요를 안겨 주게 될 것입니다.

70~90년대 최고의 시가총액을 가진 기업은 어디였습니까? 바로 로열 더치 쉘(Royal Dutch Shell), 엑슨모빌(ExxonMobil)과 같은 석유 회사였지요. 지금 시가총액 최고를 달리고 있는 기업은 말할 것도 없이 구글과 아마존입니다. 거대한 빅데이터를 다루고 있는 기업이지요. 얼마 전까지 사람들이 알지도 못했던 기업 넷플릭스가 무서운 속도로 시장을 잠식하는 이유가 뭘까요? 이제는 다 알겠지만 빅데이터를 활용하고 있기 때문입니다. 민간 드론 시장에서 왜 신생 기업들이 DJI를 꺾지 못하고 있습니까? 바로 수많은 비행 경험을 통해 DJI가 드론 비행의 엄청난 데이터를 축적하고 있기 때문이죠!

그렇다면 4차 산업혁명 시대에 누가 승리하겠습니까? 당연히 빅데이터를 가지고 있는 기업 그리고 더 중요한 것은, 빅데이터를 가지고 있는 것만이 아니라 이 빅데이터로 수요자의 정신적 풍요를 위해 맞춤 서비스를 제공하는 기업이겠지요.

이 과제를 성공적으로 해낸 기업이 4차 산업혁명 시대의 승자가 될 것이고, 그렇지 못한 기업은 패자가 될 겁니다.

정신적 풍요를 제공하는 4차 산업—로봇 친구

정신적 풍요에 대한 이야기가 나왔으니까 먼저 이 로봇부터 알아보겠습니다. 바로 다음 페이지에 보이는 물개로봇 파로입니다.

이 로봇은 일본 산업기술총합연구소(AIST)에서 개발한, 기네스북에 등재된 세계 최초 심리치료 로봇입니다. 이 로봇은 주로 양로원과 병원에 배치

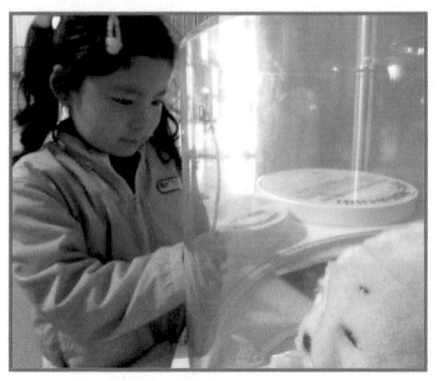
사람과 소통하는 물개로봇 파로

되고 있습니다. 파로는 환자의 기운을 북돋고 혈압과 맥박을 안정시키는 특수교육 로봇 선생님이기도 합니다. 파로를 개발한 일본의 시바타 타카노리 연구진에 따르면, 소아정신질환으로 반년 동안 침묵으로 일관하던 어린이가 파로와 감정적으로 소통하면서 말문을 열게 된 사례도 있다고 합니다.

이 로봇은 복슬복슬한 털도 있고 실제 바다표범 새끼를 만지는 듯 매끈매끈한 감촉을 지녔습니다. 또 눈을 끔벅거리며 잠에서 깨기도 하고, 안아 달라고 온갖 애교를 부리기도 해서 노인들과 환자들에게 인기 절정이라고 합니다. 최근에는 이야기를 들어 주고 대답하는 기능이 점점 향상되고 있습니다. 조만간 아침에 일어나서 오늘 뭘 먹을지 고민하고 있으면 파로가 이렇게 이야기할 수도 있을 겁니다.

"수요일 아침엔 냉면을 드셨잖아요. 하지만 오늘은 체온이 낮으니까 냉면보다는 온면을 드시는 게 어떨까요?"

"5시에 떡볶이 먹을까?"

"아뇨, 떡볶이는 너무 맵고 자극적이어서 현재 몸 상태를 고려했을 때 피하시는 게 좋을 것 같습니다. 회복하시고 드세요."

이렇게 말이죠. 아마 앞으로 많은 노인분이 개보다 파로를 더 선호하게 될 거라고 생각합니다. 왜냐고요? 개와의 차이점이 있지요. 첫 번째, 파로는 개처럼 똥과 오줌을 안 쌉니다. 젊은 사람도 개 대소변을 치우는 것이 쉽지 않습니다. 그러니 노인분들께는 더 힘들고 귀찮은 일일 겁니다. 두 번째도 있습니다. 두 번째도 중요한데요. 물거나 할퀴어서 사람을 해치지 않습니다. 얼마 전 유명 가수의 강아지가 사람을 물어서 사망 사고에 이르게 한 일도 있지 않았습니까? 그런데 파로는 인명 사고를 일으키지 않지요. 한마디로 파로는 노인에게 안전과 편의를 살아 있는 반려동물보다 잘 제공할 수 있습니다. 물론 살아 있는 반려동물이 갖는 좋은 점도 있겠지만 말이죠.

최근에는 발달 장애 및 자폐아에게 부족한 자율성과 감성 지능 발달을 지원하는 로봇도 속속 등장하고 있습니다. KIST가 최근 개발한 자폐 스펙트럼 장애 치료용 로봇인 CARO는 아동이 치료실 안으로 들어오면 "안녕" 하고 인사를 나눕니다. 또 얼굴 탐지기를 이용해 아이가 시선을 맞추는지 확인한 후, 얼굴 표정을 시시각각으로 바꿔 가며 아이가 기쁨, 슬픔 같은 감정을 알아챌 수 있는지를 평가하는 기능을 가지고 있습니다. 여기에 아동 환자가 눈을 맞추고 CARO가 나타내는 감정이 무엇인지를 맞추면 동요를 부르거나 춤을 추는 등의 다양한 방식으로 보상을 제공하면서 자폐 아동의 사회성을 강화시켜 줍니다.

로봇은 환자나 노인 그리고 자폐아들에게 분명 큰 도움이 될 겁니다. 그들에게 정신적 위안과 풍요를 제공해 주겠죠. 하지만 4차 산업시대의 로봇이 여기에서 멈추겠습니까? 자, 다음 로봇을 보시죠.

가정용 로봇의 서막을 연 소프트뱅크의 페퍼

가장 유명한 로봇 중 하나인 페퍼입니다. 소프트뱅크에서 만들어 유명해진 로봇이지요. 진정한 다용도 로봇이자 가정용 로봇 시대의 서막을 알린 로봇이라고 할 수 있을 겁니다. 4차 산업혁명을 제조업체와 ICT의 결합이라고 할 때 아마 이 페퍼가 가장 대표적인 로봇이라고 할 수 있습니다.

로봇을 가장 잘 만드는 일본과 인공지능 기술이 가장 앞서가는 IBM의 결합이니까요. 물론 최근 페퍼가 위기를 겪고 있습니다. 인공지능을 장착한 움직이는 로봇인 휴머노이드가 페퍼의 기본 개념입니다. 그런데 인공지능적 측면에서 전문성은 왓슨에게 뒤지고, 접근성은 아마존의 알렉사를 탑재한 에코와 같은 인공지능 스피커에 뒤지고 있기 때문이죠.

하지만 이러한 단점에도 편의점이나 슈퍼에 휴머노이드가 점점 더 많이 배치되어서 빅데이터를 모으고 있다고 생각해 봅시다. 실제로 페퍼는 일본 편의점에 배치되기 시작했고요. 손님이 들어오면 페퍼가 눈을 맞추고 인사를 할 겁니다. 그리고 페퍼는 빅데이터를 근거로 손님을 파악할 겁니다.

'아, 이 사람은 35세 내외의 사무직 샐러리맨이고 이 새벽 시간에 온 것으로 보아 어제 사무실에서 밤을 샜구나. 이 사람의 수염 길이가 0.7mm인 것으로 보아 면도기를 사러 왔구나. 깎인 각도로 보아서 전기식 면도기가 아니라 수동식 면도기를 선호하는구나'라고 판단한 페퍼는 이렇게 손님에게 말할 겁니다. "손님을 위한 A 사의 면도기는 왼쪽 상단에 배치되어 있고요. 오늘은 특별히 20% 세일입니다"라고 말이죠. 머지않은 우리의 미래일 겁니다.

많은 영화 탓일 수도 있지만 우리는 동반 로봇을 생각하면 자꾸 인간의 감정을 가진 로봇을 생각합니다. 그리고 그것이 가져올 재앙이나 공포를 떠올리곤 하지요. 물론 그런 로봇이 나올지 안 나올지 모르겠지만 더 중요한 것은, 우리에게 곧 다가올 로봇은 빅데이터를 축적하여 나의 요구를 파악하고 나에게 물질적 풍요를 제공하기 위한 행위를 제공하는 기계라는 겁니다. 이러한 로봇은 우리 일상에 점점 더 많이 생겨서 곁에 있게 될 겁니다. 친구 로봇, 애인 로봇, 선생 로봇의 등장이 먼 미래의 일만은 결코 아닙니다.

정신적 풍요를 제공하는 4차 산업—VR과 AR

호접지몽(胡蝶之夢)이라는 말을 들어 보셨나요? 장자의 『제물론』에 나온 고사성어지요. 장자가 어느 날 잠들었는데 그 꿈속에서 나비가 되었다는 이야기입니다. 그런데 그 장자가 꾼 꿈속의 나비가 또 꿈을 꾸었는데 다시 장자가 되어 있고, 또 그 나비의 꿈속의 장자가 꿈을 꾸었는데 또 나비가 되어 있다는 이야기죠.

이 말은 나비가 나인지 내가 나비인지 모르는 것이 바로 우리 현실이라는 것을 말합니다. 철학적으로 주체와 객체의 분리는 상대적이라는 깨달음에 대한 이야기이기도 합니다. 어쨌든 현실과 가상을 분리할 수 없다는 이야기겠지요. VR[51]과 AR[52]은 아마도 이러한 현실과 가상의 분리를 불가능하게 하는 시공간을 우리에게 제공하는 기술일 겁니다.

먼저 VR과 AR 기술에 대해서 정의하고 가죠. 간단히 말해 현실에 존재하지 않는 정보를 디스플레이 장비를 통해 사용자로 하여금 볼 수 있게 하는 게 VR입니다. 그리고 사용자가 눈으로 보는 현실 세계에 가상 물체를 겹쳐 보여주는 기술이 AR입니다.

먼저 VR부터 볼까요? 사실 VR은 생각보다 오래된 기술입니다. 그런데 과거에는 비효율성으로 인해 사람들이 외면했지요. 하지만 2015년 기어 VR, 2016년 오큘러스 리프트, 플레이스테이션 VR의 등장과 더불어 VR은 다시금 사람들의 관심을 받게 되었고, 4차 산업혁명에서의 핵심 기술 중 하나로 각광받게 되었습니다.

저는 이 VR 기술이 4차 산업혁명 시대에 아주 큰 시사점을 주는 기술이

---

51. VR(Virtual Reality) : 컴퓨터 등을 사용한 인공적인 기술로 만들어 낸 실제와 유사하지만 실제가 아닌 어떤 특정한 환경이나 상황 혹은 그 기술 자체를 의미하는 말이다.

52. AR(Augmented Reality) : 실세계에 3차원의 가상 물체를 겹쳐서 보여 주는 기술을 활용해 현실과 가상 환경을 융합하는 복합형 가상 현실

라고 생각합니다. 왜냐하면 이 기술은 수동적 소비자를 능동적 소비자로 만들어 주기 때문이지요.

무슨 이야기냐 하면요. 3D TV와 VR을 비교해 보시죠. 3D TV가 나왔을 때 사람들은 엄청난 변혁이 일어날 거라고 예상했습니다. 〈아바타〉라는 영화가 나왔을 때를 생각해 보세요. 그런 영화를 집에서 TV로 볼 수 있다니! 하지만 지금 여러분 집에 3D TV가 있나요? 그렇지 않죠. 왜냐고요. 물론 어지러움을 유발한다는 이유도 있지만, 3D TV 역시 TV의 연장선상에 불과했다는 것이 가장 중요한 이유라고 생각합니다.

3D TV든 일반 TV든, TV를 보는 사람은 그저 대중문화라는 획일화된 제품의 소비자에 불과했다는 것이지요. 하지만 VR은 이것을 바꿉니다. 이제 소비자는 단순히 획일화된 제품을 소비하는 소비자가 아닙니다. 똑같은 소녀시대 공연을 보고 있어도 VR을 착용한 사람은 자기가 원하는 소녀시대 멤버를 볼 수 있습니다. 그것도 자기가 원하는 각도에서 말이죠. 미국 NBA에서 벌어지는 농구 게임을 봐도 마찬가지입니다. 누군가는 자기가 원하는 선수의 플레이를, 누군가는 감독의 지시 사항을, 또 누군가는 후보 선수의 몸 푸는 모습을 보고 있겠죠.

결국 VR은 사람을 자기가 원하는 것을 소비할 수 있는 소비자로 만들어 줍니다. 더 이상 소비자는 단순히 주어진 내용을 소비하는 객체가 아닙니다. 4차 산업혁명 시대에는 자기가 소비 주체로 전환될 수 있다는 점이 중요합니다. 이제 소비자는 능동적 소비자가 되어 더 많은 정신적 풍요를 공급자에게 요구하는 시대로 변화될 겁니다.

AR이 본격적으로 각광받기 시작한 것은 2016년 포켓몬 고의 등장에 의해서였습니다. 속초와 강릉에서만 가능하다고 해서 사람들이 동해안으로 몰려들었던 기사들 기억하죠? 증강현실은 우리에게 이미 익숙한 기술입니다. 선거 방송이나 스포츠 중계를 떠올리면 금방 이해될 겁니다.

그런데 여기 중요한 시사점이 하나 있습니다. 우리는 VR과 AR을 언급하면 자꾸 놀이기구나 게임 산업으로 연결해서 생각합니다. 하지만 진짜 중요한 것은, 이러한 VR과 AR 기술이 실제 산업에서 이미 광범위하게 사용되고 있다는 사실이지요. 예를 들어 보겠습니다.

선거 유세에 쓰인 AR 기술

VR은 이미 현실 시장을 바꾸고 있습니다. 예를 들어 알리바바는 타오바오 조물절[53] 행사에서 VR 쇼핑 기술 바이 플러스(Buy+)를 공개했습니다. 바

---

53. 타오바오 조물절 : 타오바오 조물절은 2015년부터 타오바오에서 주최하는 오픈 마켓이다. 2017년 조물절에는 인공지능으로 선별된 1만여 명을 매장 108곳으로 초대했다. 알리바바의 무인 까페인 타오까페도 특별 입점했다고 한다.

이 플러스는 소비자가 가상현실 속에서 입체적으로 물건을 구경하고 쇼핑할 수 있도록 한 것이죠. 이제 우리는 귀찮게 슈퍼나 백화점에 갈 일이 없어질 겁니다.

그렇다고 답답하게 온라인 쇼핑몰에 들어가 제품을 확인하는 게 아니니 제품 사용 후기를 보다가 낚일 일도 없을 것이고요. 이것뿐만이 아니죠. 이미 교육분야에서 쓰이는 VR은 피라미드 체험을 가능하게 했습니다. 그리고 상업 분야에서는 부동산을 매매하기 전에 자신이 구입할 부동산을 체험할 수 있게 해 주었습니다. 그리고 의학적 분야에서는 대인공포증, 고소공포증을 치료하기도 했습니다. 또한 수술에 시연돼 의사의 임상 수술 경험을 늘리는 데 사용되는 등 정말 다양한 분야로 확대되고 있습니다.

더 활발한 활약을 보이는 것은 AR 기술입니다. 레고를 구매하기 전 매장 내 설치된 키오스크에 제품 박스를 비추면 해당 제품의 완성된 이미지가 3D로 구현되는 AR 기술을 도입한 후 매출액이 증가했습니다. 또한 이케아는 이미 2013년 카탈로그 앱 퍼스트 룩을 출시해, 집과 사무실에서 이케아 가구를 배치해 보는 경험을 할 수 있게 했습니다. 이외에도 엘리베이터 회사인 티센크루프에서는 MS 홀로 렌즈를 사용해 실제 엘리베이터 고장을 처리하는 데 활용하고 있습니다.

또한 9.11 테러로 붕괴된 국제 무역센터 자리에 새로운 월드 트레이드 센터를 짓고 여의도 두 배 크기로 건설된 싱가포르 무인 섬인 센토사 섬을 설계한 것으로 유명한 에이컴(AECOM)은 이미 건축회사 설계 담당자와 엔지니어가 홀로 렌즈를 끼고 미리 건물에 대해 이야기를 나눌 수 있는 시스템을 갖추고 있습니다.

또한 볼보자동차는 소비자가 자신의 취향대로 차량을 만들 수 있는 가상 전시장을 운영해 원하는 차량 종류, 색상, 휠 등을 선택하고 기능, 서비스, 옵션을 한눈에 볼 수 있게 했습니다. 또한 운동선수들의 훈련, 환자 진료 비행기 수리 등 다양한 분야에서 AR 기술이 진보하고 있어 AR 활용 기술이 어느 분야, 어느 단계로 확장해 갈지 현재로서는 짐작하기 어려울 정도입니다.

많은 전문가와 사람들이 던지는 질문 하나! VR과 AR 중 어느 산업이 더 큰 시장을 형성할까요? 애플 CEO인 팀 쿡[54]은 AR에 한 표를 던져 줍니다. "가상현실, 증강현실 두 가지 모두 믿을 수 없을 정도로 흥미롭다. 하지만 증강현실이 훨씬 더 유망하다. 왜냐하면 증강현실은 두 사람이 서로 이야기하면서 다른 것도 볼 수 있게 해 주기 때문"이라고 말했습니다. 저도 팀 쿡과 함께 AR 기술에 한 표를 던집니다. 하지만 이유는 다릅니다. 저는 인문학적으로 설명해야겠지요? 제 대답은 이렇습니다.

"VR과 AR 전부 현실과 가상을 혼재시켜서, 사람으로 하여금 자신이 현실에 존재하는지 가상에 존재하는지 모르게 하는 것이 그 기술의 핵심이다. 그런데 VR 기술은 기본적으로 자신이 가상 세계에 들어왔다는 것을 전제로 하기 때문에 우리는 항상 가상과 현실을 분리하여 인식할 수밖에 없다. 하지만 AR 기술은 가상과 현실을 병존시킬 수 있기 때문에 가상을 현실화시킬 가능성이 더 크다."

어때요? 그럴듯합니까?

---

54. 팀 쿡(Timonthy Donald Tim Cook) : 애플사의 CEO이다. 스티브 잡스가 애플의 CEO에서 사임하고 애플의 새로운 CEO로 선임되었다.

VR은 이미 현실 시장을 바꾸고 있습니다.
귀찮게 슈퍼나 백화점에 갈 일이 없어질 겁니다.
교육 분야에서 박물관의 피라미드 체험을 가능하게 했습니다.
상업 분야에서는 부동산을 매매하기 전에
자신이 구입할 부동산을 체험할 수 있게 해 주었습니다.
의학적 분야에서는
대인공포증, 고소공포증을 치료하기도 했습니다.

결국, 기업에 있어 중요한 것은 '4차 산업혁명 시대 생산방식은 어떻게 변할 것인가'일 겁니다. 그 대답은 제목에 있습니다. 바로 소품종 대량생산방식에서 다품종 유연 생산방식으로입니다. 이러한 생산방식의 변화는 왜 일어나고 그것이 가져올 결과는 무엇일까요?

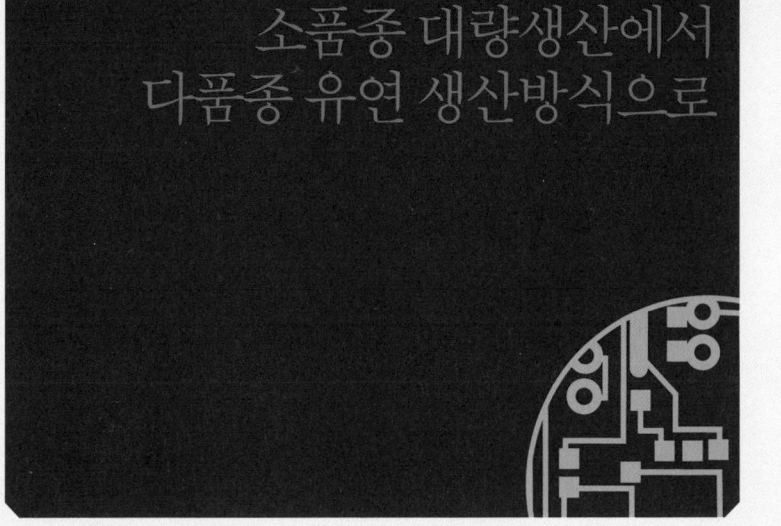

소품종 대량생산에서
다품종 유연 생산방식으로

사실 소품종 대량생산 시대에서 다품종 유연 생산방식 시대로 변한다는 말이
대두되었던 때는 1990년대 포스트모더니즘 논쟁 시절입니다. 포스트모더니즘
논쟁의 핵심 중 하나는, 사람들이 탈중앙적, 탈계몽적, 탈근대적 사고를 갖게
되면서 더는 획일적인 소비를 거부하고 자기의 개성과 창의에 맞는 소비를 하
게 될 것이라는 전망이었습니다.

원래 다품종으로 제일 유명했던 기업은 베네통이고, 포스트모더니즘 논쟁에서 가장 먼저 나왔던 기업도 베네통입니다. 탈근대를 내세웠던 기업이지요. 이러한 베네통의 정신은 지금까지도 이어져, 2011년 세계 곳곳에 퍼진 증오의 문화를 잠식시키기 위해 언헤이트 캠페인을 시작하며 광고를 하기 시작합니다.

이 당시 베네통의 광고는 무척이나 파격적이었습니다. 예를 들어 신부와 수녀가 키스를 하고, 고르바초프와 헬무트 콜 등 정치인들끼리 뽀뽀하는 장면 그다음에 동성애자 사진 등을 파격적으로 내걸었습니다.

그리고 베네통은 다양한 디자인, 다양한 색감의 옷을 만들어 다품종 유연 생산방식을 실현하고자 했습니다. 더불어 이때 소비자가 원하는 물건을 만들어 생산하고자 하는 시도가 세계 곳곳에서 벌어지지요. 바로 포스트모더니즘에 기반하고 있는 다품종 소량생산방식을 실천하고자 하는 시도였습니다.

그러나 1990년 초반에 진행된 그 시도들은 이십여 년이 지나도록 대중화되지는 못했습니다. 왜였을까요? 인류의 삶을 결정하는 상품 대부분이 여전히 컨베이어 벨트에서 생산되었기 때문이지요.

이제 공장은 스마트팩토리다

다시 한번 테슬라 공장을 봅시다.

앞서 제가 테슬라 공장에서 무엇이 사라졌다고 했습니까? 인간이 사라졌다고 했지요. 하지만 정말 더 중요한 것이 사라졌습니다. 무엇일까요? 바로 컨베이어 벨트입니다. 컨베이어 벨트가 어떤 생산을 해냈습니까? 인류에게 최초로 엄청난 물질적 풍요를 안겨 주었던 소품종 대량생산입니다.

테슬라의 사례는 현재까지 인류가 만들어 낸 생산방식 중 가장 효율적이라고 생각했던 컨베이어 벨트를 기반으로 한 포드주의적 생산방식의 종말을 가리키는 사건입니다. 컨베이어 벨트가 없어지면 자동차 미래는 어떻게 될까요?

컨베이어 벨트가 사라진 테슬라 공장

제가 강의에서 반드시 보여 드리는 동영상이 있습니다. 테슬라를 넘어서 겠다는 패러데이 퓨처스[55]라는 회사의 자사 홍보 동영상입니다.

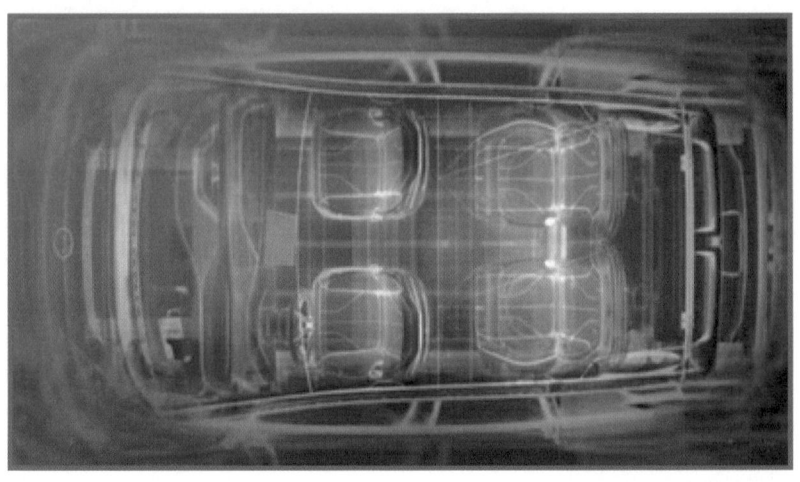

"이제 제품을 당신이 결정하세요!"

동영상을 보여 줘야 하지만 책이라는 한계 때문에 일단 사진만 보죠. 패러데이 퓨처스가 말하는 바는 한 가지입니다.

"제품을 당신이 결정하세요. 배터리는 4×5, 4×6 아니면 5×6이나 5×7로 할지(전기 자동차의 경우 배터리를 바닥에 깔기 때문에 자동차 크기는 기본적으로 배터리 개수에 의해서 결정되기 때문이죠), 차축은 전륜인지 후륜인지 사륜인지, 트렁크는 앞에 설치할 건지 뒤에 설치할 것인지, 차량은 세단인지 스포츠카인지 SUV인지 색깔은 자주색인지 노란색인지, 아니면 무슨 색인지 말입니다."

---

55. 패러데이 퓨처스 : 2015년 창립한 전기차 관련 스타트업으로, 2016 CES에서 전기 스포츠카 콘셉트 모델인 FF ZERO 1를 내놓아 전 세계적으로 유명해졌다.

한마디로, 컨베이어 벨트에 의해서 생산되지 않기 때문에 소비자의 니즈에 맞추어 다품종 유연 생산방식을 갖추겠다는 것이지요! 소비자가 자신이 타고 싶은 자동차의 구성요소를 하나하나 선택해, 세상에 없는 자신만의 자동차를 구입할 수 있는 때가 곧 다가올 겁니다.

지금 그 시점이 다가오고 있습니다. 독일의 폭스바겐 스마트팩토리로 가봅시다. 이 공장에서 생산되는 자동차의 차체 안에는 RFID 카드[56]가 들어 있습니다. 이 카드에는 고객 각자가 원하는 자동차 종류가 입력되어 있습니다. 예를 들어, 고객 A는 노란색 차에 전륜, SUV, 이렇게 입력이 되어 있습니다. 그러면 생산과정에서 그 차체 안에 RFID가 그 정보를 생산하고 있는 로봇에게 전파로 전달합니다. 그럼 로봇이 이 주문을 이해하고 그대로 만들어 줍니다. 차체에 어떤 RFID 카드를 가지고 있느냐에 따라서 매번 다른 자동차가 생산되는 것이지요. 다품종 유연 생산으로 가는 겁니다.

예전에는 왜 소품종 대량생산이어야 했을까요? 품종을 바꾸려면 벨트를 바꿔야 했기 때문입니다. 컨베이어 벨트에서 제일 비싼 부분이 벨트인데, 이것을 바꾸기가 쉽지 않았습니다. 그래서 가능하지 못했던 일들이 현재 깨지고 있습니다. 컨베이어 벨트와 사람이 없는 자동차 공장! 이것이 우리의 미래인 겁니다! 자동차만 이렇게 만들까요? 몇 개 공장에 대한 추가 예를 들어 드리겠습니다.

---

56. RFID 카드 : 전파를 통해 먼 거리에서 정보를 인식하는 기술로, 회로 내 정보를 안테나를 통해 송신하고, 판독기는 이를 수신하여 정보를 처리한다.

1. 독일 지멘스 공장

스마트팩토리로 가장 유명한 지멘스의 암베르크 공장은 전자기기의 동작을 통제하는 시스템 컨트롤러를 만들고 있습니다. 스마트 공장에서 스마트 공장 설비를 만들고 있는 것이지요. 이 공장은 75%의 높은 자동화율로 인해 1,000여 종의 제품을 생산하고 있습니다. 그런데 설계나 요구가 변경되어도 하루 안에 반영이 가능합니다. 본사 관계자에 따르면 24시간 안에 6만 명의 고객에게 배송될 제품을 생산할 수 있으며, 연간 20억 개 이상의 부품을 생산하고 있다고 하네요.

2. 하이얼

중국은 이제 세탁기를 주문하면 주문자가 제작 공정까지 볼 수 있습니다. 내 세탁기가 어떻게 만들어지는지 들여다보는 겁니다. 아직 초보적인 수준이지만 중국 하이얼[57]이 하고 있습니다. 하이얼은 2016년 산업용 플랫폼인 코스모를 공개하고, 이 플랫폼을 통해 고객이 설계부터 판매까지 전 과정을 주도적으로 진행할 수 있게끔 시스템을 구성했습니다. 고객은 자신이 원하는 사양과 기능을 맞춤형으로 주문한 뒤, 모바일 앱이나 사이트를 통해 그 과정을 실시간 영상으로 제공받고 있습니다.

---

57. 하이얼 : 중국 최대의 가전제품 생산 회사. 1984년 중국 정부가 산둥성 칭다오에 세운 칭다오 냉장고 공장이 전신이며, 1992년부터 냉동고와 공기정화기, 세탁기, 텔레비전을 생산하며 본격적인 가전제품 생산 회사로 자리 잡았고, 같은 해 12월 현재의 상호로 회사명을 변경했다.

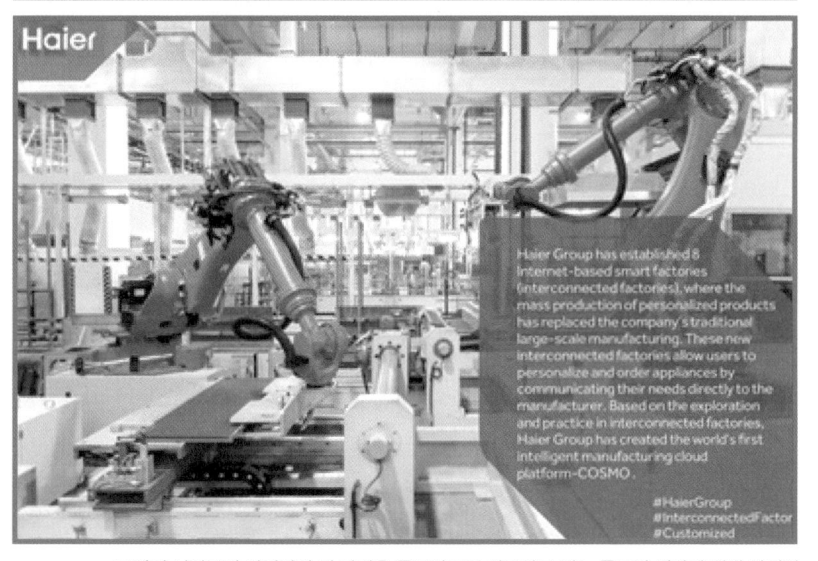

Haier Group has established 8 Internet-based smart factories (interconnected factories), where the mass production of personalized products has replaced the company's traditional large-scale manufacturing. These new interconnected factories allow users to personalize and order appliances by communicating their needs directly to the manufacturer. Based on the exploration and practice in interconnected factories, Haier Group has created the world's first intelligent manufacturing cloud platform-COSMO.

#HaierGroup
#InterconnectedFactor
#Customized

고객이 설계부터 판매까지 전 과정을 주도하도록 제공하고 있는 중국의 세탁기 업체 하이얼

3. 할리데이비슨 오토바이 공장

미국 펜실베이니아주에 위치한 요크 공장은 할리데이비슨의 모든 주문이 들어오는 공장입니다. 이 공장에는 IoT 기술을 접목하여 주문부터 진도 관리까지 모든 것을 하나의 시스템으로 연결합니다. 이 시스템에서는 고객이 원하는 사양을 커스터마이징하여 주문합니다. 한 대를 조립하는 데 필요한 모든 부품 리스트들이 바로 입력되고 생산 계획에 반영됩니다. 완전히 커스터마이즈된 오토바이를 주문하더라도 부품 조달에 걸리는 시간은 여섯 시간에 불과하며, 생산 또한 일대일로 진행해 다품종 유연생산을 실현하고 있습니다.

다품종 소량 생산의 총아—3D 프린터

우리 1987년으로 돌아가 봅시다. 독자 중에는 그때 아직 태어나지 않은 사람도 있을 겁니다. 1987년 6월 항쟁이 성공한 이유로 넥타이 부대를 꼽는 사람이 많습니다. 사무직의 동참이 항쟁을 성공으로 이끌었다고 분석하지요. 6월 항쟁을 이야기하려는 것이 아니라, 그때 사무직과 지금의 사무직을 비교해 보려고 합니다.

역시 가장 큰 차이는 컴퓨터를 책상 앞에 두고 있느냐 아니냐의 차이일 겁니다. 1987년 사무직 종사자 가운데 10년 뒤 자기 책상에 컴퓨터가 놓일 거라고 생각한 사람은 아무도 없을 겁니다. 마찬가지로 앞으로 우리 책상에 컴퓨터와 더불어 또 하나가 놓인다면 그것이 무엇일까요? 저는 당연히 3D 프린터일 거라고 생각합니다.

10년, 20년 뒤 사무실에는 3D 프린터[58]가 한 대씩은 다 있을 겁니다. 이제 앞으로는 상사가 서류로 제출하는 대신 3D 프린트물을 갖고 오라고 할 것입니다.

그러면 3D 프린터가 무엇인지 정의부터 하고 가야죠? 제가 어떤 사물의 정의를 위해서는 그 반대말을 생각해 보는 것이 중요하다고 말씀드렸죠?

3D 프린터의 반대말은 무엇일까요? 2D 프린터? 이렇게 생각해 보면 되겠죠. 3D 프린터가 보편화되면 사라질 것이 무엇일까요? 자, 아래 사진을 봅시다.

3D 프린터로 만든 다양한 인형

---

58. 3D 프린터 : 2D 프린터가 활자나 그림을 인쇄하듯이, 입력한 도면을 바탕으로 3차원의 입체 물품을 만들어 내는 기계이다. 1980년대 초에 미국의 3D시스템즈사에서 플라스틱 액체를 굳혀 입체 물품을 만들어 내는 프린터를 처음으로 개발한 것으로 알려져 있다. 플라스틱 소재에 국한되었던 초기 단계에서 발전하여 나일론과 금속 소재로 범위가 확장되었고, 산업용 시제품뿐만 아니라 여러 방면에서 상용화 단계로 진입했다.

꽤나 다양하지요. 다양성을 넘어서 가장 중요한 것은 이러한 인형이 세상에 하나밖에 없다는 것입니다. 왜냐고요? 금형에 쇠를 부어서 만드는 주물[59] 작업을 하지 않아서요? 여기에 답이 있습니다. 저는 3D 프린터의 반대말은 금형[60]이라고 생각합니다.

예전에 어른들은 아이들에게 이렇게 이야기했습니다. 공부로 먹고살 거아니라면 기술 하나라도 배우라고요. 기술 하나 익히면 평생 먹고살 수 있다고 말입니다.

그 기술 중 대표적인 게 바로 선반 기술로, 선반공은 각광받는 직업이었습니다. 우리나라가 기능올림픽을 수십 번 제패했는데, 대회 때 제일 앞에나오는 사람이 금형 제작을 하는 선반공이었습니다.

금형을 제작하면 계속해서 똑같은 걸 만들어 낸다는 의미입니다. 의자하나를 만들기 위해서도 금형을 떴을 겁니다. 이것이 바로 기술이었습니다. 물건을 만든다는 것은 선반에서 금형을 뜨고, 거기에 주물 작업을 통해서 물건을 생산한다는 것의 동의어였습니다. 이것이 4차 산업혁명 전까지 물건을생산하는 기본적인 개념이었던 겁니다. 그런데 그 개념을 깨뜨린 것이 바로3D 프린터입니다. 자기가 좋아하는 인형이나 피규어를 3D로 만드는 정도가 아니라, 시제품들을 3D 프린터로 만들기 시작한다는 것이지요. 다음 사진을 보시지요.

---

59. 주물 : 쇠붙이를 녹여 거푸집에 붓고 굳혀서 상품을 만드는 제조 방법
60. 금형 : 금속으로 만들어진 거푸집

람보르기니 Aventado. 2011년 탑기어 최고의 차로 선정되었으며 제조 설계에서 3D 프린터를 적극적으로 활용했다.

람보르기니는 이 시제품을 만들면서 기존에 비해 시간과 비용을 절감시켰습니다. 그러면 또 이런 질문을 던질지 모릅니다. 3D 프린터로 시제품은 만들지만 본격적인 생산을 위해서는 아직 먼 거 아니냐고요. 그렇지 않습니다. 제가 앞에서 아디다스의 스피드 팩토리 공장 이야기를 했죠? 그 스피드 팩토리에서 생산되는 신발 깔창을 누가 만들겠습니까? 바로 3D 프린터가 뽑아냅니다. 이제 곧 여러분은 자신의 발 사이즈에 딱 맞는 아디다스 신발을 갖게 될 겁니다. 그리고 그 신발은 사람 없는 공장에서 3D 프린터가 만들어 내겠지요.

3D 프린터가 가져올 미래를 이해하기 위해서 그 반대말인 금형 제작 방식과 비교할 필요가 있습니다. 두 가지 가장 큰 차이가 있는데 첫 번째는 금

형 제작 방식이 절삭으로 이루어진다는 겁니다.

향수 용기를 만든다고 생각해 봅시다. 그 향수 용기의 금형을 제작하기 위해서 먼저 도면 위에 제작을 한 다음, 선반 위에 그 크기의 쇠를 올려놓고 쇠를 깎아 내 불필요한 것은 버리고 일부를 남기는 방식으로 제작해야 합니다.

반면 3D 프린터는 어떻게 만듭니까? 거꾸로 차곡차곡 올리는 누적 적층 방식 아니겠습니까? 3D 프린터는 버리는 자원이 없습니다. 금형이 마이너스 방식으로 제작된다면 3D 프린터는 플러스 방식으로 제작된다고 볼 수 있을 겁니다.

또 하나, 금형을 만드는 이유는 한 번 만든 금형으로 많은 제품을 찍어 내기 위해서입니다. 금형은 소품종 대량생산 체제의 기반 기술입니다. 물건을 많이 만들어 내지 않는다면 금형에 들어간 막대한 비용을 뽑아낼 수 없을 겁니다. 하지만 3D 프린터로 만들어 낸 물건은 절대 대량생산을 위해 만들 리가 없지요. 컴퓨터 그래픽으로 디자인만 바꾸어서 입력한다면 금방 다시 새로운 제품을 만들 수 있습니다. 다품종 유연 생산방식을 위해 최적화된 시스템입니다.

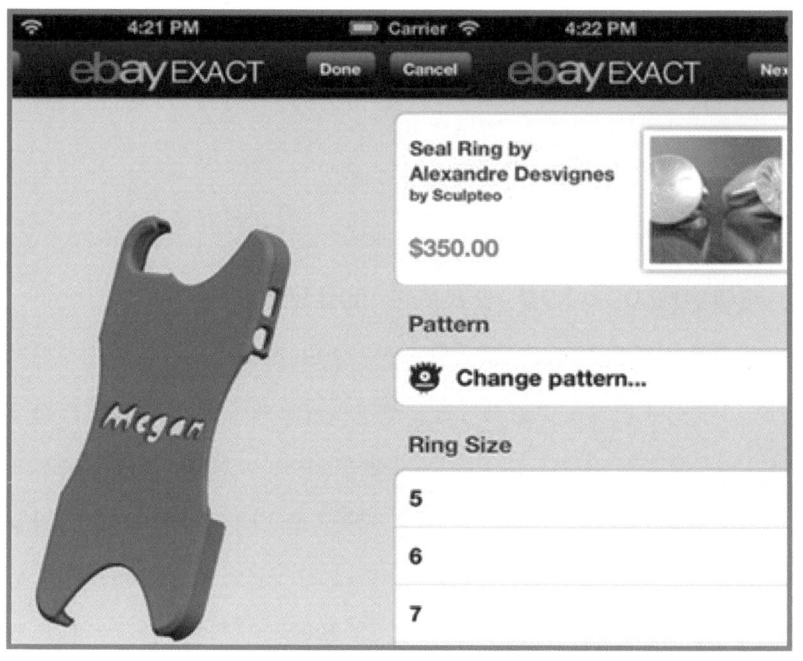

이베이 이그젝트. 소비자가 원하는 상품을 주문하면
3D 프린터로 생산하여 판매 및 배송을 해 주는 시스템을 갖추었다.

아마 10년 뒤에는 여러분이 원하는 물건을 디자인해서 온라인 쇼핑몰에 올려놓으면, 특정 회사에서 3D 프린터로 그 제품을 만들어 여러분께 공급할 겁니다. 물론 여러분 스스로 집에서 3D 프린터로 만들 수 있다면 집에서 직접 만들어서 사용하겠지요. 원하는 그 무언가를 직접 만들거나 공급자에게 주문해서 받아쓰는 시대가 멀지 않았을 겁니다. 나만의 향수병, 나만의 집, 나만의 책꽂이, 나만의 신발, 나만의 것들 말이죠.

저는 제 발의 볼이 다른 사람에 비해 너무 좁고 발등이 높아서 일반 신발을 신을 때 너무 힘든데, 빨리 나만의 신발을 만들고 싶습니다. 수제화점에 가지 않고서 말이죠. 수제화를 만드는 분께는 죄송하지만요. 이제 나의 개성과 창의력을 맘껏 발휘할 수 있는 시대가 다가오는 겁니다.

승리하는 기업의 조건 두 가지

1. ON THE DEMAND를 기반으로 한 기업을 만들어라

컨베이어 벨트가 사라지고 금형이 사라집니다. 이제 소품종 대량생산방식에서 벗어나 기업은 많은 품종을 소비자의 수요에 맞게 그 시스템을 하나하나 바꾸어 나갈 겁니다. 그 변화의 가장 큰 차이는 어떻게 나타날까요?

자동차를 생각해 봅시다. 예전에는 자동차를 만들면 사람들이 그 자동차를 살지 말지를 결정하는 시스템이었습니다. 공급이 수요를 결정하는 시스템이죠. 하지만 이제는 소비자가 어떤 자동차를 요구하면 공급자가 그 자동차를 만들어 내는 시스템으로 변화했습니다. 그러한 시스템을 바로 ON THE DEMAND라고 표현합니다. 고객의 니즈에 바로 적응하여 생산 시스템을 갖추는 기업이 승리한다는 것이지요. 고객에게 먼저 제안하는 기업. 빅데이터를 가지고 소비자에게 먼저 제안하는 그런 기업이 현재도 승리하고 있습니다.

아마존[61], 넷플릭스[62], 구글이 하는 것도 결국 이겁니다. 소비자의 생각을 읽어서 먼저 원하는 것을 제안하는 겁니다. "이거 어때요?"라고 말이죠.

---

61. 아마존(Amazon) : 세계 최초의 인터넷 서점으로 출발한 미국의 인터넷 종합 쇼핑몰. 월가의 펀드매니저이던 30세의 제프 베조스가 만든 회사이다.

62. 넷플릭스(Netflix) : 미국의 유료 동영상 스트리밍 서비스 기업이다. '인터넷(Net)'과 영화를 뜻하는 '플릭스(Flicks)'의 합성어로, '인터넷을 통해 영화를 유통한다'는 의미이다.

미국의 인기 드라마 시리즈 〈하우스 오브 카드〉[63]를 어떻게 만들었는지는 이미 잘 알려져 있습니다. 이 드라마를 볼 시청자들이 원하는 내용은 무엇이다, 이 드라마에 가장 적절하다고 여기는 배우는 누구다, 이렇게 말한 것들을 빅데이터로 선정한 후, 해당 배우가 출연하는 방식이었습니다. 이런 식으로 고객이 원하는 것을 읽어 먼저 제안하는 기업이 넷플릭스입니다. 구글 광고를 한 번 보면, 관련된 광고가 미친 듯이 뜹니다. 유튜브에 어떤 주제를 한번 검색하면 그와 관련된 주제가 또 미친 듯이 뜨지요. 바로 이것이 ON THE DEMAND입니다.

우리는 이러한 ON THE DEMAND 시스템을 단순히 소비재와 관련된 것으로만 생각할 수 있습니다. 그러나 현실은 그렇지 않습니다. 반도체도 이미 ON THE DEMAND 시스템으로 변화하고 있습니다.

떠오르는 반도체 회사로 TSMC(Taiwan Semiconductor Manufacturing Company)라는 회사가 있습니다. 파운드리 회사[64]라고 정의되어 있는데, 백과사전을 찾아보면 이렇게 나옵니다. '타 기업으로부터 설계도를 위탁받아 반도체를 생산하는 기업'이라고요.

어떤 기업이 스마트 워치를 개발하기로 했다고 가정해 봅시다. 그 스마트 워치에 들어가는 반도체가 필요합니다. 파운드리 회사란 그 반도체를 설계해서 이 회사에 위탁하면 거기에 맞는 반도체를 생산해 주는 기업이라는 뜻입니다. TSMC는 이 파운드리 업계의 시장 점유율 50% 이상을 차지하는

63. 〈하우스 오브 카드(House of Card)〉 : 미국 정치 드라마로, 2013년 2월 넷플릭스를 통해 독점 공개되었다.
64. 파운드리 회사 : 반도체 산업에서 설계가 아닌, 제조만을 위탁받아 진행하는 기업이다.

리딩 기업으로, 매출은 삼성전자의 14.9%지만 영업이익률은 35.1%로, 삼성전자의 22.3%보다 높고, 시가총액은 2018년 3월 현재, 삼성전자의 352조 6,300억 원의 56.7%에 해당됩니다.

이번에는 VR로 가 볼까요. VR을 만들기 위해서 VR 안에 적당한 OLED가 들어가야 할 겁니다. VR 기기가 수도 없는 만큼 그 VR 기기를 만드는 회사는 정말 다양한 OLED가 필요하겠죠. 이제 LED 업체에서 이렇게 먼저 제안할 수 있을 겁니다. "4cm, 6cm LED 저희가 만들어 드릴까요?" 아니면 "굴곡 형태의 5cm×7cm OLED를 만들어 드릴까요?"

이런 업체가 생겨야 승리한다는 겁니다. 고객의 니즈에 맞춰 가는 기업. 물론 예전에도 있었습니다. 그런데 지금과는 좀 다릅니다. 고객의 감성을 읽는다는 식의 추상적인 이야기가 아니라, 이제는 기업이 고객의 생각 그대로를 실물로 만들 수 있어야 하고 그런 기업이 승리한다는 겁니다.

2. 구성원이 다양한 기업을 만들어라

두 번째는, 사내 구성원이 다양해야 합니다. 구성원이 다양하지 않은데 다양한 생각, 다양한 제안은 물론이고 다양한 제품이 나올 리 없을 겁니다. 계명구도라는 말을 아시나요? 맹상군[65]이라는 중국 전국시대의 정치가 이야기입니다. 전국시대에는 높은 사람이면 밑에 가솔을 많이 거느렸습니다. 당연히 책사를 많이 두는 게 중요했겠죠? 맹상군은 특히 책사를 매우 많이 거느렸는데, 별 이상한 사람이 와도 다 받아들였습니다.

---

65. 맹상군 : 중국 전국시대 제나라 사람으로, 전국 사군자 중 첫 번째로 꼽히는 인물. 우리에게는 계명구도(鷄鳴狗盜)의 일화나 풍환(馮驩)과의 고사로 유명하다.

닭 울음소리를 잘 낸다 하여 받아들이고, 개 울음소리를 잘 낸다는 이유로 받아들였습니다. 그래서 사람들로부터 비웃음을 샀습니다. 그런데 나중에 맹상군이 쫓겨나서 도망을 가게 됩니다. 그때 성문을 열어야 하는데 성문을 지키는 사람이 아직 아침이 오지 않아서 열어 줄 수 없다고 고집을 부립니다. 뒤에서 적은 쫓아오고 말이죠. 그때 닭 울음 내는 맹상군의 책사가 "꼬끼오!" 하고 닭 울음소리를 흉내 냈더니 문지기가 "아침이 왔구나"라며 성문을 열어 줘서 도망갔다고 합니다. 그래서 아무리 쓸모없는 사람 같아도 알고 보면 쓸모가 있더라는 고사로 유명합니다. 기업에 있어 다양성이 얼마나 중요한지를 보여 주는 이야기입니다.

이 이야기를 기업에 대입해 보겠습니다. 요즘 친구들은 실감하지 못하겠지만 저희 때만 해도 재수할 때 가장 좋은 학원은 누가 뭐라 해도 종로학원이었습니다. 그런데 지금은 그렇지 않죠. 종로학원이 1등 학원의 자리를 차지하고 있던 데에는 여러 이유가 있겠지만, 그중 하나를 들라면 저는 서울대 순혈주의가 아닐까 합니다.

종로학원에서 강의하기 위해서는 서울대 출신이 아니면 안 되는 암묵적인 체계가 있었습니다. 홍보지에는 온통 '전 강사 서울대 출신' 뭐 이런 내용으로 도배가 되어 있었지요. 일견 매력적으로 보이지만 많은 문제점이 나올 수밖에 없겠지요? 가까운 예로, 저를 포함해 서울대는 못 나왔지만 대한민국 최고의 강의를 하는 강사가 들어갈 수 없으니 말입니다.

IBM이라는 회사가 있습니다. 이 기업은 다양성 관리라는 기업 전략을 실천했습니다. 구성원을 뽑을 때 인종을 정해서 일정 비율의 인종을 유지한다든지, 성별을 정해서 일정 이상의 여성, 전공 기준과 지역 기준을 정해서 일정 비율 이상의 전공 출신 혹은 일정 비율 이상의 특정 지역 출신을 뽑는 방식을 지켜 나갑니다. 한마디로, 구성원의 다양성을 강제적으로 보장하는 방식을 채택한 것이지요. 왜냐고요? 종로학원과 같은 문제점을 극복하기 위해서지요.

IBM이 어떤 회사입니까? 당대 최고의 회사로 최고 대우가 보장되어 있던 회사지요. 그렇다 보니 최고의 인재들이 지원을 하게 되고 IBM은 손쉽게 미국 최고의 인재로 가득 찬 회사가 되었습니다. 그런데 오히려 그 이후 창의적인 아이디어를 기반으로 한 새로운 제품 출시가 더 어려워지는 일이 발생한 것이죠. 왜냐고요? 온통 아이비리그 출신의 중산층 백인 이공계 전문가로 가득 찬 회사 속에서 다양한 아이디어가 나올 수 없었기 때문입니다.

설령 기발한 아이디어가 나온다 해도 이상한 소리로만 치부되었기 때문입니다.

앞으로는 다품종 유연 생산 사회가 된다는 것을 다시 한번 강조합니다. 그러기 위해서는 다양한 인재가 있는 기업이 되어야 합니다. 다양한 인종, 다양한 지역, 다양한 전공, 다양한 성별, 다양한 취미와 소질을 가진 구성원을 가진 조직이 강한 조직이 될 겁니다. 다양한 구성원이 하모니를 이루는 조직을 가진 기업, 그리고 그 조직을 바탕으로 ON THE DEMAND를 하는 기업이 바로 4차 산업혁명 시대의 리딩 기업이 될 겁니다.

로컬 모터스

나만의 자동차를 만들어 주는 기업. 로컬 모터스의 스윔

헨리 포드가 컨베이어 벨트 시스템을 도입한 이후, 자동차는 소품종 대량 생산의 상징이 되었습니다. 내가 원하는 디자인과 사양을 선택하는 것이 아니라, 주어진 디자인과 사양 내에서 그나마 가장 마음에 드는 것을 골라야 하는 것이죠. 하지만 나만의 자동차를 만들어 주는 기업이 있습니다. 바로 로컬 모터스(Local Motors)입니다.

이 회사는 고객이 원하는 디자인에 맞게 자동차를 생산한다는 모토에 맞춰, 3D 프린터로 자동차를 인쇄하고 있습니다. 주문이 들어오면 그저 부품을 인쇄하고 결합하면 됩니다. 부품 또한 많지 않습니다. 컨베이어 벨트 방식으로 자동차를 생산할 경우 2만여 개의 부품을 일일이 조립해야 합니다.

하지만 3D 프린터로 인쇄할 경우 차체의 주요 부분까지 한꺼번에 인쇄하기 때문에 40개의 부품만 결합하면 됩니다. 그래서 차를 완성하는 시간도 44시간밖에 걸리지 않습니다.

디자인 또한 인터넷에 공개되어 있는 파일을 다운로드받고, 자신의 취향에 맞게 수정하여 전송하면 디자인대로 인쇄되기 때문에 각자의 취향에 맞춘 디자인이 가능합니다.

로컬 모터스는 2014년 3D 프린터를 활용하여 전기 자동차인 스트라티(Strati)를 출시했으며, 2016년 6월에는 IBM의 인공지능을 탑재한 12인승 전기차 버스인 올리를 개발했습니다. 이 회사는 향후 클릭—프린트—드라이브라는 단순한 과정을 거쳐 자동차를 생산하는 것을 목표로 삼고, 집에서 자동차를 인터넷으로 주문하는 시대를 만들기 위해 노력하고 있습니다.

집도 나만의 맞춤으로!

예전 소품종 대량생산의 대표적인 사례로 대한민국 아파트를 들 수 있습니다. 완벽한 소품종 대량생산방식. 수많은 아파트가 똑같습니다. 24평형, 방 세 개. 32평형, 방 세 개, 화장실 두 개, 거실 하나. 집집마다 TV 위치도 똑같을 수밖에 없습니다. 하지만 이제는 3D 프린터가 집을 짓습니다. 20시간 만에 집을 완성하고 싱크대 등 나머지 부수적인 것들을 조립하면 끝나는 겁니다.

이제 10년 후쯤 주택 전시장을 가 보면 3D 프린터로 지은 다양한 모형집이 무척 많을 겁니다. 그중 하나를 고르면 되는 겁니다. 거기에 내가 원하는 추가 요구 사항을 적는 거죠.

집을 지을 땅이 있다고 합시다. 시골에 집을 짓고 싶다면 어떤 집을 지을까 매일 책을 보면서 고민합니다. 스칸디나비아 건축양식을 보고 '아, 이게 좋을까?' '저게 멋질까?' 고민할 겁니다. 하지만 평면으로 보면 답답하기만 하고 실제 모습이 잘 연상되지 않습니다. 실제로 지으면 어떨지 짐작하기 힘들죠. 이렇게 막상 집을 지으면 여러 시행착오를 거치게 되고, 결국 건축비가 생각보다 두 배가 드는 경우가 흔합니다. 그런데 3D 프린터를 이용하면 마음에 드는 집의 형태를 고르고 원하는 대로 요청하면 모형이 만들어지고, 예상 건축비가 계산되어 나옵니다. 시행착오에서 해방될 수 있는 거죠.

한국 기업은 오랫동안 추격자 전략(Fast follower strategy)의 1인자로 군림해 왔습니다. 그런데 4차 산업혁명 시대에는 이 추격자 전략이 더 이상 먹히지 않을 거라고 합니다.

4차 산업혁명과
한국 기업

선도자가 되지 않으면 도태될 거라는 이야기들이 나오지요. 자, 이렇게 급변

하는 4차 산업혁명 시대에 과연 한국 기업의 미래는 어떻게 될까요?

100년 전 최고의 경영자를 꼽으라고 한다면 누구를 꼽겠습니까? 저는 주저 없이 토머스 에디슨을 꼽겠습니다. 그 발명가 토머스 에디슨 말이죠. 하지만 토머스 에디슨은 발명가인 동시에 미국 최고의 기업 GE[66]를 설립한 경영자이자 사업가이죠.

에디슨의 탁월한 경영 능력은, 시대적 요구로 새로 발명되어 등장하는 기술들을 그냥 기술로 놔두는 것이 아니라 실용화, 상용화시키는 것이었습니다. 에디슨이 백열등을 가장 먼저 만들지는 않았지만, 우리가 백열등 하면 에디슨을 떠올리는 이유는 에디슨이 백열등을 가장 먼저 실용화, 상용화시켰기 때문일 겁니다.

드론계의 넘버원인 DJI 왕타오 회장이 훌륭한 경영자로 인정받는 이유는 모든 사람이 민간용 드론을 단순히 장난감으로 여길 때 그것을 실용화, 상업화시켰기 때문일 겁니다.

그렇다면 당대 최고 경영자를 꼽으라고 하면 누구를 꼽겠습니까? 아마 많은 사람이 췌장암으로 얼마 전에 죽은 스티브 잡스를 꼽을 겁니다. 그는 스마트폰이라는 새 시대를 열었죠. 그의 경영 업적을 말하려는 것이 아닙니다. 잡스가 살아생전 가장 싫어했던 기업이 있습니다. 어디일까요? 바로 삼성입니다. 아마 잡스로서는 삼성이 용서가 안 됐을 겁니다. 자사의 부품 회사가 어느 날 자사와 같은 제품을 만들더니 더 많이 팔아먹더란 말입니다. 얼마나 기가 막혔겠습니까?

입장을 바꾸어서 생각해 보세요. 여러분이 설렁탕 가게를 하고 있는데

---

66. GE(General Electric) : GE는 에디슨이 1878년 전기 조명 회사를 설립한 것을 시작으로 글로벌 인프라 기업이 되었다.

거기에 정육점 사장이 와서 부탁을 합니다. "저의 집 소뼈와 고기를 납품하게 해 주세요"라고 말이죠. 그래서 허락해 주었더니 이 사람이 어느 날 여러분 식당 옆에 설렁탕 가게를 차린 거죠. 사골 국물 만드는 기술을 분명 훔쳐 간 것으로 보이고 말입니다. 거기다 알고 보니 그 정육점 사장이 다른 곳에서 음식점을 많이 운영한 경험이 있어서 식당 노하우는 오히려 여러분보다 더 많이 알고 있는 사람이었다는 거죠. 서비스도 좋고 식당 분위기도 좋고 아직 사골 우려내는 것은 여러분보다 못하지만 설렁탕이 여러분 가게 못지않게 잘 팔려서, 여러분이 다 차지할 수 있었을 시장을 반반씩 먹고 있다고 생각하면 잠 못 이루는 거죠.

애플에 반도체를 납품하던 삼성이 어느 날 스마트폰을 만들었고요. 그리고 엄청 잘 만들었지요. 왜냐하면 삼성은 애플과 다르게 제조업체 출신이라 애프터서비스 시스템과 국제적인 판매망을 애플보다도 더 잘 갖추고 있었기 때문입니다. 그래서 스마트폰 시장이라는 최첨단 시장에서 삼성을 비롯한 우리 기업들이 다시 한번 도약했습니다. 과연 4차 산업혁명시대에도 이것이 가능할까요?

반도체 없는 4차 산업혁명은 없다

다음 표들부터 보시죠.

극적인 변화가 일어났습니다. 2014년 세계반도체기구의 전망에 따르면 2015, 2016년 반도체 시장은 전반적으로 정체가 예상되었습니다. 왜 그랬

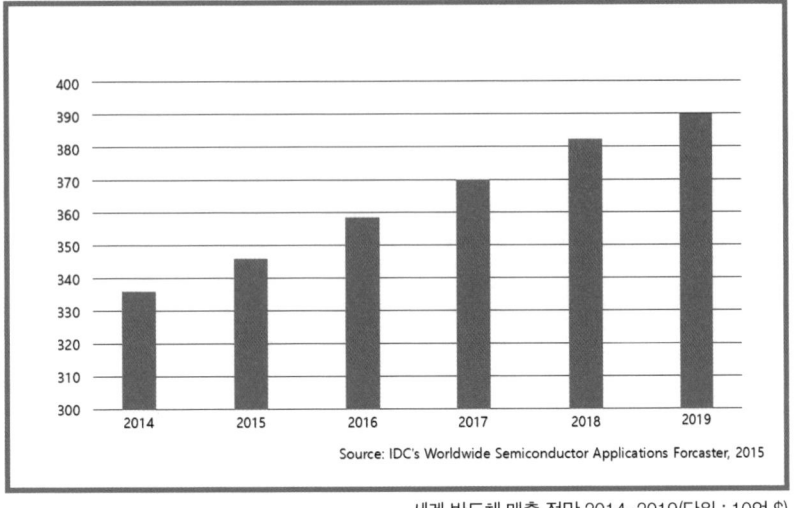

세계 반도체 매출 전망 2014~2019(단위 : 10억 $)

을까요? 아주 간단한 것이지요. 반도체 최고의 수요 품목인 스마트폰의 판매가 한계에 다다랐다고 판단했기 때문입니다. 중국을 넘어 인도 그리고 아프리카와 남미까지도 스마트폰을 살 만한 사람은 다 샀기 때문에 더 이상 스마트폰의 수요가 증가하지 않을 것이라는 전망이었습니다.

그런데 왜 세계 반도체 기업들은 2017년 반도체 설비 투자를 무지막지하게 했을까요?

사실은 시장을 보는 눈을 가진 사람이라면 충분히 예상할 수 있었던 일입니다. 이 표를 보면 말입니다.

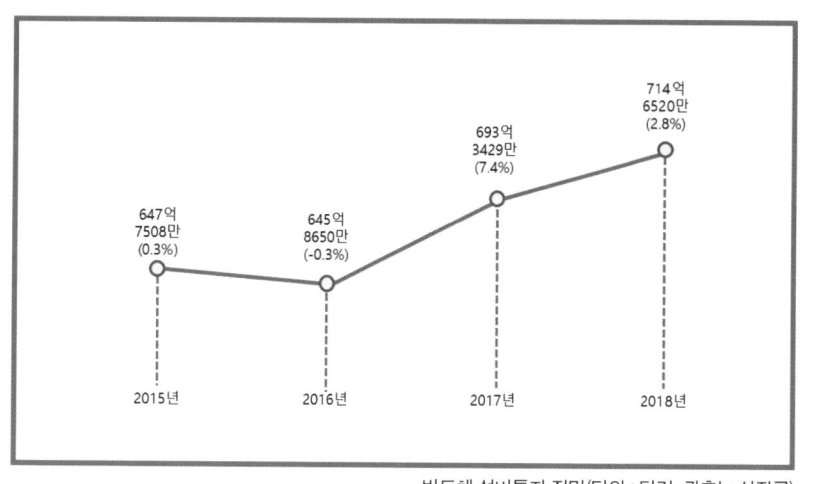

반도체 설비투자 전망(단위 : 달러, 괄호는 성장률)

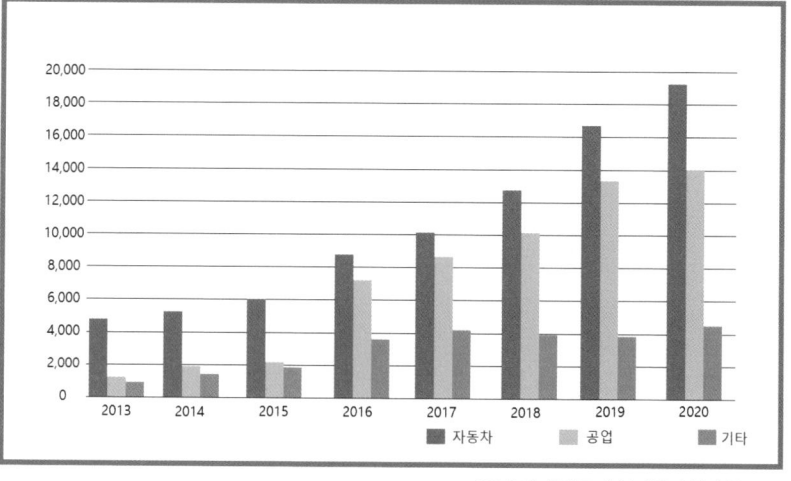

2017 세계 반도체 설비투자 증대 규모 표

핸드폰 생산량이 줄어들면서 반도체 수요는 늘지 않았지만, 무인 자동차가 생산되면서 새로운 반도체 수요가 늘어나게 된 겁니다. 여러분이 간과하고 있을지 모르는데, 이미 여러분이 타고 있는 자동차에는 평균적으로 메

 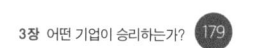

모리, 비메모리, 마이크로 컨트롤 유닛 등 200여 개 이상의 반도체가 탑재되어 있습니다. 그런데 무인차, 전기차가 보급된다면 센서, OLED 계기판, 전력 제어장치 등 자동차 반도체 수요가 기하급수적으로 늘어날 수밖에 없습니다. 바로 4차 산업혁명 하면 매번 나오게 되는 IoT 시대의 등장입니다. 그리고 이 새 시대의 등장 그 자체는 반도체 수요가 증가하는 것을 의미합니다.

스스로 냉장고 안의 물건을 점검하고 스스로 주문하는 냉장고, 스스로 빨래를 개는 런드로이드[67], 자율적으로 난방 온도를 조절하는 보일러, 스마트 청소기까지. 한마디로, 스마트라는 단어가 붙는 모든 물품에는 반도체가 들어갈 수밖에 없습니다.

사물 인터넷 시장이 커지면서 자연스럽게 또 주목받는 시장이 있습니다. 바로 카메라 모듈[68] 시장입니다. 카메라 모듈은 카메라에 들어오는 이미지를 디지털 신호로 변화시키는 것입니다. 사물인터넷 시대에는 사물이 그 주변 환경을 정확히 파악해야 합니다. 그리고 그 파악된 정보를 바탕으로 사물이 독자적으로 행동을 결정할 수 있을 겁니다. 그 주변 환경을 정확히 파악하기 위해서는 카메라 모듈이 없으면 불가능하겠지요. 그리고 카메라 모듈이 자동차 앞과 옆, 그리고 뒤에 붙어 나가는 것은 너무나 자연스러운 일일 겁니다.

4차 산업혁명 시대, 반도체를 비롯한 첨단 부품 소재 산업에서 강점을 지닌 한국 기업에게는 또다시 도약할 기회가 될 수 있을 겁니다.

---

67. 런드로이드(Laundroid) : 빨래를 대신 개주는 로봇

68. 카메라 모듈 : 이미지 센서를 활용, 렌즈를 통해 들어오는 광신호를 RGB(Red, Green, Blue) 전기신호로 변환해 휴대폰, 모니터 등 디지털 영상 기기의 화면에 디스플레이 해 주는 부품이다.

테슬라는 누가 만드는가?

테슬라는 누가 만드냐고요? 당연히 테슬라가 만든다고요? 하지만 우리는 테슬라 차를 테슬라 차라고 읽고 메이드 인 코리아라고 말해야 할지 모르겠습니다. 테슬라 자동차 회사는 어쩌면 한국 부품을 가지고 조립 가공하는 회사라고 명칭을 붙여야 할지도 모르는 일입니다.

솔직히, 불안한 게 맞습니다. 최근 4차 산업혁명에 부각되었던 무인차, 인공지능, 드론 산업 등에 있어서 한국 기업이 선두에 나서는 모습을 보여주지 못했던 것이 사실입니다. 그래서 이런 말이 나왔죠. 이제 더 이상 추격자 전략이 한계에 다다른 것은 아닌가? 그래서 한국이 선도자 전략을 써야

하는데 한국 기업이 가진 역량으로는 부족한 것이 아닐까? 하는 말입니다.

맞습니다. 분명 한국 기업은 조직 구조, 기업 문화, 그리고 투자 전략 등 많은 면에서 환골탈태해야 할 것도 많습니다. 하지만 너무 비관적으로만 볼 필요는 없다고 봅니다. 아래 표는 첨단 한국 제품들의 수출 성장률입니다. 이 표를 보고 마음의 위안을 좀 삼을 수 있길 바랍니다.

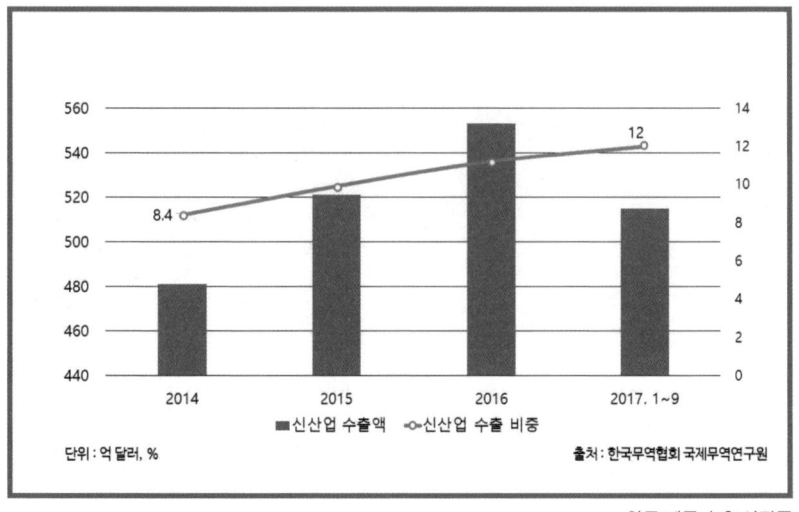

한국 제품 수출 성장률

2018 CES 박람회에서 가장 주목받았던 기업이 바로 엔비디아[69]입니다. 모든 자동차 회사가 엔비디아와 협력하기 위해 끈을 대려고 노력했습니다. 그리고 2018 CES의 주인공은 누가 뭐래도 엔비디아 사장인 잭슨 황이었습니다. 엔비디아는 컴퓨터용 그래픽 처리 장치와 멀티미디어 장치를 만들던

---

70. 엔비디아(NVIDIA) : 인공지능 컴퓨팅 분야의 선도 기업이다. 컴퓨팅 그래픽 처리와 멀티미디어 장치를 개조하여 공급하는 기업이다.

회사였습니다. 그런데 갑자기 무인차 시장에 도전하겠다는 것이지요. 그리고 그 도전의 파트너가 되려고 기성 자동차 업계들이 줄을 섰던 겁니다.

정육점 사장님과 설렁탕집 사장님의 관계가 생각나죠? 우리가 정육점을 잘 관리하고 있으면 언젠가 지금 납품하고 있는 설렁탕집보다 더 크고 멋진 설렁탕집을 차릴지 모릅니다.

강력한 제조업과 발달된 정보통신 환경 그리고 상대적으로 탄탄한 첨단 부품 소재 산업을 가지고 있는 대한민국과 대한민국 기업들! 다가오는 4차 산업혁명의 파도 속에서 반드시 다시 한번 기회를 잡아 나가야 할 겁니다.

한 Q에 정리하기

Q1 정보화 시대란 무엇인가?
정보화 시대란 누구나 정보를 생산하고 소비하는 주체가 된 사회다.

Q2 빅데이터는 데이터와 어떻게 다른가?
정보화 시대의 데이터가 기하급수적으로 늘어난 것이다. 또한 빅데이터는 데이터가 축적되면서 인간의 행동을 예측 가능하게 한다. 그리고 인간 행동의 예측 가능성을 바탕으로 산업이 등장하게 되어 이 사회의 중요 산업으로 부각되는 빅데이터 사회가 열리게 된다.

Q3 빅데이터에 대한 인문 사회학적 정의는 무엇인가?
빅데이터는 인간의 마음을 읽는 기술이다.

Q4 석유와 빅데이터를 어떻게 볼 것인가?
석유가 인간에게 물질적 풍요를 안겨 주었듯이 빅데이터는 인간에게 정신적 풍요를 안겨 줄 것이다. 또한 석유가 컨베이어 벨트를 기반으로 한 소품종 대량생산 사회를 만들었다면, 빅데이터는 컨베이어 벨트 없는 다품종 유연생산 사회를 만들 것이다.

Q5 소품종 대량생산에서 다품종 유연생산으로 바뀌는 일의 경제학적 의미는?
공급이 수요를 창출하는 경제체제에서 수요가 공급을 창출하는 경제체제로의 전환을 의미한다. 공급자 중심의 사회에서 수요자 중심의 사회로 변환이 발생할 것이다.

Q6 금형 기술의 반대가 3D 프린터 기술이라고 정의했는데 그 의미는?
금형 기술이 절삭 기술에 기반한 마이너스 기술이라면, 3D 프린터 기술은 적층 누적 방식을 기반으로 한 플러스 기술이다. 금형 기술이 소품종 대량생산을 전제로 한다면, 3D 프린터 기술은 다품종 유연 생산방식에 기반을 둔 기술이다.

Q7 4차 산업혁명 시대에 승리하기 위한 기업의 두 가지 조건은 무엇인가?

1. ON THE DEMAND 즉, 소비자의 수요를 능동적으로 찾아가 먼저 소비자에게 제안하는 기업이 되어야 한다.
2. 다품종 소량 생산방식에 걸맞은 다양한 구성원을 가진 조직이 되어야 한다.

Q8 4차 산업혁명 시대 반도체 산업은 어떻게 될 것인가?

스마트폰 수요의 감소에도 불구하고 반도체 수요는 늘어날 것이다 사물 인터넷 시대라는 말을 다르게 읽으면 반도체 수요 증가의 시대라고 읽을 수 있다.

Q9 4차 산업혁명 시대―추격자 전략은 여전히 유효한가?

분명 4차 산업혁명 시대에는 추격자 전략보다는 선도자 전략이 유리하다. 그 이유는 선도자가 빅데이터를 축적할 기회를 갖기 때문이다. 하지만 핵심 기술을 가지고 있다면 다시 한번 추격자 전략을 사용할 수 있는 기회를 가질 수 있다.

어떤 개인이
성공할 것인가?

〈터미네이터〉, 〈마이너리티 리포트〉, 〈블레이드 러너〉, 〈스페이스 오디세이〉 등 많은 SF 영화
는 미래를 유토피아보다는 디스토피아로 그려 내고 있습니다. 또한, 4차 산업혁명이라는 말
을 들으면, 사람들은 희망을 갖기 보다는 걱정이 앞서는 경우가 많습니다. 아마 불편한 진실
때문일 것입니다. 4차 산업혁명이 우리의 많은 일자리를 뺏어갈 것이라는 점이죠.

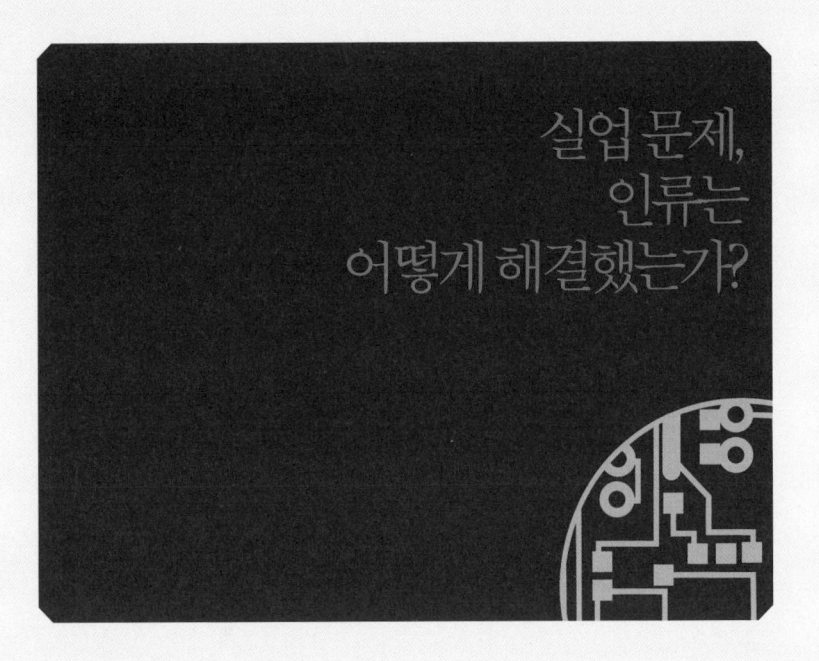

실업 문제,
인류는
어떻게 해결했는가?

다보스포럼, 가트너 그룹, 영국 옥스퍼드 연구소 등 많은 연구기관은 4차 산업혁명으로 대다수 일자리가 사라질 것이라 경고하고 있습니다. 앞으로 발생할 실업 문제를 우리는 어떻게 바라보고, 어떻게 대처해야 할지 하나하나 점검해 보도록 하겠습니다.

pin boy라는 단어가 무엇을 가리키는 단어인지 아시나요?

핀 보이는 볼링장에서 손님이 볼링을 치고 나면 일일이 손으로 다시 볼링 핀을 세우는 직업이었습니다. 핀 세팅 기계가 나오면서 한순간에 이 사람들의 일자리는 날아갔습니다. 이뿐만이 아니죠. 냉장고의 등장은 우유배달부라는 직업을 순식간에 하찮은 직업으로 만들었습니다. 아마 네로가 죽지 않았어도 파트라슈는 더 이상 우유 통을 끌고 마을을 돌아다닐 수 없었을 것입니다. 상수도의 등장은 북청 물장수라는 직업을 없애 버렸고, 자동전화는 전화교환수라는 직업을, 조판기의 발명은 식자공이라는 직업을 사라지게 했습니다.

이 외에도 기술 발전이 실업을 가져온 사례는 수없이 많습니다. 그리고 실업으로 인한 불행은 이루 말할 수 없는 고통을 가져왔을 것입니다. 하지만 어떤 직업이 사라졌는지도 볼 필요가 있겠지요. 1973년도 모 일간지 기사를 인용해 보겠습니다.

"한 사람이 2개 「레인」을 맡아 쓰러지는 「핀」을 주워 「핀 · 세팅」 기계에 올려놓고 공을 되돌려 보내는 일을 하는데 외국의 경우 자동기계가 이 작업을 한다. 볼링장의 「핀 · 보이」들은 힘겨운 작업을 하면서 쓰러지는 「핀」에 맞기가 일쑤다. 심한 경우 「핀」에 맞아 다리뼈가 골절되기도 한다. 우리나라 볼링장은 폭 1.5m, 길이 18m의 「레인」 끝에 수동식 「핀 · 세팅」 기계가 설치돼 있고 그 뒤에 「핀 · 보이」들이 걸터앉을 수 있게 안전대가 있지만 높이가 불과 70cm밖에 되지 않아 「핀」이 심하게 퉁겨 오를 경우 이외에도 다리 부분은 「핀」이 쓰러지는 「킥 · 백」 아래에 내려져 있기 때문에 한눈을 팔 경우 십중팔구 얻어맞게 돼 있다.

1.3kg 무게의 「핀」 10개를 재빨리 주워 「핀 · 세팅」 기계에 주워 올려야 하는 「핀 · 보이」들의 작업은 기계적인 숙달을 요하는데 1개월간의 힘든 숙련 기간 동안 「핀 · 보이」들은 3, 4번 이상은 「핀」에 얻어맞아 부상한다.

A 볼링장은 「핀 · 보이」들을 위해 지정 병원까지 두고 있는데 K 지정 병원에는 월 평균 5건의 환자가 치료를 받았으며 1건 정도는 복숭아뼈 골절환자가 있다는 것.

—[출처 : **일보] 부상하기 쉬운 볼링장 「핀 · 보이」들

마법과 같은 솜씨로 글자를 하나하나 집어, 글자를 끼워 넣는 캐스터에 한 줄 한 줄 일일이 채워 넣어 조판을 한 뒤에, 잉크를 발라 인쇄하도록 만들었던 식자공은 신문기자보다도 더 높은 보수를 받았던 좋은 직업이었습니다. 식자공은 일일이 글자를 끼워 넣어야 하므로 오탈자가 생기지 않도록 머리를 곤두세워야 했죠. 그러니 육체적, 정신적 노동 강도가 장난 아니었습니다. 더욱이 활자들이 주로 납으로 만들어져 있어 식자공들 대부분이 납 중독자였습니다. 이런 경우를 보면 직업이 사라진다는 것이 꼭 나쁜 것만은 아니지요.

더 많은 일자리가 창출될 것이다?

가끔은 우리에게 희망을 주는 기사가 나옵니다.

"4차 산업혁명 탓 대량 실업은 오해다" ― **일보
"4차 산업혁명과 일자리 창출" ― **신문
"4차 산업혁명은 정말 '일자리 무덤'일까" ― **프레스
"4차 산업혁명 시대는 플랫폼 경제, 근로자 확대" ― **뉴스24

기사만이 아닙니다. 딜로이트 컨설팅[70]이 2017년 분석한 바에 따르면, 신산업이 조기 정착되고 단계적 자동화가 순조롭게 이루어진다면 오히려 68

---

70. 딜로이트 컨설팅 : PwC, Ernst & Young, PKMG와 함께 세계 4대 회계 법인을 이루는 회사로, 1845년 영국 런던에서 윌리엄 웰치 딜로이트에 의해 창립되었다.

만 개의 일자리를 창출할 것이라고 전망합니다. 희망찬 기사와 보고서입니다. 우리의 미래는 일자리로 넘쳐날 수도 있을 것 같습니다. 과연 그럴까요?

저는 이러한 견해에 대해서 대단히 부정적입니다. 그것은 4차 산업혁명의 결과일 수 없다고 단언합니다. 앞에서도 말씀드렸지만, 산업혁명이라는 것은 비약적인 생산성 향상을 의미합니다. 생산성이 비약적으로 향상했다는 말은 달리 말해, 똑같은 물건을 만들어 내는 데 들어가는 노동량이 줄어들었다는 것을 의미합니다. 아래 그림을 보면서 설명드리겠습니다.

이앙기의 등장으로 변모한 농업

왼편은 사람들이 일일이 손으로 모내기를 하는 사진이고, 오른쪽은 이앙기로 모내기를 하는 사진입니다. 이앙기 등장으로 인하여 왼쪽에서 모내기를 하던 사람들은 실업자가 되었을 것이고, 대신 이앙기 설계기술자, 생산노동자, 이앙기 운전자라는 새로운 직업이 등장했습니다.

없어진 직업에 종사하던 사람의 수가 많을까요, 새로 생긴 직업에 종사하는 사람의 수가 많을까요?

㉠ 모내기하는 사람들 〉 이앙기 설계기술자, 생산노동자, 이앙기 운전자

㉡ 모내기하는 사람들 〈 이앙기 설계기술자, 생산노동자, 이앙기 운전자

당연히 ㉠가 될 것입니다. 만일 현실에서 ㉡가 발생한다면 그것은 기술혁신이 아니라 기술 퇴보이죠. 왜냐하면 모내기를 하기 위해서 투입되는 노동량이 늘었기 때문입니다. 수확량은 같음에도 말입니다. 따라서 기술혁신은 불가피하게 실업 문제를 만들어 낼 수밖에 없습니다.

기술혁신을 경제학적으로 다르게 풀어내면 한 사람에게 투여되는 자본량이 증가[71]한다는 말입니다. 전에는 한 명의 노동자에게 삽을 주었다면 이제는 그에게 트랙터를 주게 되었다는 뜻입니다. 이것은 또 산업 구조 조정이라고 표현할 수 있습니다. 한국사회에서의 산업 구조 조정을 찾아보면 50, 60년대 노동집약적 산업에서 70, 80년대 중화학 공업으로, 그리고 90, 10년대는 정보통신 산업으로 핵심 산업이 변화한 것을 알 수 있습니다. 성냥 공장·가발 공장에서 조선업과 제철업으로, 더 나아가 통신 산업과 반도체 산업으로 발전한 거죠. 이러한 발전은 반드시 거쳐야 하는 자연스러운 것입니다. 다만, 어떻게 산업 구조 조정을 해야 하는지 교과서에서는 이렇게 표현합니다.

"산업 구조 조정은 신속하고 원활하게 진행하면서도 거기에 따르는 부작용을 최소화해야 한다."

그 부작용은 바로 실업입니다.

---

71. 마르크스주의에서는 이를 두고 유기적 구성의 고도화라 이야기하며, 주류 경제학에서는 총자본 투자효율/자본 생산성 하락으로 이야기한다.

러다이트 운동은 어떻게 사라졌는가?

영국에서 산업혁명이 일어났습니다. 처음 산업혁명이 일어났을 때 사람들은 흥분과 기대를 감추지 못했습니다. 인류를 끝없이 괴롭혀 왔던 고강도 장시간 노동으로부터 인간이 해방될 수 있다는 기대 때문이었죠.

석탄 캐는 과정에서 물이 고여, 이 물을 하루 종일 고되게 퍼 나르던 노동자들에게 이 물을 자동으로 퍼 올리는 중기기관의 발명은 바로 노동에서 해방되는 것을 의미했습니다. 아마 조선시대 여인들이 이것을 보았다면 환호성을 치며 반겼을 것입니다. 하루 종일 가사 노동에 지친 여인에게 추가로 부여된 노동이 바로 물레를 돌려 직물을 생산하는 일이었으니까요. 칠월 칠석 애틋한 만남의 주인공인 직녀나 지나친 자부심 때문에 평생 실을 짜는 거미가 되어 버린 그리스 신화 속의 아라크네[72]나 알고 보면 길쌈을 잘하는 여자가 모범이었던 동서양 사회를 반영하는 것이지요. 방직기가 예전부터 있었다면 당연히 칠월 칠석날이나 아라크네 설화는 존재하지도 않았을 것입니다.

그런데 이렇게 산업혁명에 환호하던 분위기가 점차 바뀌기 시작합니다. 석탄 공장에서 물을 퍼내던 고된 노동자에게 돌아온 것은 고된 노동에서 해방되는 것이었습니다. 그러나 그것은 동시에 더 이상 급여를 받을 수 없는 실업을 의미했습니다. 사람들에게 공포의 분위기가 번져 나가기 시작합니다. '아 나도 실업자가 될 수 있겠구나', '아니, 도대체 왜 내가 왜 실업자가 되었지?'라고 생각했겠지요. 잠시 후 사람들은 그 원인을 찾기 시작합니다.

---

72. 아라크네 신화 : 자신의 베짜기 실력을 뽐내며 아테나 여신에게 도전했다가 패배하고 거미로 변했다는 신화이다.

'맞아 바로 저 기계 때문이야. 저 기계가 사라진다면 나는 다시 직장을 얻을 수 있을 거야. 기계를 부수자.'

바로 러다이트 운동[73]의 시작입니다. 이 러다이트 운동은 사실은 진보적이라고 하기는 어렵습니다. 오히려 복고주의적 운동으로 보아야지요. 기계가 없던 예전으로 돌아가자는 것이 기본적인 목표이기 때문입니다. 따라서 당연히 성공할 수 없었던, 출생부터 성공을 배제한 운동이라고 할 수 있을 것입니다. 당시 이들이 불렀던 노래의 한 구절을 소개해 드리겠습니다.

"우리 모두 일어서리라. 모든 곳에서! 결단코 맹세하건대 우리는 가위와 창문까지도 부수겠다. 모든 공장에 불을 지르겠다."

섬뜩하죠? 그러면서도 그들의 절박함을 느낄 수 있습니다. 인간은 살면서 여러 고통을 느끼지만 실업만큼 참기 힘든 고통도 없습니다. 일하고 싶은데 일자리가 없어서 논다는 것은 생계를 유지하기 어려워서 인간다운 삶을 살기 어렵다는 것입니다. 또한 자아실현의 기회를 상실하게 됩니다. 주변의 냉소적인 시선까지 받아야 합니다. 이보다 더한 불행이 어디 있을까요?

하지만 역설적으로 실업이 존재한다는 것은 어찌 보면 사회적인 차원에서 사회의 발전을 보여 주는 것입니다. 조선 시대를 생각해 봅시다. 그때는 아마 실업이라는 단어를 찾아볼 수 없을 것입니다. 비단 조선 시대만이 아니라 산업혁명 이전의 유럽에서도 실업이라는 용어는 찾아보기 힘든 용어지요. 왜냐하면 당시에는 실업 혹은 '놀고 먹는다'는 것은 불가능했기 때문이지요. 논다는 것은 바로 생계를 포기하게 되는 것이고, 이는 죽음을 의미했을 것입니다.

---

73. 러다이트 운동(Luddite) : 1811~1812년 영국에서 일어났던 기계 파괴 운동. 기술 진보에 따른 방직기의 등장으로 일자리를 잃은 민중들이 첨단 기술에 반발하여 방직기를 때려 부순 사건이다.

목구멍이 포도청이라고들 하죠. 생계를 위해서는 무슨 일이든 해야지, 그러지 않으면 바로 생계를 유지할 수 없지요. 그런데 산업혁명이 일어나고 생산력이 발전하면서 사회에서 일정 정도의 사람이 일하지 않아도 다른 사람의 노동으로 그 사람들의 생계를 유지할 수 있게 된 것입니다. 사회 구성원 일부만 노동해도 사회 전체를 부양할 수 있게 된 것이죠. 사회 구성원 중 일부가 실업자로 지낸다는 것은 일자리를 잃어버린 사람들에게 너무 심각한 일일 뿐 아니라, 사회 차원에서도 사회 통합을 위해 우선적으로 해결해야 할 문제입니다.

제가 방송국에서 그리스를 갔을 때의 일입니다. 그리스 대학생을 만나면 그들이 빼놓지 않고 한국에 대해 물어보는 것이 있었습니다.

"나는 이런 대학과 학과를 나왔으며, 더불어 어떤 외국어를 구사할 능력을 가지고 있다. 내가 만일 당신 나라 한국에 간다면 삼성과 같은 기업에 취업할 수 있는가?"

그리고 그들의 솔직한 말을 들을 수 있었지요.

"그리스에서는 더 이상 일자리를 구할 수 없다. 외국으로 나가는 수밖에 없다."

이 말은 그리스가 처한 제1 당면 과제가 무엇인지 역설적으로 보여 주는 것입니다. 뭐 우리라고 다르겠습니까? 문재인 대통령의 대통령 1호 업무지시는 일자리위원회 설치였습니다. 공공 부문 일자리 81만 개를 만들어 내겠다는 공약을 지키는 것이 가장 먼저 해야 할 대통령의 임무라고 본 것이지요. 이렇듯 실업을 없애기 위한 노력은 모든 정부, 모든 사회에서 우선적으로 하는 일입니다.

그렇다면 인류는 산업혁명 이후에 등장한 실업 문제를 어떻게 해결했을까요? 마르크스는 산업예비군[74]의 등장이 자본주의의 내재적 본질이며, 역설적으로 사회주의혁명이 성공할 수밖에 없는 요인으로 보았습니다. 하지만 마르크스의 전망처럼 산업예비군의 등장으로 인한 사회주의혁명은 발생하지 않았으며, 이제는 아무도 러다이트 운동을 벌이지 않습니다. 왜 우리는 더는 기계를 부수지 않게 되었을까요? 이 거대한 실업 문제를 인류는 장기적으로는 3가지 방법으로 해결해 나갑니다.

첫 번째는 일자리 분담입니다. 먼저, 아동노동을 금지시킵니다. 많은 사람이 산업혁명이 터지면서 아동노동 착취가 시작된 것으로 생각합니다. 이러한 인식의 배경으로는 바로 찰스 디킨스의『올리버 트위스트』[75]와 같은 소설을 들 수 있지요. 물론 산업혁명 초기 아동노동의 착취는 정말 끔찍했습니다. 하나의 예를 들겠습니다. 소모기(梳毛機)란 기계가 있습니다. 양털의 긴 섬유를 골라 가지런하게 다듬는 기계인데요. 이 기계에 철사를 끼워 넣는 단순작업에는 주로 4~5세의 아동이 동원되었습니다. 4~5세의 아동이!!!

아동노동의 금지에는 오랜 시간이 걸립니다. 영국은 1833년이 되어야 9세 미만의 아동에 대한 노동 금지 그리고 9세에서 13세 아동의 경우 주 48시간 이내로 노동시간을 제한하는 법을 통과시킵니다. 인류가 얼마 전까지 야

---

74. 산업예비군(Industrial Reserve Army of Labour) : 마르크스가 주창한 개념으로, 이윤 축적 과정에서 자본가가 더 많은 이윤을 얻기 위해 신기술을 도입하면서 생겨나는 실업자를 일컫는다. 마르크스는 자본가가 더 많은 이윤을 얻기 위해 신기술을 도입할수록 산업예비군은 증가하며, 이로 인해 발생하는 경제공황 및 자본가와 노동자 간의 계급적 대립으로 인해 자본주의가 붕괴한다고 주장했다.

75. 『올리버 트위스트(Oliver Twist)』 : 1838년 영국의 작가 찰스 디킨스가 출간한 소설. 빈민원에서 단돈 오 파운드에 팔려가 노동자로 일하는 올리버 트위스트의 인생을 통해 산업혁명이 가져온 폐해를 비판했다.

만의 시대를 살았다는 것을 잘 보여 주는 일입니다. 그런데 이런 아동노동은 사실 산업혁명부터 시작된 것은 아닙니다. 농경시대에도 당연한 일이었지요. 하지만 농경시대 아동노동은 산업혁명 이후와 달리 임금노동 형태, 즉, 공장 노동 형태가 아닌 가족노동 형태로 이루어지기 때문에 그 심각성이 잘 드러나지 않았던 것이지요. 인류에게 지금으로 치면 청소년과 아동의 노동이 금지되기 시작한 것은 19세기며, 20세기가 되어야 완전히 금지됩니다.

8시간 노동제도 마찬가지죠. 지금은 당연히 받아들여 지지만 산업혁명 당시 영국에서 평균 노동시간은 하루 10~16시간, 휴일은 일주일에 1일 뿐이었습니다. 1810년 가장 급진적인 유토피아 사회주의자였던 로버트 오언이 호소하고 자신이 경영하던 뉴라나크 공장[76]에서 최초로 실천한 것이 1일 10시간 노동제였습니다. 1일 8시간 노동제를 국가 법률로 최초로 확립한 곳은 1917년 러시아 소비에트연방 사회주의 공화국이고요. 1919년 국제노동기구(ILO) 제1회 총회에서 1일 8시간, 주 48시간 노동제를 정함으로써 국제 노동 기준이 확립됩니다.

이렇게 보면 됩니다. A라는 사회를 가정해 봅시다. 이 사회에는 100명이 살고 있습니다. 원래 이 사회에는 90명이 노동하고 소수의 10명만이 관료나 귀족으로 살고 있습니다. 그러다 산업혁명이 터져서 기계가 등장하자, 이제는 30명의 노동으로 사회 전체가 충분히 부양될 수 있게 되었습니다. 그래서 60명의 실업자가 발생했습니다. 어떻게 해결할까요?

---

76. 뉴라나크 공장(New Lanark Factory) : 로버트 오언이 자신의 이상을 실현하기 위해 1800년부터 1813년까지 스코틀랜드 라나크 지방에서 운영하던 솜공장. 뉴라나크 공장은 단순히 물건을 생산하는 공장이 아닌, 구성원들이 함께 살 수 있는 공동체의 형태로 구성되었다.

아동노동을 금지시키고, 노동시간을 감축하여 30명의 일자리를 50명으로 늘려감으로써 실업을 줄여 나가는 한편, 사회정의를 실현해 나갔던 것입니다. 물론 이러한 과정은 그냥 감나무에서 감 떨어지듯 벌어진 것은 아닙니다. 수많은 노동자와 여성의 투쟁이 있었기 때문에 가능했죠.

이제 40명의 실업자가 남았습니다. 여전히 너무 많죠? 그래서 두 번째 해결책이 등장합니다. 바로 서비스업의 등장입니다. 학교 다닐 때 다 배웠죠? 산업 분류라고 해서 1차 산업, 2차 산업, 3차 산업, 이런 분류 말입니다. 여기서 중요한 것은 그 분류가 시계열적 분류라는 것입니다. 즉, 1차 산업은 오래된 산업인 농림, 축산, 어업이고, 2차 산업은 산업혁명이 일어나면서 생긴 제조업 그리고 마지막으로 3차 산업이라는 것은 1, 2차 산업이 등장하고 한참 뒤에 등장했습니다.

이발사를 예로 들어 볼까요? 인류는 늘 머리를 깎아 왔습니다. 그런데 아무도 그 머리를 깎는 노동의 대가로 돈을 받는다는 생각을 하지는 못했습니다. 그러다 어느 날, 출퇴근에 바쁜 노동자를 보던 어떤 사람이 이런 생각을 합니다. '저 사람들, 자기가 머리 깎을 시간도 없고 귀찮겠다. 내가 깎아 주고 돈을 받자.' 그러자 이발사라는 직업이 생겨납니다. 이발소 사장은 머리 깎느라 정신이 없습니다.

그러자 또 다른 사람은 이런 생각을 하기 시작합니다. '나는 저 잘린 머리카락만 청소하고 돈을 받자(시설관리).', '나는 더 많은 사람이 이발소에 오게 홍보를 하고 돈을 받자(홍보).', '나는 이발하신 분들의 돈을 받아 잘 정리하고, 이발사로부터 돈을 받자(경리).' 그렇게 A라는 사회는 20명을 새롭게 고용합니다. 이제 50명은 8시간 노동으로, 20명은 서비스직으로 그리고 10명은 여전히 귀족과 관료로 살아갑니다. 나머지 20명 실업자는 여전히 존재합니다. 그들은 생계가 끊길 수도 있고 사회 불만 세력이 될 수도 있습니다. 어떻게 해야 할까요?

자, 마지막 세 번째 방법이 나옵니다. 바로 실업보험입니다. 20세기에는 대량 실업의 발생으로 실업 문제가 사회문제화되면서 실업 구제에 대한 국가 책임론이 대두됩니다. 또한 사회주의의 위협으로부터 자본주의를 구하기 위한 목적으로, 노조의 자주적 실업보험기금에 국고에서 보조금을 지급하게 됩니다. 1905년 프랑스에서 세계 최초의 실업보험제도가 입법화됩니다. 우리가 가끔 복지를 생각할 때 간과하는 것이 있습니다. 근대적 복지와 현대적 복지가 다르다는 점입니다. 근대적 복지와 현대적 복지는 복지라는 이름만 같을 뿐 완전히 다른 용어입니다. 근대적 복지의 목표는 빈곤 탈출이고 현대적 복지의 목표는 인간다운 삶입니다. 더 중요한 것은 근대적 복지가 자선이라는 개념으로 돌아간다면 현대적 복지는 권리의 개념으로 돌아간다는 것입니다.

이제 실업은 개인의 나태와 게으름의 문제가 아닌 사회구조의 문제로 인식되고, 실업자는 단지 생존이 아니라 인간다운 삶을 위해 행동할 수 있게 된 것입니다. 이제 실업자는 사회에서 배제되어야 할 타자가 아니라, 우리가 함께 가야 할 자연스러운 이웃이 된 것이죠. 그렇게 인류는 산업혁명으로 인한 생산성 향상이 발생시킨 실업 문제를 해결한 것입니다.

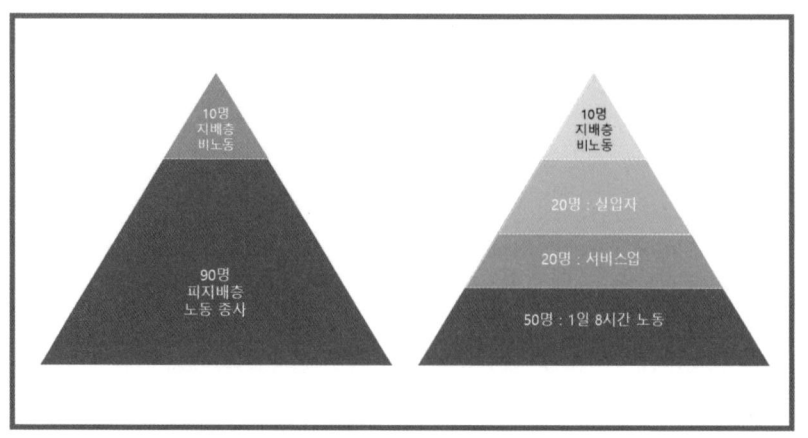

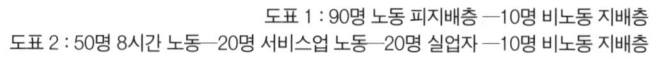

도표 1 : 90명 노동 피지배층 —10명 비노동 지배층
도표 2 : 50명 8시간 노동—20명 서비스업 노동—20명 실업자 —10명 비노동 지배층

인류는 노동시간을 단축하고 서비스업을 창출하며 실업에 대한 개념을 바꿈으로써 산업혁명 이후 등장한 실업 문제를 해결했습니다. 그렇다면 4차 산업혁명 시대의 실업 문제는 어떻게 해결해 나갈까요?

새로운 실업—어떻게 해결할 것인가?

2017년 11월 16일. 앨런 머스크가 이끄는 전기차 제조업체 테슬라가 전기 트럭 세미(SEMI)를 공개했습니다. 가격은 25만 달러이며, 보증금 5,000달러(550만원)를 내면 구매 예약이 가능했습니다. 구매 예약을 하더라도 인도는 2019년부터 가능하다는 조건과 가격이 일반 트럭보다 6,000만 원이나 더 비싸다는 단점에도 불구하고 월마트 헌트 트랜스포트 등 대형 유통, 운송업체들을 중심으로 사전 주문이 1,230대나 이뤄졌습니다. 아마 2020년도쯤 되면 미국 대륙을 이 세미라는 반자율형 트럭이 달리고 있을지도 모릅니다.

이렇게 세미가 잘 팔린 이유는 무엇일까요? 온실가스를 절감하기 때문에? 트레일러를 가득 채울 만큼의 짐을 싣고도[77] 출발 20초 만에 시속 60마일에 도달할 수 있기 때문에? 그렇지 않을 겁니다. 가장 큰 요인은 이 트럭들이 군집 운행(platooning)이 가능하기 때문일 것입니다. 택시, 버스, 화물 트럭 중에서 가장 먼저 자율주행차가 들어설 수 있는 차종은 아마 화물 트럭일 겁니다.

자율주행차 업계의 키포인트 중 하나는 바로 지도의 확보입니다. 그래야만 자율차가 갈 수 있으니까요. 택시의 경우 갈 곳이 확정되어 있지 않기 때문에 모든 골목길의 조건까지 다 입력돼 있어야만 비로소 운행이 가능해질 겁니다. 하지만 트럭은 경우가 좀 다르죠. 서울 양재 화물 터미널에서 부산항 화물 터미널까지 다니는 트럭은 그 길만 다닙니다. 그리고 그 길을 트럭들이 나란히 줄지어 가고 맨 앞차만 사람이 운전합니다. 이제 트럭이 아니라 기차가 된 거죠. 선두차를 제외한 나머지 차량의 운전기사는 사실상 실업자가 될 수밖에 없겠지요. 왜냐하면 자율주행차는 일단 술을 마시지 않습니다. 더구나 잠을 자지 않습니다. 그리고 결정적으로 사고가 거의 발생하지 않습니다.

미국은 우리보다 영토가 훨씬 더 크기 때문에 트럭이 가장 중요한 화물 운송수단입니다. 여기에 종사하는 종사자는 2015년 기준 350만 명으로 추정되고 있습니다. 그분들이 일자리를 구하는 것이 언제까지 가능하겠습니까? 이 분야만의 문제는 아닐 것입니다. 아마존 고가 생겼습니다. 편의점에

---

77. 일반적으로 미국 세미 트레일러 최대 적재량이 36톤이다.

서 사람이 사라집니다. 조금 더 있으면 이마트와 같은 대형 할인점에서도 사람이 사라질 겁니다. 거기에서 일하던 사람은 어디로 가야 할까요? 그 문제를 단순히 개인의 책임으로 물어야 할까요? 산업혁명의 실업 문제를 노동 분담, 서비스업 창출 그리고 실업보험으로 해결했다면 4차 산업혁명으로 발생하는 실업은 어떻게 해결해야 할까요?

현재까지 대두되고 있는 가장 중요한 대안은 바로 기본소득제와 로봇세입니다. 많은 사람이 기본소득제에 대해 두 가지를 오해하고 있습니다. 첫번째는 기본소득제가 굉장히 좌편향적인 제도라는 생각입니다. 아마 우리나라에서 기본소득제를 주장하는 사람들 중 진보 인사가 많다 보니 생긴 오해인 듯합니다.

시사에 좀 관심이 있는 분들은 2016년 6월 스위스에서 벌어진 사건을 알고 계실 것입니다. 직접민주주의[78]를 도입하고 있는 스위스에서 전 국민에게 조건 없는 기본소득 지급을 위한 법 개정을 놓고 국민투표가 이루어졌습니다.[79] 투표 결과 유권자의 76.3%가 기본소득안에 반대했고, 찬성은 23%에 그쳤습니다. 투표가 이루어진 26개 주(州)에서 모두 반대표가 압도적으로 많았고요.

---

78. 스위스에서는 법 개정을 원하는 시민 중 누구나 10만 명의 국민 서명을 받으면 국민투표를 실시할 수 있다. 스위스 국민 800만 명 중 2% 정도의 서명만 있으면 국민투표가 가능하다.

79. 한국에서는 스위스의 기본소득제 논의가 성인에게 월 2,500스위스프랑(약 300만 원), 18세 이하 미성년자에게 650스위스프랑(약 78만 원)을 지급할지의 여부를 두고 투표한 것으로 알려져 있지만, 헌법 개정안 자체에는 액수가 명시되어 있지 않다. 다만 스위스의 기본소득 운동단체에서 홈페이지를 통해 이 액수를 제시했을 뿐이다.

이 결과에 대해서 상당수 국내 언론들은 기사에 '좌파 포퓰리즘에 대한 스위스 국민들의 합리적인 거부'라는 제목을 달았지요. 무식하면 용감하다고 어이없는 기사입니다. 스위스 사람들이 기본소득제를 반대한 대표적인 이유는 기본소득을 받으면 당연히 기존에 제공되는 복지 혜택을 포기해야 했기 때문입니다. 즉, 원래 기본소득제는 유럽에서는 오히려 우파 정당이 내놓은 대안입니다. 고령화와 경기 침체로 인하여 늘어나는 복지 재정 부담을 덜기 위해서, 복지를 포기하는 대신에 기본소득제를 제공하겠다는 차원에서 등장했던 것입니다. 그러니까 스위스 사람[80]들의 경우 기본소득제보다는 기존 복지를 선택하겠다는 것입니다.

이를 알고 나면 스웨덴의 대표적 좌파 정당인 사민당과 노동자 총연맹이 왜 기본소득제를 반대하는지 쉽게 짐작할 수 있을 겁니다. 거꾸로 핀란드의 경우, 기본소득제가 실험적으로 도입이 되었는데 알고 보면 굉장히 재밌는 요소가 있습니다. 전국 25~58세 실업자 2,000명을 무작위 선정하여 월 560유로, 약 75만 원 정도를 주는 것입니다. 그런데 만일 무작위로 선정되면 의무적으로 참여해야 합니다. 거절할 수 없습니다. 즉, "기존의 실업보험 대신 75만 원을 줄 거니까 싫어도 받아!"라고 정부가 말한 것이지요. 어떤 사람은 싫었고 어떤 사람은 좋았을까요?

이렇게 생각해 보면 됩니다. 실업보험 100만 원이 나오고 있는데 그 실업

---

80. 300만 원의 기본소득이 엄청 큰 것으로 보일 수 있지만 스위스 1인당 GDP가 약 8만 달러(2016)임을 고려해야 한다. 300만 원은 한국의 1인당 GDP 27,500달러(2016)의 9.5%에 해당하지만, 스위스에서는 2.9%에 불과하다. 살인적인 고물가를 기록하는 스위스 사람들에게 300만 원의 기본소득은 결코 큰돈이 아니다.

보험을 안 주는 대신 기본소득 75만 원을 주겠다고 합니다. 여러분의 경우는 어떨까요? 싫다고요? 아뇨, 저라면 좋을 것 같습니다. 왜냐하면 저는 제대로 된 재취업이 될 때까지 편의점에서 알바로 일해 120만 원을 벌고 싶은데, 만일 실업보험을 받고 있다면 편의점에서 일하는 순간 100만 원의 실업보험금은 지급되지 않아서 제 소득은 120만 원이 될 것입니다. 굳이 20만 원을 더 벌기 위해서 일을 하려고 하지는 않겠지요.

하지만 기본소득제가 실시되고 있다면 기본소득은 제가 편의점에서 일을 한다고 해서 지급되지 않을 리가 없지요. 그래서 제가 가져오는 소득은 기본소득 75만 원+편의점 월급 120만 원으로 195만 원이 될 것입니다. 기본소득제라는 것은 경기침체로 인한 복지 재원의 축소와 고령화로 인한 복지 대상의 확대 속에 근로 의욕을 고취하기 위해 유럽 우파 정당에서 먼저 제시했던 제도인 겁니다.

최근에는 이러한 기본소득제에 대한 인식이 세계적으로 변하고 있습니다. 위에서 언급한 이유 말고 바로 4차 산업혁명 시기의 대안으로 기본소득제가 광범위하게 제시되고 있다는 겁니다. 앞에서 말했던 스위스 기본소득 국민투표를 계획한 단체 BIS(Basic Income Switzerland)의 체 바그너 대변인의 주장을 들어 보겠습니다.

"로봇은 인간의 삶을 더욱 윤택하게 만들기 위한 것이며 로봇으로 사라지는 일자리에 대한 안전판 역할은 기본소득이 해 줄 것이다. 또한 기본소득이 도입되면 노동자들이 생계 유지를 위해 좋지 않은 환경을 참아 가며 일하도록 강요받는 일은 없을 것이고, 원하는 일에 종사할 수 있게 될 것이다."

즉, 4차 산업혁명은 필연적으로 실업 증가를 가져올 것이고 실업 증가는 사회 전체의 소비 감소를 가져오게 되어 심각한 경기 침체를 초래할 것이기 때문에 이를 막기 위해 유효수요를 창출해야 한다는 취지로 본격 논의되기 시작했다는 것입니다. 이를 표로 도식화시키면 아래와 같습니다.

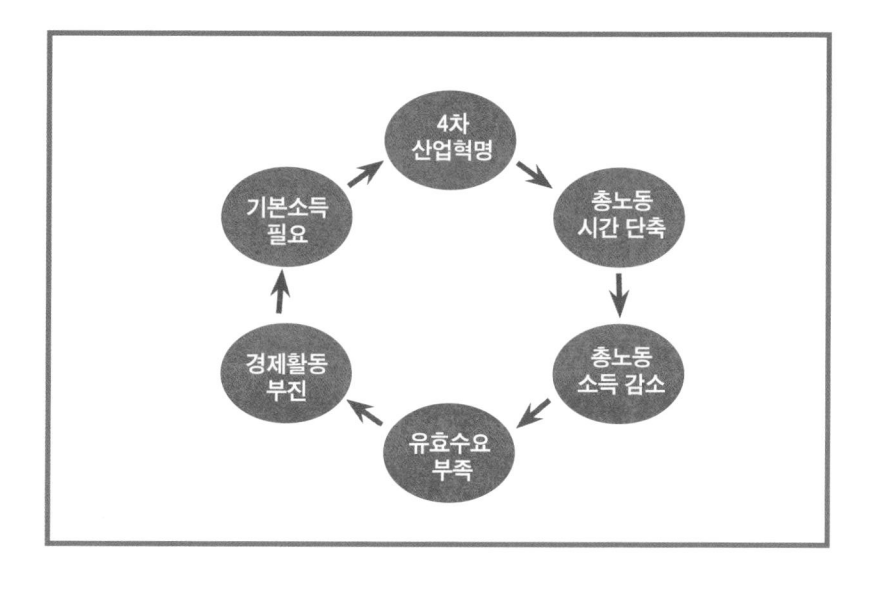

자, 이번에는 로봇세입니다. 또는 인공지능세도 될 수 있겠지요. 말도 안 되는 이야기라고요? 이런 말도 안 되는 일이 바로 산업혁명 때도 벌어졌습니다. 기존의 세금에는 크게 세 가지 종류가 있었습니다. 하나는 토지에 붙는 토지세, 소득에 붙는 소득세 그리고 사람 머릿수마다 붙이는 인두세 등이 있지요. 그런데 산업혁명이 일어나자 어떤 새로운 세금을 매겨야 한다는 주장이 나옵니다. 사람들은 처음에는 반신반의하고 말도 안 된다고 합니다. 기본적으로 이 새로운 세금은 이중과세라는 주장이 비판의 핵심입니다. 하지만 지금은 모두들 이 세금을 당연히 여기며 내고 있습니다. 무슨 세금이냐

고요? 바로 산업혁명이 만든 공장! 그 공장이 돌아가면서 만들어 낸 돈에 붙이는 법인세입니다.

가만 생각해 보면 법인세는 이중과세입니다. 왜냐하면 기업에서 돈을 벌어서 배당을 하게 되면 당연히 배당에 대한 소득세를 냅니다. 그런데 그 소득세를 내기 전에 이미 기업이 번 돈에 대해서 세금을 때리니까 이중과세가 되지요. 기업이 돈을 100원을 벌면 법인세로 20원을 가져가고, 나머지 80원을 배당하면 또 거기에서 소득세를 가져가니까 이중과세가 될 수밖에 없지요. 어찌 보면 이 부당한 이중과세를 지금은 모두 당연히 여기고 있습니다. 왜냐고요? 이 세금이 없다면 기업 종사자와 그 외 종사자 사이의 갈등과 빈부격차가 커져서 사회 혼란을 막을 수 없다고 생각하기 때문입니다.

마찬가지 차원에서 2016년 5월 메디 델보 EU 의회 조사위원이 로봇세를 최초로 제안하는 보고서를 제출했고, 2017년 2월 유럽의회는 로봇에게 '특수한 권리와 의무를 가진 전자 인간'이라는 법적 지위를 부여하자는 안건을 승인함으로써 로봇 인간이라는 법률적 존재를 인정해 로봇세를 징수할 길을 미리 열어 둔 것입니다. 산업혁명이 일어나고 회사에게 법인이라는 인격을 부여했듯 로봇에게도 새로운 형태의 법인격을 부여한 것이죠. 이러한 조치로 4차 산업혁명이 발생시킬 취업자와 실업자 간의 갈등과 빈부격차 문제를 해결하자는 것이지요.

하지만 쉽지만은 않은 논쟁입니다. 여전히 로봇세를 거둬 실직자와 사회 취약계층을 지원하는 재원으로 활용할 수 있다는 측과 로봇세를 거두면 누가 로봇을 만들어 쓰겠느냐? 이는 혁신과 기술 발전을 가로막을 것이다라는 측의 주장이 팽팽히 맞서고 있습니다. 세계로봇연맹(International Federation of

Robot, IFR) 보고서에 따르면 산업용 로봇의 글로벌 신규 출하량은 2015년 25만 4,000대로 전년보다 16% 늘었다고 합니다.

10년 전보다 증가율이 3배 가까이 높아진 것입니다. 첨단 인공지능이 발달하면서 생산 분야는 물론 서비스 분야로까지 로봇 활용이 급증하는 추세기 때문에 로봇세 논쟁은 앞으로도 계속될 것 같습니다.

유럽의회에서 논의되기 시작한 로봇세 논의는 2016년 프랑스의 집권당인 사회당의 브누아 아몽 대통령 후보가 로봇세를 공약으로 내거는 데까지 나갔습니다. 기본소득제 도입에 필요한 3,000억 유로를 충당하기 위해 로봇세를 부과하겠다는 것이었습니다. 그가 낙선함에 따라 잠잠했던 로봇세 논의에 불을 붙인 것은 바로 빌 게이츠 마이크로소프트 창업자였습니다. 그는 《워싱턴포스트》 기고를 통해 "앞으로 20년간 로봇이 많은 노동자를 대체할 것이다. 그렇기 때문에 로봇에 세금을 부과하면 자동화 속도를 늦추고 복지기금을 마련할 수 있다"고 주장했습니다. 실직 노동자를 노인과 어린이 돌봄 서비스 분야 등에 투입하고 로봇세를 그 재원으로 사용할 수 있다는 주장입니다.

게이츠는 또한 디지털 매거진인 《퀴즈(Quartz)》와의 인터뷰에서 "연봉 5만 달러를 받는 공장 노동자는 수입에서 소득세와 사회보장부담금을 낸다. 로봇이 동일한 일을 하면 동일한 세금을 내야 한다"고 강조했습니다.

하지만 빌 게이츠의 이러한 로봇세 부과 주장에 대해 래리 서머스 전 미국 재무장관은 반대 뜻을 밝혔죠. 빌 게이츠는 인터뷰에서 "인간과 같은 일을 하는 로봇의 노동에도 세금을 매겨야 한다. 로봇이 내는 세금을 고령자직업 교육, 학교 확충 등 복지에 활용할 수 있다"는 의견을 냈습니다. 반면

래리 서머스는 《파이낸셜타임스》 기고문에서 "인간의 일자리를 빼앗는 주범으로 로봇만을 지목할 논리적 근거가 없다. 항공기 탑승권 발권 키오스크나 모바일 뱅킹 등도 인간의 노동력 활용을 줄였지만, 이런 기술에는 과세하지 않았다"며 로봇세 부과는 본질적으로 보호무역 주의와 비슷해 일자리 파괴와 불평등 문제를 줄이는 데도 도움이 되지 않을 거라고 주장했습니다.

만만치 않은 논쟁이죠. 다만 우리가 여기서 주목할 것은 앞으로 로봇세와 기본소득제에 대한 논의는 더 활발해질 것이고, 이를 도입하는 국가나 기관이 차츰 늘어날 것이라는 점입니다. 산업혁명이 가져온 실업 문제를 인류는 아동노동 금지와 노동시간 단축, 서비스업의 증가와 실업보험 문제로 해결했습니다. 4차 산업혁명이 가져올 실업 문제 역시 인류는 기본소득제나 로봇세, 그 이상의 빛나는 아이디어로 해결할 것이라고 저는 믿어 의심치 않습니다.

산업혁명이 가져온 실업 문제를 인류는
아동노동 금지와 노동시간 단축,
서비스업의 증가와 실업보험 문제로 해결했습니다.
4차 산업혁명이 가져올 실업 문제 역시
인류는 기본소득제나 로봇세,
그 이상의 빛나는 아이디어로 해결할 것이라고
저는 믿어 의심치 않습니다.

The Fourth Industrial Revolution

'유나바머' 이야기

유나바머라고 알려진 시어도어 존 카진스키(Theodore John Kaczynski)는 미국의 천재 수학자였지만, 기술의 진보가 인간을 망친다 생각하고 대학과 항공사 등에 폭발물을 보냈습니다. 이로 인해 3명이 사망하고 29명이 부상을 입었지요. 미연방수사국(FBI)은 그가 대학과 항공사에 폭발물을 보낸다는 것에 착안해 유나바머(University+Airline+Bomber = UnABomber)라 칭했고 당시 FBI 최대 수사비인 5,000만 달러를 들여 100만 달러의 현상금을 걸었습니다. 결국 그는 친동생 제보로 체포됐고 무기징역을 선고받아 현재까지 복역 중입니다.

그는 테러 활동을 하면서 신문에 자신의 주장을 실어 주면 더 이상 폭발물을 보내지 않겠다고 제안합니다. 이렇게 해서 그의 '산업사회와 그 미래'라는 글이 신문에 실립니다. 컴퓨터와 정보화 혁명이 인간을 얼마나 파괴시키고 있는가에 대한 글입니다. 지금도 텍스트북으로 읽는 명문장입니다.

"인류에게 있어 산업혁명과 그 결과는 재앙이었다."

"혁명의 목표는 정부를 제거하는 것이 아니라, 현존 사회의 경제적, 테크놀로지적 토대를 제거하는 것이어야 한다."

아이작 아시모프의 로봇 3원칙
—ISAAC ASIMOV: THE THREE LAWS OF ROBOTICS

로봇이 회사처럼 인격체로 인정되어 법인체가 된다고 생각해 봅시다. 그렇다면 그 법인체는 어떤 규정을 따라야 할까요? 회사가 민법상 하나의 인격체처럼 재산을 소유하고 처분할 수 있듯이 로봇도 그렇게 될까요?

그 전에 회사와 달리 로봇은 움직이는 하나의 동작체라는 점에서 형사상 규정도 필요할지 모릅니다. 어쨌든 로봇 행위의 전제를 마련해야 할 필요가 있을 겁니다. 그런 고민은 우리 시대에 처음 이루어진 것이 아닙니다.

아이작 아시모프가 1942년에 발간된 그의 단편소설 「Runaround」에서 제안한 로봇 3원칙을 한번 보도록 하죠.

제1원칙: 로봇은 인간에게 해를 입혀서는 안 된다. 그리고 위험에 처한 인간을 모른 척해서도 안 된다.

제2원칙: 1원칙에 위배되지 않는 한 로봇은 인간의 명령에 복종해야 한다.

제3원칙: 제1원칙과 제2원칙에 위배되지 않는 한 로봇은 로봇 자신을 지켜야 한다.

지금부터 4차 산업혁명이 가져올 실업 문제 중, 특히 청년 실업 문제에 초점을 맞춰 이야기하겠습니다.

02

청춘—
당신의 미래는?

얼마 전에 〈토론대첩〉이라는 방송에 출연했습니다. 저를 비롯한 4명의 기성세대 각각이 12명의 젊은이와 토론을 벌여서 승패를 가리는 프로그램이었습니다. 토론 주제 중 하나가 바로 일자리였습니다. 청춘들은 청춘의 입장을 대변하고, 저는 기성세대의 입장을 대변했습니다.

물론 저도 마음속으로는 청춘들 편이었습니다만 어쨌든 기성세대 논리로 그들과 토론을 벌였습니다. 그 토론 끝에 배운 것 하나는 내가 이성적으로는 젊은이들의 실업 문제에 공감하고 있지만, 감성적으로는 공감할 수 없는 기성세대가 되었구나 하는 점이었습니다. 기성세대가 이성적으로만이 아니라 감성적으로도 젊은이들이 가지고 있는 취업 문제에 대해 더 공감해야, 이 문제가 해결될 수 있겠다는 생각을 했습니다.

청년 실업 문제는 아마 우리나라에서도 제가 글을 쓰고 있는 2018년을 기준으로 3~4년가량 정점에 이를 것이고, 10년 정도 지나면 청년 실업 문제가 많이 해결될 겁니다. 이는 물론 경기가 좋아져서가 아니라, 7~8년 정도가 지나면 98년 IMF 이후에 태어난 친구들이 주로 구직 활동을 하게 될 것이기 때문입니다. 아시겠지만 98년 IMF를 기점으로 출생아 수가 현격히 줄어들기 때문에 그때가 되면 구직 활동을 하는 청년들의 수가 줄어들 수밖에 없겠지요.[81] 마치 지금 일본의 젊은이들이 취업난에 시달리지 않는 것처럼 말입니다. 거꾸로, 지금의 청춘 구직자들이 가장 힘들 겁니다.

지금의 취업 세대는 주로 1980년대 후반에서 1990년 초반에 태어난 세대로, 대학 진학률 80%로 전 세계에서 가장 높았던 시절에 대학을 다녔던 젊은이들입니다.[82] 그래서 높아진 눈높이에 어울리는 직장을 구하기는 더 어려운 것이지요. 더구나 지금 취업 세대는 가장 많은 취업 준비생 선배들을 두고 있다는 점에서 상황이 더 어려울 것입니다. 그 원인은 그 선배들의 부모 세대가 베이비붐 시대(1955~1963)의 베이비부머이기 때문입니다. 그렇다고 손 놓고 있을 수 없습니다. 더구나 어찌 보면 대한민국의 청년 실업 문제는 다른 나라에 비해 덜 심각할지도 모릅니다. 이탈리아와 스페인 같은 국가

---

81. 1992년 73만 명으로 최고점을 찍었던 출생아 수는 IMF 위기 전까지 꾸준히 70만 명 대를 유지한다. 하지만 IMF 이후로 출생아 수는 꾸준히 감소하여 IMF 위기 극복 이후인 2002년에는 약 49만 명, IMF 위기 10년 이후인 2008년에는 46만 5,000명으로 감소했다. 그리고 2016년에는 40만 명으로 최저치를 기록했다.
82. 연도별 대학 진학률
    2007년 : 82.8%
    2008년 : 83.8%
    2009년 : 81.9%
    2010년 : 79.0%

들의 청년 실업률이 50%에 육박한다는 소식이 연일 뉴스에 나오니까 말입니다. 엎친 데 덮친 격으로 4차 산업혁명의 파고까지!

정녕 청년들은 기성세대와 세상을 한탄하고만 있어야 할까요? 그 대답을 하나하나 찾아가보도록 하겠습니다.

취업하기 힘든 청춘의 5가지 선택

우리 젊은 청춘들, 어떤가요? 어떤 직업을 꿈꾸십니까? 기자, 의사, 변호사, 약사, 아니면 정치인? 벌써 눈치채셨을지 모르지만, 여러분이 선호하는 이 직업군들도 머지않아 인공지능이 대체할 거라는 전망이 나오고 있습니다. 심지어 정말 인간 고유의 영역이라고 생각했던 소설 창작이나 음악 작곡을 인공지능이 거뜬히 해내고 있다는 소식이 들리고 있습니다.

"나 지금 바다에 왔어. 바다에 어울리는 음악 틀어 줘"라는 주문에 평상시 나의 선호도와 현재의 심리 상태를 체크하여, 이 순간 나만의 음악을 즉석에서 작곡해 주는 인공지능이 존재하는 시대를 우리는 맞이하고 있는 것입니다.[83]

기자는 아마 취재 영역에 한정될지 모르고, 의사와 약사는 인공지능이

---

83. '프로젝트 에트모'는 한국콘텐츠진흥원에서 진행하고 있는 프로젝트로, 현장에서 나는 소리를 분석해 상황을 파악하고, 이를 음악으로 표현하는 인공지능을 개발하는 것이 목표이다. 만약 파도 소리가 들리면 따뜻한 선율을 작곡하고, 비 오는 소리가 들리면 어두운 느낌의 선율을 작곡하여 들려준다. 2017년 11월 AI 콘텐츠 쇼케이스를 통해 대중들에게 공개했으며, 앞으로 인공지능을 통해 새로운 세상을 보는 것이 목표라고 밝혔다.

범할지 모르는 실수를 감시하는 감시자로 내몰리는 시대를 살게 될지 모릅니다.

시대가 이러니 청춘들 생각이 이럴지도 모릅니다. '에라이, 공부해서 뭐해? 어차피 취업도 안 될 거고, 취업이 된다 해도 어차피 대체될 텐데. 대강대강 살고, 대강대강 일하고 지내면 어떻게 되겠지. 4차 산업혁명이 뭐 별거라고. 나랑은 상관없을 거야.' 그런 청춘들이 생각할 만한 5가지 선택을 소개하고자 합니다. 어떤 대안을 선택하겠습니까? 다만, 너무 진지하게 받아들이지는 않기를 바랍니다.

1안 "아, 몰라! 전문직도 AI로 대체된다니 노가다라도 해야지."
2안 "아, 몰라! 식당 일이라도 해서 먹고살아야지."
3안 "아, 몰라! 시골에 가서 농사나 지어야지."
4안 "정신 바짝 차리고 융합의 시대에 대비해 인문학을 공부해야지."
5안 "정신 바짝 차리고 열심히 공부해서 교수가 돼야지."

자 그 가능성을 하나하나 따져 보도록 하겠습니다.

1번 "아, 몰라! 전문직도 AI로 대체된다니 노가다라도 해야지."

가상의 김 군을 설정해 보겠습니다. 김 군은 먼저 1번 진로를 선택합니다. 눈치 빠른 친구입니다. 일반 공장은 기계가 다 노동력을 대체하고 있으니 취직하기 힘들 것이라 생각한 거죠. 테슬라 같은 자동차 공장만의 문제가 아니죠. 지금 보여 드릴 인형처럼 생긴 기계는 박스터라는 기계인데 이게 더 큰 문제입니다. 말 그대로 박스 포장을 하는 기계입니다. 사람만큼 일을 잘하는데 기계 가격은 2만 달러로 미국 노동자 평균 연봉 3만 달러보다 저렴하고,

박스터 기계 사진 ⓒ Rethinkrobotics

시간당 운영비는 4.32달러에 불과합니다. 포장과 같은 잡역의 영역도 빅데이터를 기반으로 한 인공지능을 갖춘 로봇에 차츰차츰 밀려나고 있습니다.

그래서 눈치 빠르게 김 군은 그래도 인간이 할 수 있는 영역인 건설 현장을 찾아온 것입니다. 하지만 제가 보기에는 번지수를 잘못 찾아온 듯합니다. 먼저, 측량은 드론이 다 끝냈고요. 건설 디자인은 AR을 활용한 디자이너들이 그 작업을 다 끝냈습니다. 그리고 모형은 3D 프린터 전문가가 다 끝냈을 거고요. 아! 김 군이 찾는 일은 그런 고급 노동이 아니라 단순 노가다라고요? 그렇다면 건설 현장을 찾아가 보겠습니다.

아침 9시 모든 작업자가 모입니다. 먼저 안전 교육이 실시됩니다. 안전 교육장에서는 가상현실을 볼 수 있는 기기를 착용하고, 컨트롤러를 사용하

여 안전사고 예방을 위한 조치와 안전사고 발생 시 이루어질 수 있는 대책 행동을 모의 연습합니다. 우리의 김 군 안타깝게도 평상시 VR을 다루어 본 적이 없어 무척 고생합니다. 아무튼 간신히 이 교육을 통과한 김 군은 이제 현장에 배치됩니다. 현장에서 무인 굴삭기를 조종해 일하는 굴삭 작업에 배치됩니다. 물론 무인 굴삭기는 AR 기기가 장착된 사무실에서 조종이 됩니다. 아주 간단한 AR 조종이지만 역시 우리 김 군은 혼란을 겪습니다.

이를 보고 혀를 끌끌 차던 감독관이 안 되겠다며 다른 현장으로 보냅니다. 지하주차장 방수공사장입니다. 작업장에 있는 인공지능 로봇이 센서를 가지고 유해가스 농도가 기준치에 올라왔는지 검사해서 그 결과를 가지고 오면, 김 군이 스마트 헬멧을 쓰고 그 로봇이 준 데이터를 바탕으로 환기장치 가동 여부와 가동 시간을 결정하는 일입니다. 스마트 헬멧을 처음 보는 김 군. 당황해 자꾸 실수합니다. 그것을 본 관리자는 포기하는 심정으로 1층으로 보냅니다. 1층에서는 인테리어 공사를 진행하고 있습니다. 비정형 인테리어 구조물 설치 공사가 한창입니다. 작업은 매우 간단합니다. 3D 프린터로 구조물을 부분적으로 뽑아서 붙이기만 하면 됩니다. 묵묵히 3D 프린터를 바라보던 김 군. 건설 현장을 포기하고 2번 선택지를 향해 갑니다.

2번 "아, 몰라! 식당 일이라도 해서 먹고살아야지."

역시 우리 김 군 눈치가 보통이 아닙니다. 편의점 알바는 안 된다는 것을 벌써 알고 있습니다. 이미 편의점은 아마존 고[84]와 같은 편의점뿐입니다. 취업이 될 리가 없습니다. 그래서 우리의 김 군은 로봇이 일자리를 대체하기

---

84. 아마존 고(Amazon Go) : 세계 최대 전자상거래 업체인 아마존이 2018년 미국 시애틀에 오픈한 무인 편의점. 편의점 내 설치된 수백 대의 카메라와 인공지능 기술을 활용하여, 별도의 계산원 없이도 자동으로 결제가 되게끔 했다.

가장 어려울 것 같은 식당 일을 하러 간 겁니다. 아무튼 건설 일용 노동자나 식당 일을 선택한 우리의 김 군, 눈높이를 낮추었다는 점에서는 요즘 젊은이 같지 않다고 어른들이 칭찬합니다. 제일 먼저 찾아간 식당은 일본 체인 덮밥집, 요시노야. 접시라도 닦겠다고 갔지만 식기 세척 로봇이 그 일을 다 하고 있습니다. 그래서 식기 세척 전에 식기 분류하는 일이라도 하려고 했지만 협동로봇이라는 놈이 김 군보다 더 정확하고 빠르게 식기를 분류하고 있습니다.[85] 이런! 취업 실패입니다.

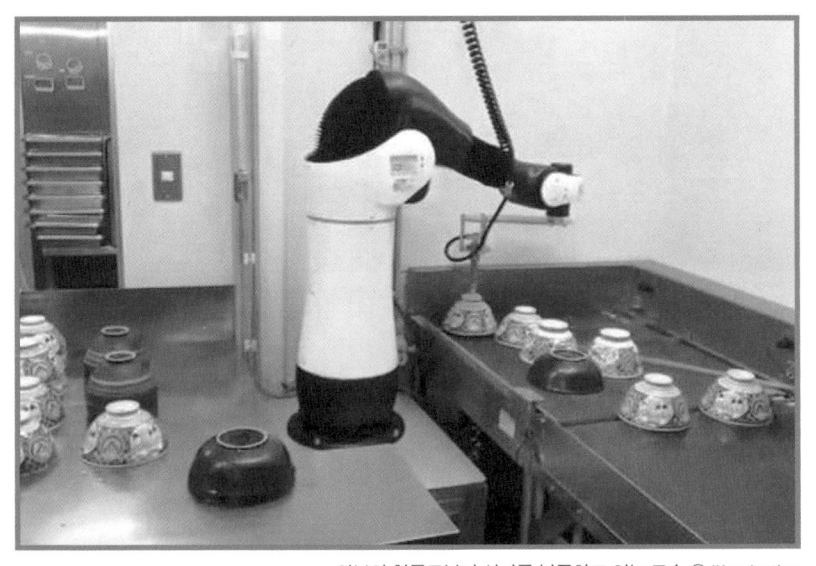

일본의 협동로봇이 식기를 분류하고 있는 모습 ⓒ liferobotics

---

85. 요시노야는 이 로봇 도입으로 하루 1,300여 개의 식기를 세척하는 데 걸리는 시간을 20% 줄인 것으로 자체 분석하고 있다. 요시노야는 앞으로 업무의 약 78%까지 간소화하는 것이 목표. 또 모든 점포에 로봇을 도입하면 단축되는 노동력이 하루 평균 600시간, 연간 약 2억 엔(약 20억 원)의 인건비를 줄일 수 있을 것으로 추산하고 있다.

이번에는 배달을 하겠다고 결심합니다. 자동차야 무인차지만 오토바이야 무인이 가능하겠습니까? 피자 전문 배달 가게로 당당히 들어선 김 군. 낯선 로봇을 보고 궁금해 합니다. 이게 뭐지?

미국 스타트업 마블이 운영하는 배달 자율주행 로봇 사진 ⓒ Marble

아무튼, 취업에 성공한 김 군에게 첫 주문이 들어옵니다. 그런데 이상한 일이 벌어집니다. 주문 전화가 오자 전화를 받는 사장이 주문자에게 로봇을 통해 배달을 해도 괜찮은지 물어봅니다. 주문자가 상관없다고 하자 핀코드가 주문자에게 메시지로 전송됩니다. 요리를 담은 배달 로봇이 주문자의 집 앞에 도착하자, 주문자는 전송받은 핀코드를 입력하고 배달통 문을 열고 음식을 꺼내 갑니다. 아직까지는 사람이 배달하기를 원하는 전화가 많지만 로봇 배달을 선호하는 전화가 점점 늘어 감을 김 군은 체험하게 됩니다. 김 군,

결심합니다. '아, 여기도 아니군! 하지만 나에게는 3번이 남아있어!'

3번 "아, 몰라! 시골에 가서 농사나 지어야지."

평소 포도를 좋아하는 김 군은 포도 농장에 취업하려고 합니다. 그랬더니 포도 농장 관리하는 분이 이 사진을 보여 줍니다. "이 사진이 뭔지 알겠니?"

잠깐, 이 사진을 설명하죠. 포도는 익으면 원적외선[86]을 발산합니다. 많이 익을수록 많이 발산하고 덜 익으면 조금 발산합니다. 원적외선 사진을 찍으면 잘 익은 곳은 붉은색으로 보이고, 덜 익은 곳은 노란색으로 보입니다. 이제 농장주는 농약이나 비료를 주기 위해서, 적외선 카메라를 장착한 드론을 띄워 포도 농장 전체를 찍으면 간단히 해결됩니다. 드론이 데이터를 보내 주면 농장 전체의 포도가 어떻게 자라는지 한눈에 알 수 있습니다.

포도 농장 사진 ⓒ Forbes

다음 단계로, 드론에다 비료를 채웁니다. 비료를 채운 뒤 드론이 날아가

---

86. 원적외선 : 전자기파의 일종으로, 눈으로 볼 수 있는 '가시광선'보다 파장이 긴 적외선.

서 포도가 많이 자라서 붉게 표시된 곳은 뿌리지 않고, 덜 익어서 노란색으로 보이는 곳은 조금 뿌리고, 완전히 노란색인 곳은 많이 뿌립니다. 뿌리다 비료가 떨어지면 다시 돌아옵니다. 비료를 채우고 빅데이터로 파악해서 원래 있던 곳으로 다시 날아가 작업하지 않은 곳에 비료를 뿌리고 돌아옵니다. 드론을 조종하고 관리하는 전문가만 있으면 수십만 평의 포도밭 농사를 지을 수 있습니다. 스마트 팜(smart farm)의 대표적인 장면입니다. 한국에서도 스마트 팜을 시도하는 기업이 있습니다. SK가 대표적입니다. 현재 SK는 세종시에서 대규모 스마트 팜을 운영하고 있습니다.

포도 농장을 관리하는 분이 김 군에게 말합니다.

"좋아, 네 꿈이 좋다. 포도 농사를 멋지게 한번 지어 보고 싶다고? 좋아!!! 자, 먼저, 어서 가서 SK 그룹 공채 시험에 합격하고 오렴! 어렵지 않겠지?"

김 군은 대답을 못하고 돌아섭니다. '아 스펙도 실력도 없는 내가 대기업 공채라니!'

이젠 농사를 짓기 위해서라도 대기업에 취업해야 합니다. 김 군, 이를 악물고 결심합니다. '그래, 공부하자. 4차 산업혁명 시대는 융합의 시대라고 했어. 내가 수학과 과학이 부족하니까 인문학 공부를 열심히 해서 꼭 취업하고 말 거야'라고 다짐합니다. 이제 김 군이 선택한 길은 바로 4번입니다.

4번 "정신 바짝 차리고 융합의 시대에 대비해 인문학을 공부해야지."

융합의 시대라고들 합니다. 구글에서 2011년에 사원을 6,000명 뽑았는데 문과 전공자로만 5,000명을 뽑았습니다. 사회학과, 심리학과, 문화인류학과, 고고미술사학과 등 한국에서는 취업과는 거리가 멀 것 같은 과 출신들이 미국에서는 엄청 잘나가고 있습니다. 마크 저커버그가 그리스와 로마 고전을 읽는 것이 취미였다는 이야기가 흘러나오고, 잡스는 인문학과 ICT의 결합이 경쟁력의 본질이라고 말하고, IBM 같은 대기업 임원이 되기 위해서는 인문학 시험[87]을 통과하는 것이 필수인 시절이 되었다고 합니다. 심지어 국내 전자업체 고위 관계자도 이런 말을 합니다.

"부품 기업이라고 공대 출신만 뽑아선 안 된다. 제품을 미래에 어떻게 사용할지 상상할 수 있는 인문학도를 채용하는 과감한 도전이 필요하다."

과연 인문학의 전성시대가 올까요? 먼저 인문학도 채용을 과감한 도전이라고 한 말을 곱씹어야 할 것입니다. 과감한 도전! 기업이 좋아할까요?

현실과 이상의 괴리라는 말이 있지요. 2015년 기준 국내 4대 그룹의 신입사원 인문계 비율은 다음과 같습니다. 삼성(15%), 현대차(20%), SK(30%), LG(15%).

한마디로 인문학의 중요성을 강조하고 있지만 뽑지는 않는다는 것을 한눈에 아시겠죠. 대한민국 대기업이 요구하는 인재상은 기본적으로 인문학 전공자가 아닙니다. 여전히 이공계 전공자를 선호하죠. 다만 예전과 변한 것이 있다면 '그냥 이공계 전공자가 아니라 인문학적 소양을 갖춘 이공계 전공자를 선호한다' 이렇게 정의할 수 있을 것입니다. 인문계 전공자를 더 패닉에 빠뜨릴 고용노동부 자료를 하나 보여 드리겠습니다.

---

87. IBM은 고위임원 교육과정에서 소포클레스의 『안티고네』를 읽고 '기업의 변화 방향을 제시하라'는 문제를 출제했다.

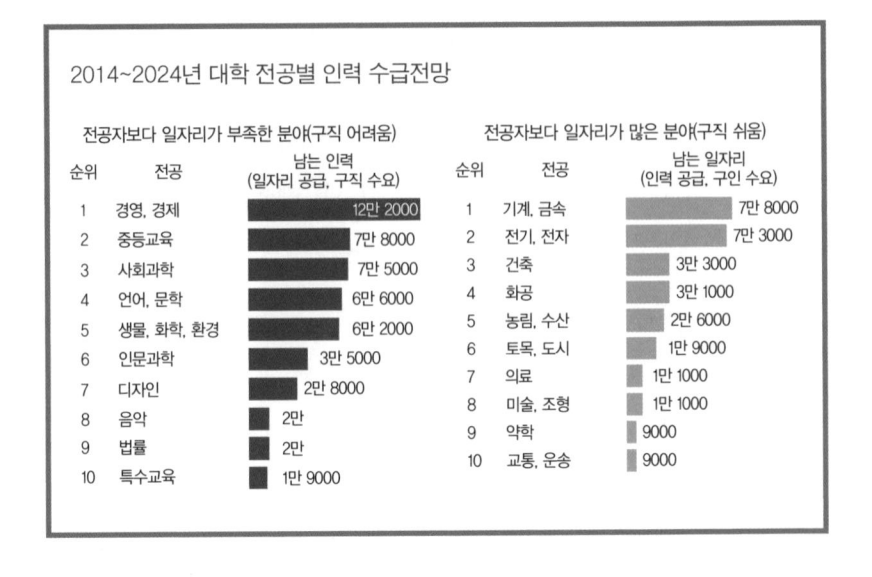

2014~2024년 대학 전공별 인력 수급전망

전공자보다 일자리가 부족한 분야(구직 어려움)				전공자보다 일자리가 많은 분야(구직 쉬움)		
순위	전공	남는 인력 (일자리 공급, 구직 수요)		순위	전공	남는 일자리 (인력 공급, 구인 수요)
1	경영, 경제	12만 2000		1	기계, 금속	7만 8000
2	중등교육	7만 8000		2	전기, 전자	7만 3000
3	사회과학	7만 5000		3	건축	3만 3000
4	언어, 문학	6만 6000		4	화공	3만 1000
5	생물, 화학, 환경	6만 2000		5	농림, 수산	2만 6000
6	인문과학	3만 5000		6	토목, 도시	1만 9000
7	디자인	2만 8000		7	의료	1만 1000
8	음악	2만		8	미술, 조형	1만 1000
9	법률	2만		9	약학	9000
10	특수교육	1만 9000		10	교통, 운송	9000

앞으로도 당분간 인문계 전공자는 상시적인 취업난을 겪을 수밖에 없다는 이야기입니다. 이런 현실을 알게 된 우리의 김 군은 어떤 선택을 할까요?

'인문계 전공해서는 취업이 안 된다고? 하지만 난 수학과 과학이 약한걸? 어쩔 수 없다. 그러면 죽도록 공부해서 교수가 돼야겠군.'

자, 이제 마지막 남은 5번을 선택합니다.

5번 "정신 바짝 차리고 열심히 공부해서 교수가 돼야지."

MOOC[88]라고 들어 봤나요? 아마 못 들어 봤을 겁니다. 하지만 온라인을 활용하면 하버드대학이나 유명 대학의 명강의를 모두 들을 수 있다는 이야

---

88. MOOC(Massive open online course) : 웹을 기반으로 이루어지는 거대 규모의 교육. 기존처럼 영상이나 자료집을 보충 자료로 활용하는 수업이 아닌, 인터넷 토론 게시판을 중심으로 커뮤니티를 만들어 수업을 진행한다.

기는 들어 보셨을 겁니다. 그러면 한번 생각을 해 보죠. 굳이 대학에 가서 강의를 들을 필요가 있을까요? 일정 수업을 듣고 그 강의를 완벽하게 이해했다는 증명서만 있다면 기업 입장에서는 굳이 대학 나온 친구를 뽑을 이유가 있겠습니까? 그래서 나온 것이 바로 MOOC입니다. 마치 우리의 사이버 대학과 같은 것이지요.

최근 미국 기업체는 채용 시 대학 졸업장이 아닌 MOOC 수료증을 요구하는 방향으로 가고 있습니다.[89] 기본 조건으로 MOOC 몇 강의 이상을 듣고서 자격증을 받은 사람만 서류 전형에서 받고, 그 이후 면접과 같은 추가 선발 과정을 거치게 하는 것이지요. 합리적이지 않나요?

또한 그냥 강의만 들었다고 되는 것이 아닙니다. MOOC는 수업 내용을 제대로 학습했는지 평가해, 공신력을 높이기 위한 여러 장치를 갖추고 있습니다. 수업을 얼마나 잘 들었는지 그 이해도를 평가하고 마치 대학에서 학점을 주듯 평가서를 발부해 주는 것입니다.

미국 기업들이 시행하고 있는 이 입사 제도는 몇 년 지나면 우리나라 기업도 도입하게 될 것입니다. 시간이 얼마나 걸리느냐가 문제지, 한국 기업들도 할 수밖에 없지 않을까요? 채용에 드는 비용과 시간이 획기적으로 줄어들 테니까요. 'MOOC 듣고 몇 개 합격해 와!'

합격한 사람은 벌써 영어를 할 줄 안다는 거잖아요. 코세라[90]나 유다시

89. 세계 3대 MOOC 사이트 중 하나인 유다시티(Udacity)의 경우, 미국 통신업체 AT&T와 연계하여 학위 취득자 100명을 인턴으로 채용하는 나노 학위 프로그램을 개설했다.

90. 코세라(Coursera) : 2012년 설립된 세계 3대 MOOC 서비스업체 중 하나. '고등 교육은 인간이라면 누구나 누려야 하는 보편적 권리다'를 모토로 유명 대학들의 수업 코스틀을 오픈하고 있으며, 한국의 연세대 및 카이스트 또한 코세라에 참여하고 있다.

티[91] 같은 곳의 수강 내역을 인정하는 기업이 증가하면 결국 대학의 위기로 갈 것이고 대학교수라는 직업도 위험해질 겁니다. 결국 우리의 김 군, 1~5번까지의 길을 모두 포기하고 맙니다.

어떻게 준비하고 어떻게 교육할 것인가?

그렇다면 우리의 청춘들은 어디로 가야 하나요? 참, 어려운 말입니다. 하지만 우리의 청춘들은 그 답을 알고 있습니다. 첫 번째 정답은, 4차 산업혁명 시대에 더 각광받고 보수도 좋고 자신의 꿈도 키울 수 있을 것 같은 직장에 가기를 원합니다. 외국 기업이라면 구글, 애플, 아마존 같은 기업일 것이고, 한국 기업이라면 삼성, 현대, LG나 네이버 같은 대기업을 꿈꾸겠지요. 하지만 우리는 다 알고 있습니다. 그 기업에 들어가기가 얼마나 어려운지. 그래서 우리 청춘들은 급변하는 이 시대에 가장 합리적인 선택을 합니다. 바로 공무원[92]입니다. 제가 여기서 말하고 싶은 것은, 그러한 선택이 잘못되었다는 것이 아닙니다. 방금도 말했지만, 그건 가장 합리적인 선택입니다.

그럼 유망 기업 취업도 어렵고 그렇다고 공무원에 도전하기도 뭣한 친구

---

91. 유다시티(Udacity) : 2011년 구글 연구소 초대 소장인 세바스찬 스룬 스탠퍼드대 교수가 설립한 세계 3대 MOOC 서비스업체 중 하나다. 컴퓨터 관련 교육을 주로 제공하고 있으며 기업과 연계하여 취업 맞춤형 강의를 제공하고 있다.

92. 2017년 5월 기준 공무원 시험을 준비하는 학생은 26만 2,000명으로 집계되었다. 반면 2017년 선발한 공무원의 수는 1만 3,000여 명이다. 시험을 준비하기 위해 공시생들이 연간 지출하는 비용은 연간 1800만 원에 달하며, 공무원 시험 준비로 인해 발생하는 사회적 기회비용만 연 17조 원에 이른다고 한다.

들에게는 4차 산업혁명 시대에 무엇을 준비해야 한다고 말할까요?

정답은 항상 과거에 있다고 봅니다. 이번에는 3차 산업혁명으로 가 봅시다.

컴퓨터가 이제 막 보편화되려고 하던 시절로 돌아가 봅시다. 바로 1990년대 초중반입니다. 그때도 대학생들은 지금의 대학생들과 똑같은 이야기를 했습니다. 물론 굳이 따지자면 지금처럼 어렵지는 않았지만 그 기조는 다를 바 없었습니다. "아, 선배들 시절에 비하면 정말 취업하기 어려워졌다", "컴퓨터가 등장하면 우리 일자리가 다 없어진다는데 어떻게 하지?" 이런 고민들을 하던 시절이었습니다. 취업 문은 점점 좁아지기 시작했고 컴퓨터와 그와 관련된 산업들은 우리의 직업을 하나둘씩 앗아 가고 있었습니다. 물론 지금보다는 덜했지만 취업은 점점 더 어려워지고 대학을 졸업했다는 프리미엄은 줄어들던 시절이었습니다.

그 시절을 어떻게 보낸 친구들이 오늘날 성공했을까요? 단순히 돈을 버는 성공이 아니라, 누가 시대의 변화 속에서도 살아남아 시대를 주도해 나갔냐는 질문입니다. 이 질문은 단지 청년들에게만 던지는 질문이 아니라, 자녀를 키우고 있는 부모님들께도 동시에 드리는 질문입니다. 4차 산업혁명 시대에 당신들의 자녀를 어떻게 키워야 할 것인가에 대한 고민으로 연결되는 문제입니다. 간단한 질문 하나 하죠. 그러면 4차 산업혁명 시대에 어떤 교육을 받은 그리고 어떤 준비를 한 학생이 승리할 수 있을까요?

일단 불안하기만 합니다. 예루살렘 히브리대 역사학과 교수이자 베스트셀러 『사피엔스』[93]의 저자인 유발 하라리는 "지금 학교에서 배우는 것의

---

93. 『사피엔스(Sapiens)』: 2011년 유발 하라리가 이스라엘에서 출간한 책으로, 호모 사피엔스라는 동물이 어떻게 지구를 지배하게 되었는지에 대해 인지 혁명·농업 혁명·인류 통합·과학 혁명의 네 장(章)으로 나누어 설명하고 있다.

80~90%는 아이들이 40대가 됐을 때 별로 필요 없는 것일 가능성이 높다"고 주장합니다. 지금 학교에서 가르치는 내용 대부분이 2050년엔 쓸모없어진다는 것이죠. 석학을 비판하기는 어렵지만 저는 그 주장이 꼭 맞는 것은 아니라고 생각합니다. 저도 고등학교 때 공부를 나름대로 열심히 했습니다. 수학 시간에 미적분도 열심히 했고 언어 시간에 훈민정음과 용비어천가를 열심히 외웠고 영어도 나름 잘해서 수능 고득점을 기록했습니다.

그런데 사회 나와서 써먹었냐고요? 단언컨대 미적분은 사회생활을 하면서 한 번도 써 본 기억이 없습니다. '나랏말싸미이 듕귁에 달아'나 '해동 육룡에 날으샤'와 같은 중세 국어 또한 사회에서 써 본 기억이 없고요. 학교 다닐 때 배운 영어로는 외국인과 만나서 대화를 하는 데 아무 도움도 되지 못합니다. 즉, 저희 같은 기성세대도 학교에서 배운 80~90%를 써먹지 못했다는 것입니다.

국어, 수학, 외국어와 같은 과목은 정보화 혁명이나 4차 산업혁명을 대비하기 위한 것이 아니라, 사고의 확장, 추상화 능력의 확충, 타 문화의 이해와 의사소통 능력 향상을 위한 과목입니다. 다시 말해 근대적 인간을 양성하기 위한 기본 교육이지, 새로운 변화에 대응하기 위한 교육은 아니라는 것입니다. 따라서 시대 변화가 요구하는 새로운 교육은 기존 교육을 대체하는 교육이 아니라 기존 교육에 추가되는 교육이라는 점을 간과해서는 안 됩니다.

국어, 수학, 외국어 및 사회, 과학으로 대표되는 교육은 앞으로도 필요할 뿐만 아니라, 오히려 더 탄탄히 이뤄져야 합니다. 다만 여기에 시대 변화에 필요한 새로운 교육이 추가돼야 한다는 것입니다. 그렇다면 새로이 추가돼야 하는 교육은 무엇일까요?

현재 한국에서는 코딩 교육이 주목받고 있습니다. 몇몇 유명인사의 말을 인용해 보겠습니다.

"코딩은 개인뿐 아니라 나라의 미래를 위해 중요하다."

—버락 오바마 전 미국 대통령

"모든 사람은 코딩을 배워야 한다. 생각하는 방법을 가르쳐 주기 때문이다."

—스티브 잡스

"산업혁명의 동력이 수학교육이었다면, 이제는 코딩이 수학과 같은 역할을 할 것이다."

—데이비드 로스 전 영국 교육장관

멋진 말들입니다. 아니나 다를까, 4차 산업혁명이 이슈가 되니까 정부에서는 코딩 교육을 강화시키겠다고 합니다. 교육과정 개정에 따라 중1과 고1은 2018년부터, 초등학교 5, 6학년은 2019년부터 소프트웨어 즉, 코딩 교육을 필수화하겠다는 것입니다. 그래서 중학생들은 정보 과목을 통해 34시간 이상, 초등학생은 실과 과목을 통해 17시간 이상 코딩 교육을 이수시키겠다고 합니다. 새롭다고요? 아닙니다.

90년대 초중반 정보화 혁명이 불 때 정부는 똑같은 이야기를 했습니다. 코딩 교육을 강화시켜서 학생들의 정보화 능력을 향상시키겠다고요. 그래서 전국적으로 컴퓨터 코딩 교육이 실시되었습니다. 그 결과 오늘날의 정보통신 강국을 만들었다고요? 지금 40대 후반에서 50대 후반분들은 더 잘 아실 테고요. 그리고 그러한 부모를 둔 학생들은 부모님께 물어보세요. "학교 다닐 때 배운 코딩 교육이 컴퓨터에 익숙해지는 데 도움이 되었냐"고요. 그렇게 생각하는 사람은 아무도 없을 것입니다. 그 교육은 흐지부지되었고 어느 순간부터는 그런 교육을 하지 않게 되었습니다.

아마 지금의 코딩 교육도 그렇게 될 확률이 큽니다.[94] 중요한 것은 코딩 교육은 4차 산업혁명뿐 아니라 당연히 정보화 혁명에서도 똑같이 필요했던 교육이라는 점입니다. 군이 4차 산업혁명에서 더 강조되어야 할 이유가 있을까요? 저로서는 그래야 할 이유를 찾을 수가 없습니다.

그렇다면 4차 산업혁명 시대에 어떤 교육이 필요할까요? 저는 그 정답을 3차 산업혁명 시대가 이미 남겨 놓았다고 생각합니다. 정보화 혁명으로 대변되는 3차 혁명 시대에 누가 승리자로 남았나요? 이과생이? 코딩 교육을 잘 받은 학생이? 기본 교육을 때려치우고 새로운 교육을 받은 사람이?

정답은 새로운 변화에 주목하고 관심을 가졌던 학생들이라고 생각합니다. 김정주[95], 송재경[96], 이해진[97], 이희상[98], 김상범[99] 같은 분들은 학교에서 컴퓨터라는 공통 화제로 미래를 논했던 친구들이었습니다. 그들은 새로운 변

---

94. 코딩 교육이 필요 없다는 것이 아니다. 코딩을 활용해 무엇을 어떻게 만들 것인가를 고민해야 하고, 더 나아가 코딩이 또 하나의 주입식 교육이 되어 학생에게 일방적인 부담을 주지 않도록 재미와 즐거움에 기반한 접근이 되어야 한다.

95. 김정주 : 서울대학교 컴퓨터공학과 학사. 카이스트대학원 전산학 석사. 現) NXC 대표 이사. 세계 최초의 온라인 게임 서비스 기업 넥슨을 창업한 기업인

96. 송재경 : 서울대학교 컴퓨터공학과 학사. 카이스트대학원 전산학 석사. 現) 엑스엘 게임즈 대표이사. 김정주 대표이사와 함께 넥슨을 창업한 공동 창업자. 이후 NC소프트에 입사하여 〈리니지〉 개발, 보급

97. 이해진 : 서울대학교 컴퓨터공학과 학사. 카이스트대학원 전산학 석사. 現) 네이버 주식회사 이사회 의장. 라인 주식회사 회장. 한국 최대 포털 사이트 NAVER를 만든 창업자

98. 이희상 : 서울대학교 전자공학과 학사. 前) NC소프트 부회장. 김택진 NC소프트 대표이사와 함께 NC 소프트를 창업한 사람

99. 김상범 : 카이스트 전산과 학사, 석사. 前) 넥슨 이사. 김정주 대표이사와 함께 넥슨을 창업한 공동 창업자

화를 능동적으로 맞이했고 그 변화가 가져올 미래를 상상하고 그리고 변화에 몸을 맡겼습니다. 그들이 고학력자이기 때문에 가능했다고 생각하지 마시고요. 학교가 중요한 것이 아니라 앞으로 다가올 변화를 회피하지 않고 관심을 갖고 준비하는 사람이 4차 산업혁명의 승자가 됩니다.

30년 전 은행원들은 복식부기를 배워서 주산을 이용해 장부를 연필로 작성하던 사람들이었습니다. 지금은 예외 없이 컴퓨터에 앉아서 결산을 하고 회계장부를 맞춥니다. 그런 과정에서 컴퓨터를 잘 다루고 활용 방법을 고민하던 친구들이 은행의 주역으로 우뚝 섰음은 말할 것도 없습니다. 어느덧 컴퓨터를 다루는 능력이 취업의 중요한 능력이 되었고, 더 나아가 당연시되기 시작했습니다.

앞으로는 어떻게 될까요? 20년, 아니, 10년 뒤 우리 사무실은 어떻게 변할까요? 다른 것은 잘 모르겠습니다만 분명 여러분이 일할 사무실에는 3D 프린터가 자리 잡고 있을 것입니다. 만일 여러분이 건설 회사에 취업했다고 생각해 보세요. 설계도면으로 상사에게 건축할 건물의 미래를 보여 드릴까요, 아니면 3D 프린터로 만든 모형물을 제시할까요? 그뿐 아니라 많은 2차원적 서면 보고가 3차원적 그래픽 보고로 대체될 것입니다. 시제품부터 다양한 부품 설계까지 말입니다.

주변을 둘러보면 VR을 착용하고 있거나 AR을 사용해서 작업하는 동료를 흔히 볼 수 있으며, 그 AR과 MR[100]을 가지고 동료와 공동 작업을 하고 있는 당신의 모습을 볼 수 있을 것입니다. 당신의 작업은 아마 빅데이터에 기

100. 혼합 현실(Mixed Reality, MR) : 현실 세계를 기반으로 가상공간을 얹어, 새로운 세계를 창조하는 것. 대표적인 제품으로는 마이크로소프트사의 홀로렌즈가 있다.

반하고 있는 컴퓨터 프로그래밍을 통해 생산과 소비의 효율을 도모하고자 하는 것일 거고요. 그것이 여러분이 맞이하게 될 머지않은 미래입니다.

　새롭게 등장하는 컴퓨터를 배척하거나 남의 일로 치부하지 않은 친구들이 정보화 혁명의 승자가 되었듯, 다가오는 4차 혁명 역시 그것을 배척하거나 애써 무시하지 않는 사람이 승자가 될 것입니다. 무인차, VR, AR, 3D프린터, AI, 드론, 코딩, 빅데이터 같은 용어들에 친숙하고 그 현장에 관심을 두는 사람이 반드시 승리할 것입니다. 이과냐 문과냐[101]가 중요한 것이 아니라 이과라면 그것이 만들어지는 과정에 더 관심을 기울이고, 문과라면 그것의 활용에 더 관심을 가져야 그 미래 전망은 밝을 것이라 생각합니다.

　이 글을 읽는 분께 학생인 자녀가 있고 그들이 성장해 4차 산업혁명의 승자가 되기를 원한다면 코딩 교육을 한다고 학원에 데려가거나 창의력을 키우기 위해 좌뇌를 쓰는 연습을 시킬 것이 아니라, 이 변화에 접할 수 있는 기회를 자연스럽게 만들어 주세요. 저는 그것이 4차 산업혁명 시대를 대비하는 우리의 생존 전략이라고 생각합니다.

　변하지 않는 시대에는 세상 변화에 관심을 두지 않아도 생존할 수 있습니다. 하지만 변화의 시대에는 그 변화에 주목하지 않는 사람은 생존 자격을 박탈당하고 맙니다. 정치적 혁명도 그렇지만 경제적 혁명 역시 예외일 수는 없습니다.

---

101. 이과와 문과 : 근대 교육에서 본격적으로 이과/문과를 구분하기 시작한 사람은 나폴레옹 보나파르트이다. 나폴레옹은 엘리트 교육을 위해 바로 Lycee(리세)라는 2차 교육기관을 설립하고 모든 재원을 국가가 책임졌다. 이 학교에서 학생들은 공직을 지향하느냐, 장교를 지향하느냐에 따라 다른 교육을 받았다. 공직을 원하는 학생들은 어학, 수사학, 철학 등을 배웠고, 장교를 지향하는 학생들은 수학, 화학, 물리학 등의 교육을 받았다. 여기에서 현재 문과·이과의 구분이 유래한 것이다.

변하지 않는 시대에는 세상 변화에 관심을 두지 않아도
생존할 수 있습니다.
하지만 변화의 시대에는 그 변화에 주목하지 않는 사람은
생존 자격을 박탈당하고 맙니다.
정치적 혁명도 그렇지만
경제적 혁명 역시 예외일 수는 없습니다.

안티고네 이야기

IBM에서는 고전 중의 고전인 안티고네 이야기를 이사 선출을 위한 시험문제로 쓴다고 합니다. 『안티고네』는 그리스 비극 작가인 소포클레스가 쓴 비극 중 하나입니다. 안티고네는 테베의 오이디푸스 왕의 딸이기도 하죠. 안티고네의 뜻은 '반대로 걷는 사람'이라고 합니다. 요즘으로 치면, 다들 "예"라고 말할 때 "아니오"라고 말할 수 있는 사람이 되라는 뜻으로 지어 준 이름 아닐까요?

안티고네의 아버지인 오이디푸스는 장님이 되고, 안티고네는 그 아버지와 함께 이리저리 떠돌다 자신의 고향인 테베로 돌아가게 됩니다. 그런데 그곳에서 자신의 오빠들이 정권 다툼을 하고 있었지요. 안티고네는 두 오빠의 화해를 위해 노력하지만 그들은 서로를 죽이고 맙니다. 결국 두 오빠는 왕위에도 오르지 못하고 죽게 된 것이죠.

그러자 그들의 삼촌인 크레온이 왕권을 잡게 됩니다. 그런데 크레온은 안티고네의 둘째 오빠인 에테오크레스만 장례를 치러주고, 큰오빠인 폴리케네스는 다른 나라 군대로 가서 내전을 일으킨 죄가 있다고 하여 그 시신을 길바닥에 방치하게 합니다.

언제나 주인공은 그러하듯, 안티고네는 왕이 된 크레온의 말을 듣지 않죠. 그녀는 오빠 폴리케네스의 시체를 땅에 묻으려다 체포됩니다. 감금당한 안티고네는 자살을 하게 됩니다. 그리고 그녀를 사랑했던 크레온의 아들과 크레온의 아내, 안티고네의 동생 또한 자살을 하게 됩니다.

왜 이 이야기를 IBM은 이사 시험에 낼까요?

여러분이 안티고네라면 어떤 결정을 내리겠습니까?

안티고네 이야기는 자연법과 실정법의 대결이라고 말할 수 있습니다. 당연한 것과 당연하지 않은 것의 대결이라고 말할 수도 있겠죠. 악법도 법이라며 죽음을 택한 소크라테스가 생각나기도 합니다. 장례를 금지시킨 왕의 명령과 자기 오빠의 장례를 치러 주고 싶은 인간의 관습 중 어떤 것을 택할지 묻는 것입니다. 명령과 관습, 여러분은 어떤 것이 더 중요하다고 생각하나요?

제가 생각할 때 IBM이 안티고네 이야기를 이사 시험에 내는 이유는 이사 후보들의 이러한 내적 갈등을 노린 것 같습니다. 한 나라의 실정법과 기업 이념이 배치될 경우 어떻게 할 것인지 묻는 것이지요.

안티고네처럼 사회의 보편 규범을 지킬 것인지, 아니면 왕의 명령에 따라 오빠의 시체를 길에 두고 자신의 안위를 위할 것인지 말입니다.

여러분이라면 어떻게 하겠습니까?

여러분이 IBM의 이사 후보에 올랐다고 상정했을 때 사회의 보편적인 규범과 회사의 이윤, 내부의 규범이 충돌할 때 어떻게 하는 것이 좋을까요? 안티고네의 선택이 옳은 것일까요?

한 Q에 정리하기

Q1 4차 산업혁명은 더 많은 일자리를 창출할 것이다?
그러면 그것은 혁명이 아니다. 산업혁명이란 노동생산성의 비약적 향상을 의미하고, 사회적으로 투입되는 노동량이 줄어드는 것을 의미한다.

Q2 러다이트 운동이란 무엇인가?
산업혁명 이후 기계의 등장으로 실업이 발생하자 그 원인을 기계의 등장으로 파악하고 기계를 파괴한 운동. 포인트는 진보적인 운동이 아니라 산업혁명 이전 즉, 기계가 없던 시절로 돌아가자는 복고주의적 운동이었다.

Q3 실업은 나쁜 것인가?
실업은 개인적으로는 불행한 것이지만, 사회 전체적인 측면으로는 생산성 향상으로 사회 일부의 노동만으로도 사회 전체가 살아갈 수 있다는 것의 반증일 수 있다.

Q4 인류는 산업혁명 이후 등장한 실업 문제를 어떻게 해결했는가?
1. 아동노동의 금지
2. 노동시간의 감축
3. 3차 산업의 등장
4. 실업보험의 등장

Q5 인류는 4차 산업혁명이 만들 실업 문제를 어떻게 해결할 것인가?
1. 기본소득제
2. 로봇세
3. 인공지능세
4. 기타 등등

Q6 기본소득제는 왜 등장했는가?
경기 침체로 인한 보험 재정의 부족, 노령화로 인한 복지 비용 증가, 근로 의욕을 높이기 위한 유럽 우파 정당의 요구로 인해 등장했다.

Q7 4차 산업혁명 이후 기본소득제 논의가 활발한 이유는 무엇인가?
취업자와 비취업자 그리고 사회 양극화를 막기 위한 대안인 동시에, 유효수요를 창출하여 경기 침체를 막기 위한 경기 안정화 수단으로 제시되기 때문이다.

Q8 4차 산업혁명 시대에 기존 교육은 필요 없는가?
전혀 그렇지 않다. 기존 교육은 4차 산업혁명과는 무관하게, 근대적 인간을 형성하기 위한 기본 교육이다. 4차 산업혁명 시대에는 기존 교육과 병행할 새로운 교육이 더 요구될 뿐이다.

정보화 혁명으로 대변되는
3차 혁명시대에 누가 승리자로 남았나요?
바로, 새로운 변화에 주목하고 관심을
가졌던 학생들이었습니다.

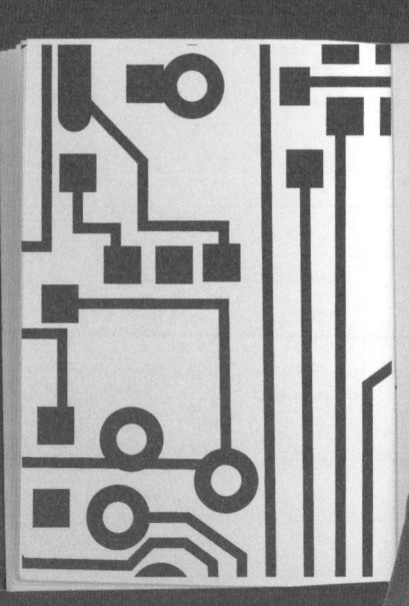

가상화폐, 블록체인 그리고 버블?

타임머신을 타고 과거로 가 보겠습니다. 멀리로는 튤립 버블과 미시시피 버블,
그리고 가깝게는 2008 금융 위기를 찾아가 보도록 하겠습니다. 자, 먼저, 튤립 버블입니다.

가상화폐와
튤립 버블

저는 이 글을 비행기를 타고 외국에 가면서 기내에서 쓰고 있습니다. 옆에는 저와 함께하는 동료가 있는데, 그는 가상화폐 투자 마니아입니다. 마니아라는 표현이 어울릴지 모르겠습니다만 아무튼, 제 동료는 가상화폐에 많은 돈을 투자하고 있습니다. 그리고 가상화폐 성공 가능성을 의심치 않는 분입니다. 비트코인 같은 가상화폐의 미래는 어떻게 될까요? '하늘아래 새로운 것은 없다'라는 경구가 생각납니다.

셈페르 아우구스투스(Semper Augustus) ⓒ Shutterstock

툴립 구근

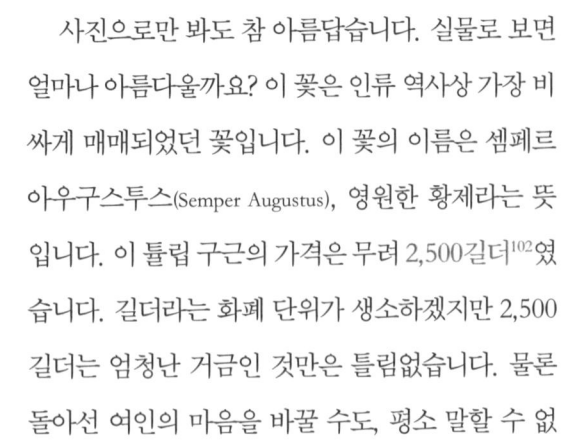

사진으로만 봐도 참 아름답습니다. 실물로 보면 얼마나 아름다울까요? 이 꽃은 인류 역사상 가장 비싸게 매매되었던 꽃입니다. 이 꽃의 이름은 셈페르 아우구스투스(Semper Augustus), 영원한 황제라는 뜻입니다. 이 튤립 구근의 가격은 무려 2,500길더[102]였습니다. 길더라는 화폐 단위가 생소하겠지만 2,500길더는 엄청난 거금인 것만은 틀림없습니다. 물론 돌아선 여인의 마음을 바꿀 수도, 평소 말할 수 없

---

102. 당시 네덜란드 가정의 1년 평균 생활비는 300길더였다. 또한 2,500길더로 살 수 있던 것은 돼지 8마리, 황소 4마리, 양 12마리, 버터 10톤 정도다.

는 사랑을 표현할 수도 있는 소중한 꽃이지요. 하지만 아무리 그렇다 해도 상식적으로 납득할 수 없는 가격이지요. 그렇다면 어떻게 저런 일이 발생했는지 그리고 지금 한국 사회에서 뜨겁게 달구고 있는 가상화폐 논쟁에 어떤 시사점이 있는지 살펴볼 필요가 있습니다.

튤립 버블(가상화폐)을 둘러싼 논쟁

비트코인을 비롯한 가상화폐 광풍이 불었습니다. 광풍 기세는 줄어들었으나, 과거 완료형으로 치부해 버리기에는 그 바람이 여전히 남아 있기에 현재 진행형이라고 봐야겠지요. 광풍이 불어닥치자 여기저기서 논쟁이 시작되었습니다. 여러분도 기억하고 있는 가장 대표적인 논쟁은 JTBC에서 손석희 씨가 진행했던 작가 유시민 씨와 뇌과학자 정재승 씨의 논쟁일 겁니다. 저도 TV로 그 논쟁을 무척 재미있게 시청했습니다.

아마 17세기 초반 튤립 버블 당시에도 이 사태를 어떻게 봐야 할지에 대한 엄청난 논쟁이 벌어졌을 겁니다. 그 시대의 논쟁을 상상해 보도록 하겠습니다. 한 사람은 당시 기획재정부 장관, 한 사람은 당시 식물원 관장이라고 가정해 봅시다. 두 사람의 논쟁은 당시 기획재정부 장관의 기자 인터뷰에 대한 식물원 원장의 반박으로부터 시작됩니다. 먼저 당시 기획재정부 장관의 인터뷰 내용을 보죠. 기자가 먼저 질문을 던집니다.

기자 : 최근 튤립 열풍을 어떻게 보십니까?

기획재정부 장관 : 광풍입니다. 모두 미쳐 가고 있는 셈이죠. 이전 바다 이야기[103]와 다를 바 없습니다. 튤립 열풍은 인간의 어리석음을 이용해 누군가가 장난을 쳐서 돈을 빼앗는 과정일 뿐입니다.

기자 : 이 열풍은 언제까지 갈까요?

기획재정부 장관 : 지금 청소년들까지 자기 돈을 넣고 있습니다. 하지만 거품이 딱 꺼지는 순간까지 사람들은 달려들겠죠.

사실 거품 여부는 판단하기도 어렵습니다. 그리고 거품이 있다 해도 생각보다 쉽게 꺼지지 않습니다. 1929년 세계 대공황을 앞두고 터진 버블이 그랬고 닷컴 버블, 일본 부동산 버블, 2008 미국 월가에서 시작되었던 버블 역시 마찬가지입니다. 지금 생각해 보면 당연히 벌어질 일이었습니다. 그러나 당시 대부분의 사람은 버블이라고 여기지 않았습니다. 그래서 버블이 터지자 많은 사람이 엄청난 충격을 받았던 것이지요.

버블은 언제 꺼질까요? 저도 잘 모르지만 이 말씀만은 드릴 수 있습니다.

버블은 정말 쉽게 꺼지지 않을 겁니다. 다만, 처음에는 이것을 버블이라고 말했던 사람들까지도 이번만은 버블이 아닐 거라고 믿는 순간 버블은 터질 것입니다. 모든 사람이 버블을 버블이 아니라고 믿는 순간 터지게 될 것입니다.

---

103. 바다 이야기 : 2004년 등장한 사행성 성인 오락 게임

미국 대공황의 시발점이 되는 검은 목요일[104]이 언제 찾아왔을까요? 전설적인 투자가이자 당대 최고의 경제학자라고 불리던 어빙 피셔가 "이제 미국 경제는 영원히 불황 없는 호황 단계로 진입했다"라고 선언한 뒤 스스로 주식을 매입하자 발생했습니다. 우리는 이런 경험을 일상에서 많이 합니다. 어떤 주식이 올랐다는 소문에 우리는 어떻게 반응하나요?

1단계 '어! 이 주식 꽤 많이 오르네. 뭐 있나?'

2단계 '어! 꽤 많이 오르네? 아이고, 너무 많이 올랐어. 사기는 늦었고 거품인가 보다.'

3단계 '아니, 그런데도 왜 이렇게 많이 오르지? 뭐가 있나?'

4단계 '아 전문가들 말을 들으니 그래서 이렇게 오른 거야! 그렇다면 더 오르겠는데. 하지만 지금 사기에는 너무 올랐어.'

5단계 '또 오르네? 나도 사야 되는 거 아냐?'

6단계 '옆집 김 과장은 이 주식을 사서 10억을 벌었다는데?'

7단계 '더 오르기 전에 나도 사야지.'

이후 어떻게 됐는지 결과는 말하지 않겠습니다. 모두 다 아니까요. 이 글을 읽다가 갑자기 가슴을 치는 분도 있을 겁니다. "야, 이거 딱 내 이야기야"라고 하면서요. 너무 속상해하지 마세요. 왜냐면 바로 제 이야기이기도 하니까요. 그런 면에서 케네디의 아버지인 조세프 케네디는 정말 현명한 투자가였던 것 같습니다. 그는 구두를 닦으러 갔다가 구두 닦는 사람이 주식에

---

104. 검은 목요일(Black Turseday) : 1929년 10월 말에 뉴욕 증권 거래소에서 일어난 일련의 주가 대폭락 사건. 10월 24일 목요일과 10월 29일(일명 '검은 화요일')의 대폭락을 가리킨다.

대해 토론을 하자 '아, 주식이 거품이구나'라고 생각했다고 합니다. 그리고 모든 주식을 팔아치워 파산 위기를 모면했다고 하네요.

다시 상상 속의 기자와 기획재정부 장관의 인터뷰로 돌아가 봅시다.

기자: 화훼 산업 진흥 관점에서 튤립 거래소 폐쇄에 대한 반대를 어떻게 생각하시는지요?"

기획재정부 장관: 현재 튤립 시장은 경제학적 의미의 마켓도 아닙니다. 화훼 업자들의 아이디어로 나타난 이상한 장난감으로 사람들이 도박하는 것과 같습니다.

기자: 정부와 개인은 어떻게 해야 할까요?

기획재정부 장관: 투기 광풍에 뛰어들지 말라는 메시지를 정부가 확실히 내야 한다는 것과 쫄딱 망한 사람들이 정부를 원망할 권리가 없다는 점을 강조하고 싶군요.

기획재정부 장관은 한마디로 현재의 튤립 가격은 말도 안 되는 것이라 말하고 있습니다. 몇몇 화훼 업자가 사기를 쳐서 튤립 가격을 천정부지로 올려놓은 것이기 때문이죠. 일반 사람들은 그 광풍에 휩쓸려서는 안 되고, 휩쓸려 들어간 다음에 정부 탓을 해 봤자 소용없다고 말하고 있습니다. 그러자 이 말을 들은 국립식물원 관장님이 대대적으로 반격하기 시작합니다.

국립식물원 관장: 튤립 구근이 어떻게 전 세계 화훼 시스템에 적용되고 스스로 진화할지 잘 모르시는 것 같습니다. 튤립 구근 기술을 이해하신다면, 튤립에 대해 이렇게 악담을 퍼붓지는 못할 겁니다. 기획재정부 장

관념의 주장은 튤립에 대한 광풍만이 아니라 튤립 구근과 튤립 시장에 대한 근본적인 폄훼로 이루어져 있어서 우려됩니다.

튤립 시장이 바다 이야기라니요, 라고 반박을 하죠. 더 나아가, 정부 규제와 튤립 시장에 대한 논의까지 합니다.

국립식물원 관장: 튤립은 튤립 구근의 결실물이기 때문에 튤립 시장에 대한 과도한 규제는 튤립 구근 발전을 근본적으로 제한하게 됩니다.

저는 두 분 중 어느 분 주장이 맞는지는 모르겠습니다. 다만 식물원 원장의 마지막 말에 대해서는 반박을 하고 싶습니다. '튤립은 튤립 구근의 결실물이기 때문에, 튤립 시장에 대한 과도한 규제는 튤립 구근 발전을 근본적으로 제한하게 된다'는 말을 현재 한국 상황에 대입해 보면, 가상화폐는 블록체인 기술의 결실물이기 때문에 가상화폐 시장에 대한 과도한 규제는 블록체인 기술의 발전을 근본적으로 제한한다고 하겠지요. 또한 "누가 블록체인 기술도 모르면서 가상화폐 거래소 규제 논쟁에서 무슨 얘기를 해!"라고 말할 겁니다. 이는 마치, 17세기 네덜란드에서 "튤립 구근의 돌연변이[105] 현상을 모르는 자, 튤립 광풍을 논하지 말라"고 말하는 것과 같죠.

한마디로 굉장히 위험한 논리인 겁니다. '블록체인 기술과 가상화폐를 분리할 수 있느냐?'와 '블록체인 기술과 가상화폐 열풍을 분리할 수 있는가?'라는 질문은 다른 것이죠.

---

105. 브레이크 : 인기가 많았던 튤립의 종류 중 하나이며 네덜란드의 식물학자인 레클루제가 이 품종을 발견했다. 이 품종은 바이러스에 감염된 구근이 성장한 것이다. 그러나 이 사실이 밝혀진 것은 1900년대 이후다.

그런데 마치 블록체인 기술과 가상화폐를 분리할 수 없듯이 블록체인 기술과 가상화폐 거래소 시장 규제를 분리할 수 없다는 논리는 올바르지 않습니다. 왜냐고요? 튤립을 모른다고 해서 우리가 튤립 버블에 대해 이야기할 수 없을까요? 그렇지 않습니다. 그러면 일단 튤립에 대해서 먼저 공부해 보도록 하겠습니다.

학명 : Tulipa gesneriana
분포 : 아시아, 유럽
크기 : 20~30cm
꽃말 : 명성, 애정, 사랑 고백
노란 튤립 : 헛된 사랑, 하얀색 튤립 : 실연

하지만 튤립만 알아서는 안 되죠. 지금 매매되고 있는 것은 튤립 구근이지요. 구근은 보관이 가장 중요합니다. 구근 보관법에 대해서도 알아볼까요?

첫째, 꽃이 피고 질 무렵 꽃대를 잘라 주세요.
둘째, 직사광선 아래 두고 바람이 잘 부는 곳에 두세요. 온도는 20~25도
　　　를 넘지 않는 곳에 보관해 주세요.
셋째, 물은 충분히 주시되, 과습하지 않게 해주세요.
넷째, 비료는 NPK 비율이 1:1:1인 비료를 주세요.
다섯째, 여섯째, 일곱째 등….

튤립 구근을 올바르게 보관하기 위한 방법은 수십 가지가 넘습니다. 우

리는 방금 튤립과 그 구근에 대해 공부했기 때문에 튤립을 잘 이해하게 되었습니다. 이제 네덜란드에서 벌어진 튤립 버블에 대해 더 잘 이해할 수 있나요? 그렇지 않지요? 튤립을 모르면 튤립 구근에 대해 알기 어렵지만, 튤립을 모른다고 튤립 버블을 모른다고 할 수는 없겠지요? 똑같이 우리가 블록체인 기술을 잘 모르면 가상화폐 원리를 잘 이해할 수 없지만, 그렇다고 가상화폐 버블을 알기 위해서 블록체인 기술을 알 필요까지는 없다는 이야기입니다.

그 이유를 아예 도식화시켜서 간단히 말해 봅시다. 블록체인은 과학기술의 측면 즉, 과학의 영역이고 가상화폐 열풍은 사회현상 즉, 사회과학 영역이기 때문입니다. 만일 어떤 과학자가 이런 이야기를 한다고 칩시다. "인간의 뇌 구조를 모르는 자, 인간 심리를 논하지 말라", "인간 전두엽이 신경 뉴런을 통해 인간 심리에 미치는 영향을 모르면서 인간 심리를 논한다는 것은 말도 안 된다" 여러분, 받아들일 수 있겠습니까?

튤립 버블에서 배우는 가상화폐

그렇다면 정말 중요한 것은 무엇일까요? 튤립 버블이 우리에게 가져다주는 역사적인 교훈을 찾아보는 것입니다. "왜 많고 많은 나라 중에 튤립 열풍이 네덜란드에서 일어났을까?", "왜 하필 1636년부터 1637년이었을까?", 더 나아가 "왜 하필이면 튤립으로 투기가 벌어졌을까?"

이 문제를 해결해야만 튤립 버블을 제대로 이해할 수 있고 가상화폐 열풍을 이해하는 실마리를 찾을 수 있을 것입니다.

자, 먼저 버블에 대한 정의부터 하겠습니다. 버블은 여러 가지로 정의할 수 있습니다. 제가 버블을 정의한다면, '가치와 가격의 괴리가 지나치게 큰 것' 또는 '가치와 가격의 괴리가 커져서 더 이상 유지될 수 없는 상태'라고 말하겠습니다. 가격은 무엇이고 가치는 무엇일까요? 비슷한 말 같지만 아주 다른 의미로 쓰이는 말입니다. 경제학에서 국내 총생산은 '한 나라 안에서 일정 기간 동안 생산된 각 단계의 부가가치의 합이나 최종 부가가치'라고 정의합니다. 이때 가치라는 말을 쓰지, 가격이라는 말을 쓰지는 않습니다. 그래서 앞에서도 말했지만 주가나 부동산이 올랐다고 GDP가 올랐다고 하지 않는 겁니다. 주가나 GDP가 오른 것은 어떤 재화의 가격이 오른 것이지, 가치가 오른 것은 아니니까요.

예를 들어, 집이 하나 있다고 칩시다. 집을 만들었어요. 그러면 새로운 무엇이 생긴 게 맞지요? 그럴 때 우리는 가치가 만들어졌다고 합니다. 하지만 일단 만든 집의 가격이 올랐습니다. 그렇다고 새로운 무언가가 증가하거나 감소한 것은 아니지요? 다만 그 집을 필요로 하는 사람이 늘었거나(우리는 이것을 수요라고 부릅니다), 그 집을 만들 수 있는 토지가 없어서 집이 더 이상 만들어지지 않을 뿐이지요. 가치가 그 재화에 내재된 어떤 속성을 말한다면 가격은 그 재화의 속성과는 관계없이, 시장에서 수요와 공급에 의해서 결정되거나 정부가 일방적으로 결정하는 그 무엇이라고 할 수 있겠지요.

경제학에서는 가격과 가치를 두고 오랫동안 논쟁을 벌였습니다. 가격에 대해서는 어렵지 않게 모든 경제학자가 동의를 해 왔죠. 왜냐면 가격은 가치보다 눈에 선명하게 보이는 것이니까요. 가격은 한마디로 "이 물건은 얼마이다"입니다. 그것을 정부가 일방적으로 결정한다면 우리는 그러한 경제체제를 '계획경제체제', 오랜 관습에 의해서 결정이 된다면 '전통 경제체제' 그리고 수요와 공급이라는 시장에 의해서 결정된다면 '시장경제체제'라고 불렀던 것입니다. 그런데 가격과 달리 가치에 대해서는 오랜 논쟁이 있어 왔습니다. 왜냐하면 가격은 모든 사람의 눈에 보이는 명확한 것이지만 가치는 사람들 눈에 보이지 않는 어떤 상품에 내재된 속성이기 때문입니다.

경제학이 탄생한 초창기[106]인 18세기 후반부터 19세기까지 대부분의 경제학자는 '가치는 사물에 투여된 인간의 노동시간이 결정한다'고 주장했습니다. 그들은 자동차가 오토바이보다 비싼 이유는 자동차를 만들기 위해서 투여된 인간의 노동시간이 오토바이를 만들기 위해 투여된 노동시간보다 길기 때문이라고 말합니다. 이러한 사고는 애덤 스미스를 거쳐 데이비드 리카도 그리고 마르크스까지 이어졌습니다. 이러한 주장을 노동가치설이라고 말합니다. 그런데 19세기 후반에 가치에 대해 새롭게 정의하게 됩니다. 재화를 만들어 낸 노동시간보다 인간이 구매한 상품을 향유하면서 느낄 수 있는 효용이라고 알프레드 마샬[107]이 주장했습니다. 그리고 그의 주장은 주류 경제학의 기반이 되고 있습니다.

가치의 본질이 상품에 투여된 노동시간이든, 그 물건이 인간에게 주는 효용이든, 어쨌든 버블이란 수요와 공급에 의해서 결정되는 가격이 가치보다 지나치게 비싸다는 것입니다. 그렇다면 버블은 언제나 나쁜 것일까요?

---

106. 경제학의 탄생 : 애덤 스미스의 『국부론』을 경제학의 시초로 볼 수 있다. 원제는 "국부의 본질과 원인에 관한 연구"로 무엇이 국가가 얻을 수 있는 부의 원천인지 설명한다.

107. 알프레드 마샬(Alfred Marshall) : 현대 경제학에서 쓰이고 있는 수요와 공급이라는 개념을 일반화했다. 그를 한계효용학파에 속해 있다고 한다.

무조건 나쁘다고만은 볼 수 없을 겁니다. 때로는 버블은 꼭 필요하다고까지 할 수 있습니다.

어떤 사람의 아이큐가 90이라고 칩시다. 그 사람은 자기 아이큐를 정확히 알고 있어요. 그래서 어떤 일을 할 때마다 '내 머리로 뭘 할 수 있겠어? 내 아이큐가 90이니 할 수 있는 게 없어'라고 생각합니다. 그러니 무슨 일이 되겠습니까? 그런데 그 친구가 긍정적이어서 자기 아이큐를 120이라고 생각하고 있습니다. 그럼 생각이 바뀌겠지요. '내가 뭐가 부족한 게 있다고 저걸 못하겠어? 반드시 해내고 말 거야' 혹은, '남들 다 하는 건데 나라고 못하겠어?' 이런 식으로 말입니다. 긍정적으로 생각했기 때문에 오히려 자신감 있게 살아갈 수 있을 겁니다.

경제도 마찬가지입니다. 사람들이 다 자기 처지를 객관적으로 알고 있다고 생각해 봅시다. 소득에 비해 노후는 불안하고 여간 아껴 쓰지 않고서는 이 시대를 버텨 나갈 수 없다고 생각하는 거죠. 개인적으로 이 생각은 합리적일 수 있습니다. 그러나 사회 전체적으로 소비가 발생하지 않아서 불황이 오게 될 겁니다. 결국 사회 전체가 공멸의 위험에 빠질 수 있다는 것이죠. 사실을 너무 객관적으로 보는 것이 오히려 사실을 더 나쁘게 만들 수 있다는 역설이 될 수도 있습니다. 위대한 경제학자인 케인즈는 이미 이러한 현상을 예측해, 구성의 모순[108]의 사례로 절약의 역설을 설명했습니다.

그렇다면 사람들은 언제 기대하게 될까요? 그건 바로 미래에 달려 있지요. 미래 전망이 어둡다고 생각한다면 결코 자기 자신을 과대평가하지 않을 겁니다. 미래 전망이 밝을 때 자기를 과대평가하겠지요. 경제도 마찬가지입

---

108. 구성의 모순 : 개별적으로는 타당한 결정이 전체의 입장에서는 옳지 않은 행동을 말한다.

니다. 자기 소득이 더 많아질 거라고 생각할 때 사람들은 현재의 자기 소득 수준보다 더 많은 소비를 할 수 있게 되는 겁니다.

먼 거리를 돌아왔네요. 왜 1636년에 네덜란드에서 버블이 생겼을까요? 영국도 프랑스도 스페인도 아닌 네덜란드에서 말입니다. 그건 바로 당시 네 덜란드의 미래 전망이 무지하게 밝았기 때문입니다.

1636년 네덜란드로 돌아가 봅시다. 당시 세계 최고 국가는 영국이나 프랑스, 스페인이 아닌, 네덜란드였습니다. 그것을 가장 잘 보여 주는 대표 주자는 바로 동인도회사입니다. 17세기 중순에는 영국에서 상인 세력을 견제 하려는 귀족과의 갈등으로 동인도회사에 정부가 부여하는 권한이 제한됩니 다. 그리고 무제한의 권한을 받은 네덜란드 동인도회사는 강력한 회사 군사 력(당시 각국의 동인도 회사는 독자적인 군사력을 가지고 있었습니다)을 바탕으로 해외시장 에서 영국을 압도하여, 한때 영국 동인도회사를 존폐 위기까지 몰아가기도 했습니다. 1636년 네덜란드가 바로 당시 세계의 현금 창고이자 금빛 전망을 가졌던 나라였기 때문입니다.

닷컴 버블, 일본 부동산 버블을 예로 들어 보지요. 일본의 부동산 버블[109] 이 터지기 전 1990년에 전 세계에서 제일 잘나가던 경제 강국은 어디였나 요? 소니의 '워크맨'으로 대표되는 일본이었습니다. 뉴욕 맨해튼의 모든 건 물을 일본이 다 쓸어 담는다고 미국이 난리칠 때입니다. 닷컴 버블[110]은 어

---

109. 일본의 부동산 버블 : 1980년대 말 부동산 시장에서 가격이 폭등했다. 그러나 급격하게 부동산 가격이 하 락하면서 일본경제가 침체기로 접어들었다.

110. 닷컴 버블(dot-com bubble) : 인터넷 관련 분야가 성장하며 산업 국가의 주식 시장이 지분 가격의 급속한 상승을 본 경제 버블

디에서 터졌습니까? 미국에서 터졌죠. 빌 게이츠가 마이크로소프트라는 회사를 시가총액 최고의 회사로 만들고, 자기는 세계 최고 부자로 랭킹을 올릴 때입니다. 또한 이때 미국에서는 더 이상 불황이라는 것이 존재할 수 없다는 신경제론[111]을 주장합니다. 당시에는 미국의 경제 호황을 당연하게 여기던 때입니다. 버블은 경제가 호황인 나라에서 나타납니다. 버블은 잘나가는 나라에서 터지는 것입니다.

그렇기 때문에 다른 나라보다 우리나라 가상화폐 버블이 심각한 것은 한국 경제에 문제가 있기 때문이라는 식의 보도는 맞을 수도 있지만 틀릴 수도 있는 말입니다. 경기 침체가 예상될 때는 절대 버블은 발생하지 않습니다. 버블이 심각하면 문제입니다. 그러나 어느 정도의 버블은 그 나라 경제가 아직 살아 있고, 앞으로도 잘될 수 있다는 긍정적 신호로 해석할 수 있다는 겁니다.

2017년 3/4분기 대한민국 경제는 전 분기 대비 1.4%라는 놀라운 성장률을 10년 만에 보였습니다. 2008년 경제 위기 이후 오랜만에 들려온 희소식이었습니다. 더군다나 그 1.4% 성장은 경제 회복을 위한 일방적인 정부 지출이나 건설 경기 부양에 의해서 나타난 것이 아니었습니다. 2017년 3/4분기 성장이 미래 경제에 대한 낙관으로도 읽힐 수 있는 설비투자 증가가 그 원인이라는 점은 한국 경제에 무척이나 고무적입니다.

설비투자가 좋기 때문에 민간 소비까지 회복되고, 거기에 남북 관계 해

---

111. 신경제론(New Economy) : 1990년대 미국 경제는 높은 성장률과 낮은 인플레이션으로 장기적으로 경제가 활황이었다. 이에 등장한 것이 신경제론인데 이는 인플레이션이 없이 장기적으로 호황을 지속하는 것을 설명하기 위한 이론이다.

빙과 사드 이후 벌어질 수 있는 중국의 경제 보복까지 해결된다면 한국 경제가 다시 한번 도약할지도 모릅니다. 이런 희망 섞인 기대가 있기에 버블이 생기는 것이 아닐까요? 가상화폐 외의 다른 영역에서도 지나치지 않은 적절한 버블을 기대해 봅니다.

이제 우리는 왜 1636년 네덜란드에서 버블이 있었는지 알아냈습니다. 하지만 다 해결된 것은 아닙니다. 더 중요한 문제가 남았습니다. 왜 튤립이었을까요? 버블이라면 뭔가 엄청난 물건에서 발생해야 할 것 같은데, 왜 별것도 아닌 튤립에 버블이 발생했냐는 겁니다. 이런 생각은 사실 전형적인 현대인의 선입견과 편견으로 볼 수 있습니다. 왜냐하면 튤립은 당시에는 정말 엄청난 물건이었기 때문입니다. 그 시대로 돌아가 보죠. 당시는 서구 식민지 개척 시기입니다. 동양의 차, 커피, 사탕수수, 비단, 후추, 육두구를 찾아 서로 식민지를 만들어 내려고 경쟁하던 시절이지요. 여러분이 당시 네덜란드인이라고 칩시다. 차와 후추를 찾아 동아시아로 와서 A라는 지역을 식민지로 만들었습니다. 그런데 안타깝게도 A 지역에는 차도 후추도 커피도 아무것도 없습니다. 어떻게 하실 건가요? A 지역을 포기하고 다른 지역으로 간다고요? A 지역을 점령하기 위해서 얼마나 많은 공을 들였는데요. 그렇습니다. A 지역을 포기하는 대신, 혹시 A 지역에 커피나 차나 후추나 육두구가 자랄 수 있는지 심어 보고 자란다면 잘 자라는지, 또 대량생산은 가능한지 알아봐야겠죠. 그러한 실험을 위해 만든 공간이 바로 식물원입니다.

식물원은 서구 제국주의 역사와 밀접한 관련을 갖는 시설입니다. 이런 식물원에서 이루어지는 과학이 식물학입니다. 당시 식물학은 최첨단 과학이었던 것이죠. 지금 가상화폐의 기반이 된 블록체인 기술이 최첨단 과학이듯이 말입니다. 닷컴 버블이 그렇고, 지금의 가상화폐 버블이 그렇듯, 튤립 버블 역시 당시 최첨단 산업에서 발생한 버블이었던 겁니다.

당시 오스만 제국에서 튤립 구근이 들어옵니다. 모르고 봤을 때는 양파인데 세상에, 거기서 꽃이 피는 거죠. 그 꽃이 너무 아름다웠던 겁니다. 그리고 이때 튤립 돌연변이가 나오게 됩니다. 그런데 그 돌연변이 꽃이 너무 아름다운 거예요. 당연히 모든 사람이 이 꽃을 갖고 싶어 했기 때문에 꽃값은 천정부지로 올라갑니다. 돈이 넘쳐나는 전성기 네덜란드의 최첨단 산업인 식물 산업에서, 그것도 상상도 할 수 없이 아름답게 느껴지는 희귀한 돌연변이 꽃, 이 가격이 아파트 가격의 몇 배가 된다고 누가 버블이라고 생각했겠어요. 하지만 이게 튤립 버블입니다.

오늘날의 가상화폐를 거론하지 않아도 튤립 버블만으로 가상화폐 현상에 대해 다 말했다고 생각합니다. 지금 생각했을 때는 참으로 웃긴 이야기입니다. 그런데 1636년 네덜란드에 살고 있던 사람들 입장에서는 절대 그렇지 않다는 것입니다. 가상화폐에 대한 평가도 그렇게 될지 모릅니다. 지금 많은 사람이 이것이 화폐의 대안이 될 거라고 믿고 있습니다. 그러나 세월이 지난 뒤에는 가상화폐 논란이 참 우스운 일이었다고 생각하게 될지도 모른다는 말입니다. '당대 종교는 후대 신화다'라는 말이 있습니다. 그리스 로마 신화를 생각해 보세요. 그 시대를 살았던 사람들은 제우스와 아테나를 정말 신으로 여겼겠지요. 하지만 지금 이 시대를 사는 사람은 아무도 그 이야기를 종교로 받아들이지 않습니다. 그저 신화로 받아들일 뿐입니다. 여기까지 튤립 버블에 대해서 여러분께 말씀드렸습니다.

재밌게 잘 이해가 됐는지요? 그런데 튤립 버블을 이해하기 위해서 제가 앞에서 말했던 튤립에 대한 과학적 지식이 꼭 필요했나요? 결국 가상화폐 버블과 블록체인 기술도 마찬가지입니다. 가상화폐 시장을 규제하면 블록체인 기술 발전이 안 된다? 제 생각으로 블록체인과 가상화폐는 분리될 수 없을 것 같습니다. 하지만 가상화폐에 대한 규제가 이루어진다고 해서 블록체인 발전이 가로막힐 것이라고는 생각하지 않습니다. 뇌 과학 없이도 인간 심리를 알 수 있고, 경제학 원론을 몰라도 경제문제를 이해하고 해결할 수 있습니다. 따라서 블록체인 기술을 몰라도 가상화폐 시장을 규제해야 할지 말아야 할지 우리는 판단할 수 있습니다. 가상화폐 규제책은 블록체인 전문가가 아니라 시장 전문가와 민주주의에 맡겨야 하는 것입니다.

지금 가상화폐는 빗썸, 업비트, 코인원 그리고 코빗 등과 같은 거래소에서 거래되고 있습니다. 아마 이런 거래소 시장이 활성화되지 않았다면 가상화폐 버블에 대한 논란도 없었을 겁니다. 착각하면 안 됩니다. 가상화폐 열풍이 불어서 가상화폐 거래소가 생긴 것이기도 합니다. 그러나 가상화폐 거래소가 본격적으로 가상화폐 열풍을 만들었다는 겁니다. 만일 가상화폐 거래소가 없었다면 비트코인에 관심이 있어 사고 싶은 사람이 많다 해도, 실제로 비트코인을 사는 것이 쉽지는 않았을 겁니다. 그런데 당시 튤립 구근 거래는 어디에서 이뤄졌을까요? 거래소가 아니라 주점(酒店)에서 주로 이루어졌습니다. 그것도 당대에는 이해할 수 없는 아주 이상한 방식으로요. 술집에서 거래를 하게 되는데, 현금도 없이, 튤립 구근도 없이 거래를 합니다.

"두 달 뒤에 우리 A라는 튤립 구근을 100길더에 당신은 팔고 나는 구매하자."

이렇게 약속을 합니다. 약속의 위험성 때문에 계약서를 씁니다. 그 종이는 믿을 수 있을까요? 못 믿죠. 그래서 둘 다 현금도 없고 튤립 구근도 없기에 입고 있는 옷을 벗어 '거래 증거품'으로 건넵니다.

그렇습니다. 바로 선물거래[112]가 등장했습니다. 여기서 중요한 것은 이런 방식의 거래량이 폭증한다는 사실입니다. 버블이 형성되기 위해서는 가격이 오르는 것만으로는 안 되겠죠? 거래량이 수반되어야 할 겁니다. 그래서 버블 형성에 있어서 중요한 것은, 거래를 위한 시장이 얼마나 잘 조성되었는가 하는 것입니다. 튤립 버블에서는 바로 이 선물 거래가 그 역할을 해 주었습니다.

이제 네덜란드의 시민들은 계약서와 경미한 중도금만 있으면 꿈에 그리던 튤립 구근을 거래할 수 있게 되었습니다. 심지어 경미한 중도금마저 현금이 아닌 옷가지 혹은 가축이나 가구였습니다. 이것이 버블이지요. 계약서를 가진 사람은 이내 다른 술집으로 들어갑니다. 한창 튤립 구근 얘기를 나누던 테이블에서 이야기가 전개됩니다.

"두 달 뒤에 튤립 구근을 살 권리가 저에게 있는데, 이 권리를 120길더에 사시겠어요?"

새로운 계약이 이루어졌습니다. 그리고 이번에는 그 계약서를 받은 사람이 또 다른 술집으로 발걸음을 옮깁니다. 이번에는 150길더. 또 다음에는 200길더, 이렇게 수건돌리기를 하고 있을 때 만일 네덜란드 정부가 규제책을 내놓았다면 어떻게 되었을까요? 셀 수 없는 탄원서가 정부에 들어왔을

---

112. 선물거래(Futures trading) : 일정 시점에 정해진 가격으로 매매할 것을 현재 시점에서 약정하는 거래이다.

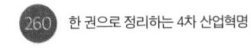

겁니다.

'튤립 구근 매매에 대한 규제는 네덜란드의 미래 주력 산업인 화훼 산업에 대한 진흥책을 막을 수 있습니다'라고 말이죠. '거래소에 대한 규제는 자칫 블록체인 기술의 발전에 저해될 수 있습니다'라는 탄원과 같은 맥락인 겁니다.

주점의 선물거래가 튤립 버블을 키운 것과 마찬가지로 가상화폐 거래소 역시 이런 역할을 했습니다. 가상화폐를 거래하기 위해서는 그 코인을 가진 사람들의 과반수의 동의를 얻어야 했습니다. 그러니 실제로 거래가 발생하기 위해서는 시공간적으로 상당한 어려움이 있었죠. 이것을 해소한 것이 바로 가상화폐 거래소입니다. 가상화폐 거래소는 자기들의 신용을 바탕으로 이 과정을 없애 버린 것입니다.

만일 여러분이 가상화폐 거래소에서 가상화폐를 샀다고 칩시다. 여러분은 가상화폐를 샀다고 생각하겠지만 산 순간 산 것이 아닙니다. 거래소에서 구매했다고 인정만 해 주는 것이지요. 한참 후에 나머지 비트코인 보유자 51%의 동의를 받아야 진짜 산 것이 되는 거죠. 팔 때도 마찬가지입니다. 사고팔았다고 생각하지만 실제로 오간 거래는 없습니다. 거래소에서 인정만 해 주는 것이죠. 여기서 모순이 발생합니다. 중개인 없이 거래하자고 했는데 중개인이 없으면 거래가 안 되죠. 비트코인을 만들었던 사토시 나카모토[113]와 사람들의 꿈이 무엇이었죠? 중개소라는 중앙 권력기관이 없는 화폐를 만

---

113. 사토시 나카모토 : 비트코인의 개발자로 알려져 있으나 정확한 신상 정보는 밝혀져 있지 않다. 2009년 세계 최초의 암호 화폐인 비트코인을 개발했으며 2012년 비트코인 자체가 내포한 경제학적 위험성 때문에 미국의 《와이어드》에서는 사토시 나카모토를 세계에서 가장 위험한 인물 중 5위로 선정했다.

들자고 하지 않았나요? 상당히 모순되는 일이 발생한 것이죠? 그래서 이런 주장이 나오게 된 겁니다. "지금은 과도기적이라 어쩔 수 없지만, 언젠가는 거래소 없는 거래를 할 것이다"라고요.

정부는 무엇을 해야 하는가

버블을 정부가 방치해서 안 되는 이유는 무엇일까요? 네덜란드 튤립 버블에서 그 교훈을 찾을 수 있습니다. 버블이 터진 이후에도 외형적으로는 네덜란드 경제에는 큰 변화가 없었습니다. 폭락했던 튤립 구근 가격도 예전 가격을 회복하지는 못했지만 어느 정도 수준으로 회복했고요. 그리고 더 놀라운 것은 화훼 산업이 계속 발전했다는 겁니다.

지금도 '꽃' 하면 네덜란드 아닌가요? 네덜란드 튤립 버블이 커진 상황에서 네덜란드 GDP는 변했을까요? 앞에서도 말했지만 기본적으로는 영향이 없습니다. 주가나 부동산이 오른다고 GDP가 변하지는 않습니다. 가격이 오른 것뿐이지, 가치가 새로 생겨난 것은 아니니까요. 튤립 버블이 붕괴되었다고 당장 튤립 구근 수가 변화한 것은 아니죠. 튤립 구근 가치가 변한 것이 아니라, 튤립 구근 가격만 변한 것이죠. 그래서 그 거품이 꺼지더라도 네덜란드 GDP는 변함이 없습니다. 하지만 일본 부동산 버블이 붕괴된 후 잃어버린 20년이 발생하듯, 네덜란드 역시 내부적으로 큰 변화를 겪습니다. 그리고 그 결과 네덜란드가 영국에게 패권을 빼앗기게 됩니다. 영국이 해가 지지 않는 국가로 떠올랐던 계기 중 하나가 바로 튤립 버블이었습니다.

겉으로 보이는 것보다 중요한 것은 당연히 사람의 마음. 튤립 버블을 겪고 난 뒤 네덜란드 사람들은 돈과 경제관에 있어서 커다란 변화를 겪습니다. 첫 번째, 청교도주의가 부활합니다. 막스 베버는 『프로테스탄트 윤리와 자본주의 정신』[114]에서 당시 객관적으로 프랑스와 스페인에 뒤처져 있던 영국이 먼저 자본주의 발전을 하게 된 이유 중 하나로 '직업 소명설'을 꼽습니다. 당시 남부 유럽 종교인 가톨릭에서는 돈 버는 행위를 죄악시했습니다. 반면 종교개혁으로 등장한 북부 유럽 개신교는 '직업 소명설'을 통해, 돈 버는 행위를 신이 주신 소명인 자기 직업에 충실하라는 신의 뜻에 부합하는 행위로 보았습니다. 그래서 자본주의가 영국에서 먼저 발달했다는 겁니다. 그런데 튤립 버블 이후 네덜란드에서 금욕주의에 바탕을 둔 청교도주의가 부활합니다. '아껴라', '금욕하라', '돈을 많이 벌려는 사람들은 돈에 환장한 것들이다. 지옥 갈 거야'라는 인식이 커지죠.

원래 청교도주의의 금욕주의는 초기 자본주의에 있어서는 최초의 자본을 형성하는 데 큰 도움을 주었던 사고방식[115]이었습니다. 그런데 이제 네덜란드에서는 오히려 수요를 억제하고 경제에 문제를 일으키는 사고방식이 돼 버린 겁니다. 돈에 '미치고' 나서 반성하는 것까지는 좋은데, 그다음 정상적인 경제활동도 기피하게 되었던 겁니다.

두 번째, 노동관이 붕괴되었습니다. 버블에서 이득을 본 사람이든 폭탄

---

114. 『프로테스탄트 윤리와 자본주의 정신』: 독일의 철학자인 막스 베버가 쓴 책으로 자본주의가 발전한 까닭은 프로테스탄트의 윤리에 의해 자본주의가 발전한 것이라고 설명한다.

115. 자본주의가 시작되기 위해서는 최초의 자본을 축적해야만 했다. 예를 들어 가게를 차리려면 종잣돈을 모아야 하기 때문이다. 버는 돈을 다 쓰는 것이 아니라 돈을 남기는 저축과 재투자의 개념이 만들어져야 하는데 여기에 큰 공헌을 한 것이 청교도의 금욕주의였다.

을 맞은 사람이든, 이후에 일을 할 수 없게 됩니다. 개인적으로는 알코올중독자나 마약중독자 혹은 폭력 범죄자보다 다시 정상적인 근로 활동을 하기 어려운 사람이 도박 중독자가 아닐까 싶습니다. 왜냐하면 도박이 술이나 마약 혹은 폭력과 가장 큰 차이는 불로소득을 목적으로 하는 행위라는 점입니다. 모든 불로소득은 노동 소득에 대한 불신과 천시를 만들어 내기 때문입니다. 카지노에서 돈을 크게 벌었다고 칩시다. 물론 그러기 쉽지 않지만요. 그 사람이 원래 자신이 종사하던 일을 하겠습니까? 그렇지 않겠지요. 아마 대부분 직장을 떠날 겁니다. 로또에 당첨된 사람들 중에 나중에 보니 망가지지 않고 제대로 된 삶을 영위했던 사람들의 특징은, 로또에 당첨된 이후에도 다니던 직장을 계속 다녔다는 겁니다. 대단한 사람들이지요.

중요한 것은 불로소득이 발생한 뒤에도 노동 소득을 벌 수 있는 건전한 사고를 가진 사람들이 로또 당첨의 행운을 정말 행운으로 만들 수 있는 겁니다. 그런데 아시다시피 그런 사람들은 정말 소수에 불과하지요. 도박 중독자 대부분은 한 방을 잊지 못해 패가망신하고서도 노동으로 소득을 올릴 생각을 하지 못하고, 카지노 주변을 떠돌면서 구걸하며 여생을 보내죠.

한 번의 불로소득이, 지속적으로 보장받을 수 있는 건전한 근로소득의 의욕을 꺾어 버린 대표적인 사례입니다. 이렇듯 튤립 버블 광풍이 지나간 자리에는 건전한 근로 의욕이 사라져 버립니다. 버블은 경제에 일정 정도 바람직할 수 있지만, 지나치는 순간 한 나라 경제의 진짜 토대인 근로 의욕을 붕괴시킬 수도 있습니다. 진짜 무서운 것은 버블 붕괴가 아니라 근로 의욕이 붕괴되는 것이죠.

튤립 버블이 일어났을 때 튤립에 대한 관심이 높아지는 것은 자연스러운 일입니다. 어느 정도 버블이 있어야 하죠. 그런데 진짜 문제 중 하나가 무엇이었나요? 정부의 아무런 규제 없이 '주점(酒店)'에서 '선물(先物)'로 거래되었던 것이 문제였죠. 지금 가상화폐는 어디에서 거래됩니까? 가상화폐 거래소이지요. 그 거래소에 대한 적절한 규제가 이루어져야 한다는 겁니다. 그렇다면 그 규제는 어떻게 이루어져야 할까요? 어렵지만 그렇다고 또 어렵기만 한 문제는 아닙니다. 바로 주식시장에 그 답이 있습니다. 주식 역시 예전에는 아무데서나 아무렇지도 않게 거래되었습니다. 그러자 상상할 수 없는 버블이 발생했습니다. 그리고 그것을 바로잡느라 만들어지고 정비된 곳이 바로 지금의 증권거래소입니다.

"모든 가상화폐 코인을 자유롭게 거래하게 하자. 어떤 중개기관도 없이."

멋진 말 같습니다. 그러나 사실 우리나라에서 그렇게 거래되는 물건은 없습니다. 하다못해 집에서 키운 닭 한 마리를 팔려고 해도 원칙적으로는 '농축산물관리법'의 적용을 받아야 하고 부가세도 내야 하고 소득세도 내야 합니다. 아무런 규제 없이 닭 매매를 허용하라는 것은 쉽지 않은 주장입니다. 더구나 금융상품 거래에 있어서는 말할 것도 없습니다. 왜냐하면 금융상품이란 원칙적으로 실물이 보이지 않는 거래입니다. 그래서 투명한 거래가 더 어렵죠. 무엇이 거래되는지 사람들이 알기가 훨씬 더 어렵다는 겁니다. 그래서 사기꾼들이 사기 치기 더 좋은 것이지요. 그렇기 때문에 더 많은 규제와 제약이 따라야 하는 겁니다.

"가상화폐 발전을 위해서는 누구나 가상화폐를 만들어서 누구나 거래할 수 있게 해야 한다"고 주장하는 사람도 일부 있습니다. 하지만 이런 주장은 굉장히 무책임하고 말도 안 되는 겁니다. 만일 어떤 사람이 "주식시장 발전을 위해서 누구나 주식을 발행하고 누구나 거래할 수 있게 해야 한다"고 말한다면 미친놈 소리를 들을 겁니다. 그래서 만들어 낸 것이 바로 '상장 제도' 입니다.

보통 주식은 시장에서 당사자끼리 마음대로 거래할 수 있게 하되, 일반인을 대상으로 한 주식은 상장된 주식만 매매하도록 하겠다는 것이지요. 그러면 저에게 이렇게 질문할 겁니다. 가상화폐(코인)도 상장 제도가 있나요? 그렇습니다. 하지만 엄청 큰 차이가 있지요. 주식회사 상장은 국가가 일정한 기준을 가지고 상장 여부의 권한을 실질적으로 행사합니다. 그런데 가상화폐 상장은 가상화폐 거래소에서 결정하죠. 생각해 보면 어이없는 일입니다. '닭' 매매에 대한 규제를 양계장 사장님이 결정한다? 당장 바꾸어야 할 겁니다.

가만히 생각해 보면 지금 가상화폐 거래소는 처음 비트코인과 같은 가상화폐를 만들었던 사람들의 정신과도 괴리되어 있습니다. 가상화폐는 탈중앙화, 분권화, 투명화를 내세웠지요. 만약 사토시 나카모토가 실제로 있다면 이 거래소를 어떻게 볼까요?

"현 가상화폐 거래소는 가장 불투명하고, 수수료가 가장 높고, 가장 중앙화된 조직으로 전락했습니다."

이렇게 말하지 않을까요? 진짜 가상화폐주의자라면 규제를 대찬성할 것 같습니다. 혹은 더 나아가, 가상화폐 거래소를 없애자고 할 것 같습니다. 거래소 없이 거래할 수 있을 때까지 기다리자고 얘기할 것 같습니다. 그게 사토시 나카모토의 정신이고요.

두 번째 문제로 넘어가겠습니다. 자본주의 시장은 기본적으로 완전경쟁

시장[116]을 지향합니다. 그래야만 시장이 지닌 최고 장점인 자원의 효율적 배분을 이룰 수 있기 때문입니다. 완전경쟁 시장의 가장 큰 특징 중 하나가 무엇입니까? 바로 모든 정보는 오픈되어 있다는 것이죠. 그런데 사실상 대주주만 정보를 아는 경우가 많죠. 그래서 모든 정보를 반드시 공개하도록 하는 제도가 존재합니다. 바로 공시 제도[117]입니다.

예를 들어, 주식시장에서 주주 중 5% 이상의 주식을 가진 사람은 그것을 매도하고 매수하면 발표해야 합니다. 증권회사에 가면 소액주주는 모르지만 대주주는 어떤 주식을 가졌는지 다 알 수 있습니다. 가상화폐는 누가 얼마나 가지고 있죠? 모릅니다. 그래 놓고 투명하대요. 뭐가 투명하죠? 코인이 투명한가요? 저런 주식이 있다면, 작전을 도모하는 사람에게는 완전 땡큐한 상황 아닙니까? 거기다가 세금까지 없다면 말입니다.

경제학적 용어로 '극단적인 정보의 비대칭성[118]'이 발생하는 거죠. 게임이 안 되는 거예요. 개미는 아무것도 몰라요. 이놈의 시장은 코인 가격이 누군가 대량 매집해서 올라가도 개인이 샀는지, 법인이 샀는지, 외국인이 샀는지도 모르죠. 이런 시장이 어디 있나요? 게다가 가격이 급등락하면 일시적으로 매매를 중단시키는 서킷 브레이커와 가격 제한 폭 제도도 없습니다. 주가가 많이 오르면 나쁜가요? 아니죠. 다만, 개미를 보호하기 위해 만든 제도입니다. 주식이 급락하면 대주주는 일반적으로 떨어진 원인을 알고 있겠죠.

---

116. 완전경쟁 시장 : 완전경쟁 시장은 경제적으로 효율성이 극대화되어 경제적인 이익이 최대인 시장을 말한다. 그런데 완전경쟁 시장에는 네 가지의 조건이 성립해야 한다. 첫째로 시장 참여자는 모두 완전한 정보를 가지고 있으며, 둘째로 시장에서 거래되는 상품은 모두 동질적이어야 한다. 셋째로 시장 참여자가 많아 시장에서 결정된 가격을 수용해야 한다. 넷째로 모든 기업의 진입과 퇴출이 자유로워야 한다.

117. 공시 제도 : 주식시장에서 회사 전반에 관한 주요 정보를 모든 이해 당사자들에게 같은 시점에 제공하는 제도

118. 정보의 비대칭성 : 시장에서의 거래에서 당사자들이 보유한 정보에 차이가 있는 현상

그런데 일반인 입장에서 갑자기 주가가 급락하면 대부분은 그 원인을 모르고 있을 겁니다. 얼마나 불안하겠어요?

불안감에 주식을 팔게 되고 그렇게 되면 주가가 더 떨어지고 그러면 더 팔게 되고 그러면 또 더 떨어지고….

악순환이 발생하고 맙니다. 하지만 그때 이 주식이 떨어진 이유가 사실은 별것이 아니라는 사실을 아는 사람들은 그 주식을 헐값에 주워 담을 큰 기회를 맞이하는 것입니다. 그런데 코인 시장은 그런 게 없죠. 그러니까 부자들에게 가난한 사람이 털리기 완전 좋은 구조인 것이지요. 한마디로 부익부 빈익빈이 엄청 발생하게 되는 구조입니다. 코인 물동량 중에서 몇 퍼센트만 갖고 있으면 그냥 다 작업할 수 있는 거잖아요. 소액 코인 소유자를 털어먹기에 저렇게나 좋은 장이 없다는 말입니다.

아무런 규제 없이 가상화폐 거래소를 방치하는 것은 고양이에게 생선을 맡긴 것과 다를 바 없는 겁니다. 이 결과는 국민과 특히 젊은 청춘들의 파산입니다. 조속히 가상화폐 거래소에 최소한 정부의 규제를 받는 상장 제도, 공시 제도, 서킷 브레이커와 가격 제한폭 제도 그리고 공정한 조세제도가 자리잡기 바랍니다.

아무런 규제 없이 가상화폐거래소를 방치하는 것은
고양이에게 생선을 맡긴 것과 다를 바 없는 겁니다.
이 결과는 국민과 특히 젊은 청춘들의 파산입니다.

조속히 가상화폐 거래소에
최소한 정부의 규제를 받는 상장 제도, 공시 제도,
서킷 브레이커와 가격 제한 폭 제도,
그리고 공정한 조세제도가 자리 잡기 바랍니다.

영국과 차

17세기는 그야말로 네덜란드가 서양을 재패하던 시절이었습니다. 영국이 동인도회사를 세웠는데 그로부터 2년 뒤 네덜란드도 인도에 동인도회사를 세웠지요. 가만히 두고 봤더니 네덜란드가 포르투갈, 인도네시아 그리고 그 주변 섬들까지 다 차지해 버린 겁니다. 영국은 네덜란드가 얼마나 얄미웠을까요? 그래서 네덜란드를 시기하던 영국은 네덜란드와 계속해서 전쟁을 벌이지요. 1652년 제1차 영국 네덜란드 전쟁이 벌어지고, 이 전쟁은 2차 영국 네덜란드 전쟁으로 이어지게 됩니다. 영국을 따라잡은 네덜란드는 당시에 가장 중요한 요충지인 인도네시아의 자바 섬을 차지하게 됩니다.

그런데 티(tea)하면 무엇이 생각나십니까? 바로 영국이죠? 차의 맛을 알아 버린 영국은 자바 섬이 너무나 아까웠죠. 자바 섬은 노예무역이 활발했고 뿐만 아니라 영국이 가지고 싶어 하던 차까지도 풍부했으니까요. 영국은 무역으로 많은 이윤을 얻는 것에 만족하지 못했습니다. 결국 1823년 영국 탐험가 로버트 부르스 소령이 인도 아삼 지방에서 원주민이 마시는 차를 보면서 아삼 종의 차나무를 알게 됩니다. 아삼은 찻잎의 크기가 당시 차로 유명한 중국보다 더 컸고 열대기후에 잘 견디며 중국에서 온 차보다 훨씬 좋은 맛을 내어 인기가 있었다고 합니다. 1848년 영국의 식물학자 로버트 포춘은 차의 향기에 취해 중국에서 차의 종자와 묘목을 훔쳐 옵니다. 그리고 영국의 식민지인 인도와 중국의 국경 지대에 심게 되지요. 그것이 바로 저희가 자주 먹는 '다즐링' 차의 시작이랍니다.

뉴욕과 육두구 섬

1667년 브레다 평화조약으로 제2차 영국 네덜란드 전쟁이 종결되었습니다. 그 이후 네덜란드와 영국은 도시를 교환하게 됩니다. 이때 네덜란드는 식민지로 가지고 있던 도시 하나를 영국에게 주게 되는데요. 바로 이 도시가 뉴욕, 바로 뉴암스테르담이었습니다. 식민지를 선물로 받은 영국은 네덜란드에게 인도네시아의 작은 섬 하나를 줍니다. 그곳이 바로 '육두구 섬'이라고 부르는 '런(Run) 섬'이죠. 그런데 네덜란드에게 뉴욕이라는 도시를 받아도 영국은 손해를 보는 장사를 했다며 난리가 나는데요. 그 시기가 바로 차와 커피의 위력이 대단했던 시대, 17세기였습니다.

21세기 4차 산업혁명이 나타난 이 시대, 가장 중요한 산업은 무엇일까요? 바로 반도체 산업입니다. 그런데 17세기 당시에는 식물학이 최첨단 산업이었습니다. 그렇기 때문에 영국에서는 현재 가장 빛나는 도시인 뉴욕을 네덜란드가 화해의 선물이라고 주는데도 난리가 났던 것이겠지요. 향료가 가득한 섬을 어떻게 아무것도 없는 뉴욕과 거래할 수 있냐면서요. 시대에 따라 변하는 산업으로 인해 바뀌는 도시의 가치, 17세기 영국의 탄식을 여러분은 어떻게 생각하시나요?

누군가에 대해 평가를 하는 것처럼 힘든 일은 없을 겁니다. 그 사람과의 관계에 따라서, 자기와의 이해관계에 따라서 혹은 자신의 가치관에 따라서 평가가 달라질 수 있을 겁니다.

02

존 로, 희대의 사기꾼인가 금융의 선각자인가?

민주화의 주역, 결단력 있는 정치인, 하나회를 척결해서 군부 쿠테타의 가능성을 없앤 사람, 금융실명제로 새로운 경제 기반을 만든 대통령이라는 긍정적 평가도 가능할 것이고, 3당 합당[119]의 주역이자 대한민국을 IMF로 몰고 간 장본인, 아들에게 휘둘린 대통령이라는 정반대의 부정적 평가도 가능할 것입니다. 바로 김영삼 대통령입니다.

---

119. 3당 합당 : 1990년 한국의 여당 민주정의당과 야당이었던 통일민주당, 신민주공화당이 합당해 자유민주당을 출범시켰다.

이 정도 평가는 약과입니다. 오늘 소개할 존 로[120]라는 사람에 대한 평가입니다. 지상 최대의 사기꾼, 끊임없는 탐욕으로 자기와 주변의 모든 사람을 파산시킨 악마, 나오는 말마다 구라인 뻥쟁이, 개인적으로도 실패한 인생을 산 인간이라는 평가가 대부분입니다. 그런데 어떤 백과사전에 나온 평가를 간략히 정리해 보았습니다.

사기꾼과 최고의 경제학자라는
양극의 평가를 받고 있는 존 로

"존 로는 스코틀랜드 출신의 경제학자이다. 한 국가의 부를 증대시키기 위해서 무역을 중요하게 생각했다. (중략) 그는 애덤 스미스 이전 경제학자들 중에서 가장 중요하게 손꼽힌다."

이 인용은 역사 이래 최대의 버블 주인공인 존 로에 대한 또 다른 평가입니다. 이제 존 로가 누구이고, 그가 어떻게 미시시피 버블을 만들어 냈는지 알아보도록 하겠습니다.

---

120. 존 로(John Law) : 스코틀랜드의 경제학자다. 미시시피 버블의 주범으로 뽑히며 경제계에서 많은 논란을 일으켰다.

존 로가 실제로 어떤 삶을 살았는지 봅시다. 존 로는 스코틀랜드 애든버러의 한 금세공인의 아들로 태어났습니다. 사진을 보면 알겠지만 일단, 잘생겼습니다. 한량으로 살았겠죠. 여자 문제가 복잡했을 테고요. 그래서 치정으로 인해 결국 결투까지 하게 됩니다. 결투에서 에드워드라는 사람을 죽이고 중형을 받았지만 고위층 로비를 통해 벌금형으로 낮춰졌고 이에 분노한 사람들에 의해 여론이 악화되어 다시 투옥되었다가, 탈옥하여 카지노를 전전하며 살았습니다. 자, 여러분 실력을 한번 봅시다. 여기서 존 로가 미시시피 버블을 만드는 데 가장 큰 영향을 준 것은 무엇이었을까요? 두 가지 경험이 가장 큰 역할을 했습니다. 하나는 금세공인의 아들이었다는 것. 그리고 또 하나는 카지노를 전전했다는 겁니다. 흥미진진한 이야기가 여기서부터 펼쳐집니다.

미시시피 버블과 존 로

금세공인의 아들, 왜 중요할까요? 간단합니다. 당시 금세공인의 동의어는 무엇이었을까요? 오늘날 관점으로는 이상하게 여겨지겠지만 은행가입니다. 당시에는 금세공인이 은행 역할을 했습니다. 은행 원조가 금세공인이라 할 수 있습니다. 왜 그랬을까요?

손님이 금을 가져옵니다. 그러면 금세공인은 종이에 보증서를 써 주겠죠. '언제든지 이 종이를 갖고 오면 얼마큼의 금을 드리겠습니다'라고요. 이 증서는 금본위제를 기반으로 한 화폐의 출발을 보여 줍니다. 다시 말하면 "언제든지 화폐를 가져오시면 금을 드리겠습니다" 하고 말이죠. 금세공인이 가지고 있는 금보다 더 많은 화폐를 발행해도 한꺼번에 사람들이 금을 찾으러 오지만 않는다면 아무런 문제도 발생하지 않기 때문에, 가진 금보다 더 많은 화폐를 발행해서 많은 돈을 벌었다는 이야기를 들어 봤을 겁니다. 금세공인의 아들로 태어난 존 로는 이런 은행 원리를 잘 알고 있었을 겁니다.

두 번째는 카지노를 전전하는 삶을 살았다는 건데요. 존 로가 카지노에서 도박을 하다 무엇을 깨닫기라도 한 걸까요? '아, 나는 도박의 천재야!'라고 생각했을까요? 아니요! 카지노에서 돈을 갖고 있는 사람은 없습니다. 당시 화폐는 기본적으로 실물화폐였다는 것을 알고 있어야 합니다. 화폐는 두 가지로 나눌 수 있습니다. 금화나 은화같이 실질적인 가치를 지닌 실물화폐와 종이 쪼가리에 불과한 명목화폐로 말입니다. 또 명목화폐는 은행이나 정부에서 가지고 오면 실물로 바꾸어 줄 것을 보장해 주는 태환(兌換) 화폐와 그것을 보장해 주지 않는 불태환 화폐로 나뉩니다. 지금 우리가 쓰고 있는 화폐는 불태환 화폐죠. 한국은행에 가져간다고 해서 가져간 돈을 금으로 바꿔 주지는 않으니까요.

당시에는 금이나 은으로 만든 실물화폐가 기본적인 화폐였습니다. 태환이 가능한 화폐 시스템에서는 보유한 금, 은의 양에 따라서만 화폐를 발행해야 하고, 만일 그것을 초과하여 발행했다가 그 사실이 발각되기라도 하면 파산을 면치 못했죠. 이런 화폐 시스템에서 살던 존 로는 카지노에서 아마 이렇게 생각했을 겁니다. '와, 칩 많네! 그런데 카지노는 칩을 발행한 만큼 금과 은을 가지고 있기는 한 건가? 그렇지는 않을 텐데. 만일 사람들이 한꺼번에 카지노에 몰려가서 칩을 금으로 교환해 달라고 하면 어떻게 될까? 그럼, 카지노는 파산하게 될 텐데! 그런데, 왜 사람들은 카지노에 가서 칩을 바꿔 달라고 서둘러 요구하지 않는 걸까?

이런 마법 같은 신뢰를 카지노는 어떻게 만들어 낸 거지?' 이렇게 존 로는 카지노 판의 수많은 칩을 보며 궁금해했을 겁니다. 그러다가 결론을 냈겠죠.

'아! 카지노 도박꾼들은 카지노에 몰두하고 있기 때문에, 칩의 태환 여부보다는 더 많은 칩을 버는 것에만 관심이 있구나!' 존 로는 이러한 질문을 카지노를 넘어 국가 영역까지 확대시켜 나갑니다.

"왜, 금, 은 보유량만큼만 화폐를 발행해야 할까?" 하고 말이죠. "카지노에서는 금과 은이 없어도 칩을 저렇게 많이 찍어 내는데 화폐 발행이 왜 귀금속에만 의존해야 하지? 우리 한번 화폐를 더 찍어 보자! 카지노도 칩을 찍어 내는데, 정부가 왜 화폐를 못 찍겠어?"라는 질문을 하면서 말이죠.

"사람들이 무역과 상업에 종사하면서 사업 확장에 좀 더 관심을 기울이고 있다면 화폐 태환 여부는 중요해지지 않을 거야."

화폐 순환이 화폐 태환 여부보다 더 중요하다는 결론을 내린 것이지요. 저도 그렇게 생각합니다.

이 글들은 실제로 존 로의 저서인 『화폐 및 교역론』에 나오는 글귀입니다. "귀금속 기반 화폐 발행에서 벗어나 토지를 담보로 화폐를 발행하자. 그러면 거의 제한 없이 화폐를 발행할 수 있고, 화폐량이 늘어나면 교역이 활성화되며 토지 가치도 올라간다."

그래서 애덤 스미스 이전 경제학자들 중에서 가장 중요하게 손꼽히는 경제학자로 평가받을 수 있나 봅니다.

이제 본격적으로 버블을 보겠습니다. 먼저, 전개 과정입니다. 유명한 루이 14세 그림입니다. 그가 지금 입고 있는 옷은 발레복입니다. 루이 14세는

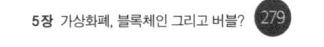

실제로 발레를 했습니다. '발레'라고 하
니까 '미친놈! 이상한 놈!'이라고 생각
할지도 모르겠습니다. 루이 14세는 발
레를 즐겼습니다. 그리고 당시 발레 공
연을 통해 왕권을 강화했습니다. 발레
공연을 하려면 돈이 들겠죠. 루이 14
세가 빅뱅처럼 티켓파워를 가진 것도
아니고요. 이렇듯 왕권 강화도 공짜로
만들어지는 것은 아닙니다. 돈을 뿌려
야 왕권도 강화되죠. 한마디로 루이 14

발레를 통해 왕권 강화를 주도했던
루이 14세

세의 번영은 부채 위에서 가능했다는 말입니다. 루이 14세가 했던 말 중 가
장 유명한 말이 있습니다.

"짐이 곧 국가다."

그러나 버블사에서 루이 14세는 그렇지 못했습니다. "짐이 곧 짐(부채)"이
되어 버렸죠.

그 짐을 만든 사건들을 찾아보겠습니다. 먼저, 루이 14세가 집권할 때 세
워진 화려한 궁궐을 들 수 있겠지요. 그러나 더 큰 원인은 전쟁입니다. 스페
인 왕위 계승 전쟁과 2차 백년전쟁입니다. 전쟁을 하면 국고가 어떻게 됩니
까? 전부 바닥나는 수밖에 없죠? 1971년 닉슨이 달러방위 정책을 발표합니
다. "우리 미국은 더 이상 달러를 금으로 바꿔주지 않겠다."라고 말입니다.
그 이유가 뭐였습니까? 베트남 전쟁 때문이었습니다. 베트남 전쟁에서 돈을
모조리 써 버리니까 더 이상 달러를 바꿔 줄 금이 없어진 거죠. 2차 세계대

전이 끝나기 직전 44개 연합국 대표들은 미국에 모여 브레튼우즈 협정[121]을 맺습니다. 그 내용은 이렇습니다.

"세계 기축통화로 달러를 쓰자. 다른 달러를 가져오면 금을 당장 내주겠다."

그렇게 달러가 세계 기축통화로 자리 잡았던 겁니다. 그런데 베트남전쟁을 하면서 미국에 돈이 없어집니다. 그때 눈치 빠른 프랑스 정부가 대규모 미국 달러를 금으로 바꿔 달라고 합니다. 그랬더니 다른 나라들도 미국 달러를 가지고 와서 금으로 바꿔 달라고 합니다. 더는 버틸 수 없었던 미국 닉슨 대통령이 "이제 금으로 바꿔줄 수 없다"고 말하죠. 이것이 바로 닉슨 독트린 전개 과정입니다.

자, 다시 프랑스로 돌아옵니다. 루이 14세가 사망하고 여섯 살인 루이 15세가 집권하게 되는데 프랑스가 가진 것이라고는 채무밖에 없는 상태입니다. 당시 국가 채무가 8억 리브르인데, 정부가 가진 돈이라고는 500만 리브르밖에 없었으니까요. 당장 채무에 이자가 붙어서 이자라도 갚아야 하는데 전쟁을 하느라 금과 은을 다 써 버렸습니다. 더는 화폐를 찍어 낼 수 없는 거죠. 이에 프랑스 정부는 아주 무식한 방법을 씁니다. 프랑스 정부가 사인을 한 채권의 만기일이 도래합니다. 하지만 돈을 갚을 길이 없는 프랑스 정부가 고민을 하다 묘안을 짜냅니다. 아주 간단합니다.

"어라, 이거 사인이 좀 다른데요?"

우습죠? 그런데 프랑스 정부가 이를 정말 그대로 실행에 옮깁니다. 그런 방법으로 프랑스 정부는 당시 프랑스 국채 50% 정도를 무효화합니다. 너무

---

121. 브레튼우즈 협정 : 제2차 세계대전 종전 직전에 미국의 브레튼우즈에서 통화 금융 회의가 열렸고 이 회의에서 미국 달러를 기축통화로 하는 금환본위제가 실시되었다.

야만적이죠. 사인이 다르다는데 어쩌겠어요. 그런데 만약 사인이 너무 확실해서 어쩔 방법이 없을 때는 프랑스 정부가 어떻게 했을까요?

"아이구, 제 사인은 확실한데 이자율을 적은 글씨체는 제 글씨체가 아닌 것 같습니다. 그래서 이자는 지금 최저 이자율인 4%밖에 드리지 못하겠습니다."

채권자로서는 정말 돌아 버릴 상황인거죠. 그런데 이번에는 사인도 정확하고 이자율도 정확하게 표시된 채권을 누군가 들고 옵니다. 그랬더니 프랑스 정부가 어떻게 했을까요?

"이 채권이 맞군요. 그래서 원금과 이자를 다 받아 가시겠다고요? 알았습니다. 드리지요."

하지만 이건 더 무섭습니다. 원금과 이자를 다 받아 간 사람을 대상으로 세무조사가 들어갑니다. 프랑스 정부는 세무조사를 하고 그 사람을 법정에 세웁니다. 그래서 만일 채권자가 번 돈이 조금이라도 불법 이득으로 판정나면 재산을 몰수하고 배를 젓는 노역을 시킵니다. 정말 끔찍한 일이지요. 이런 일이 반복되면 왕권은 어떻게 되겠습니까? 굉장히 불안했겠죠. 이런 미치고 팔짝 뛸 프랑스 정부에 시대의 사기꾼 존 로가 등장합니다.

"당신네들 이렇게 하다가는 절대왕정 무너집니다. 나를 프랑스 은행장으로 임명하시오. 그러면 프랑스 경제문제를 다 해결해 드리지요" 하고 말하면서요. 그리고 실제로 존 로는 프랑스 은행의 은행장이 되고, 프랑스 경제를 회복시키는 듯 보입니다. 그 후 미시시피 회사의 회장이 되어 프랑스 경제를 좌지우지합니다. 미시시피 버블의 탄생입니다.

존 로는 은행을 설립합니다. 프랑스 최초 근대은행인 '방크 제네랄'입니다. 그리고 존 로는 화폐를 발행하기 시작합니다. 아까 제가 존 로와 정부가 짜고 치는 사기라고 말씀드렸죠? 프랑스 정부는 세금을 방크 제네랄에서 나온 화폐로만 받기 시작합니다. 그러니 이 은행 화폐가 자연스럽게 주요 화폐로 유통되겠지요. 그러면 존 로는 어떻게 했을까요? 신나게 화폐를 찍어내기 시작합니다. 화폐가 늘어나니까 무엇이 발생할까요? 당연히 인플레이션이 발생하죠? 그러면 정부 부채는 늘까요, 줄까요? 인플레이션은 채권자가 아니라 채무자에게 유리한 것이니까 당연히 줄겠죠. 그리고 경기는 돈이 풀림에 따라 차츰 좋아집니다. 이것이 바로 존 로의 첫 번째 성공입니다. 적당한 인플레이션은 국가 채무를 감소시키고 경제를 활성화할 수 있다는 것을 간파한 것이지요. 모든 버블은 성공에서부터 오지, 실패로부터 오지 않습니다. 프랑스 정부는 존 로의 성공에 환호를 보냅니다.

이제 존 로는 미시시피라는 회사를 삽니다. 회사를 사서 더 키우려면 무엇을 발행해야 합니까? 당시에도 주식회사 제도가 있었습니다. 그래서 주식을 발행하면 일반인에게 공모하게 됩니다. 존 로는 이때 회사 대규모 자금을 모으기 위해 엄청난 허위 광고를 시작합니다.

"미시시피는 자원의 보고다. 광산만 개발하면 대박이 난다. 인디언이 프랑스 업자를 기다린다. 그리고 그 인디언이 기독교로 개종을 하려고 한다" 라고 말이죠. 그러자 사람들이 미시시피 회사의 주식을 사려고 몰려들기 시작합니다. 그때 존 로는 이 주식을 사려는 사람들에게 조건을 붙입니다.

"이 주식을 사려면 돈이 아닌 프랑스 국채로 사라" 하고 말이죠. 아까 프랑스 정부의 채권은 가지고 있어도 제대로 돈을 받기 힘들었다고 했죠. 그래서 액면가는 100만 원이어도 30만 원에 채권이 매매되었습니다. 그런데 미시시피 회사는 국채로 미시시피 회사 주식을 매입하면, 그 채권의 액면가인 100만 원을 모두 인정해 주는 것과 더불어 이자를 6~8%까지 준다고 말합니다. 여러분이라면 채권을 들고 있겠습니까, 아니면 미시시피 회사로 가져가겠습니까? 미시시피 주식을 샀겠죠. 그러자 프랑스 정부와 존 로는 서로 행복해집니다. 프랑스 정부는 채권이 소멸되어 부채가 줄어서 좋고, 존 로는 주식 수요의 증가로 주가가 올라서 좋고요. 존 로는 '꿩 먹고 알 먹고'를 실천한 거죠. 드디어 존 로는 프랑스의 영웅이 됩니다.

시간이 흐르면서 미시시피 회사의 주가는 끝없이 올라갑니다. 이제 버블은 프랑스만의 버블이 아니라 국제적인 버블로 확대됩니다. 전 유럽에 있는 사람들이 다 몰려와서 이 회사 주식을 사게 되는 거죠. 처음 미시시피 회사 주식을 샀던 사람들은 엄청난 부자가 됩니다. 백만장자(Millionaire)라는 말 들어 보셨죠. 이 말도 그때 생긴 겁니다. 식당, 커피숍, 온 거리가 다 주식거래소로 변신하게 됩니다. 당시 유명한 일화가 있습니다. (살짝 살을 덧붙여 봤습니다.) 존 로가 미시시피 회사 주식 중 일부를 10억을 받고 팔아 오라고 마부에게 시킨 겁니다. 그런데 그 심부름 시킨 사이에 주가가 급등합니다. 그래서 마부가 심부름 갔다가 30억 리브르에 팔았습니다. 그리고 존 로에게는 당연히 10억 리브르만 주고 자기는 20억 리브르를 벌게 된 거죠. 그런데 의리 있는 마부는 존 로에게 다시 돌아옵니다. 그리고 사직서와 더불어 두 사람을 더 데리고 옵니다. 그리고 말하죠. "저 대신 쓸 마부입니다"라고 말이죠. 존 로가 왜 마부를 두 명이나 데리고 왔냐고 물었더니 마부는 대답합니다. "아니요, 두 명 중 한 명은 제 마부예요." 당시의 버블을 말해 주는 유명한 일화입니다.

그런데 미시시피 회사의 주가가 유지되기 위해서는 실제로 미시시피 회사가 돈을 벌어야겠죠? 하지만 여러분이 짐작하다시피 미시시피 회사에 뭐가 있었겠습니까? 금과 은이 산처럼 있었을까요? 아니죠. 아무것도 없었습니다. 정말로 치티마차(Chitimacha)족 인디언뿐이었죠. 그리고 이러한 사실을 사람들이 하나둘 알아채기 시작했습니다. 주가 상승 동력이 떨어지기 시작하는 거죠. 만일 주가가 폭락한다면 존 로는 파산하게 됩니다. 위기의 존 로! 그냥 물러날 친구가 아니죠. 놀라운 발상을 합니다. 오늘날 대부분의 주식회사에서 주가를 부양하기 위해 사용하는 방법을 선각자처럼 시작하게 됩니다. 바로 '자사주 매입'. 자사주를 매입하기 위해서는 무엇이 있어야 할까요? 바로 돈이죠. 그러면 그 돈을 어디서 조달할 수 있을까요? 바로 자신이 세운 은행에서 조달합니다. 자신이 세운 왕실은행에서 대출을 받아요. 그리고 대출받은 돈으로 자사주를 매입합니다. 웃기지 않습니까? 삼성전자가 주가를 부양하기 위해서 한국은행에서 무한정 대출을 받아서 자사주를 매입하는 겁니다. 당연히 이 과정에서 버블이 발생할 수밖에 없겠죠. 금산 분리가 이루어져야 하는 기본적인 이유입니다.

또 다른 방법도 동원합니다. 바로 '분식회계'입니다. '분식회계'는 '꾸밀 분'에 '꾸밀 식' 자를 씁니다. 대우가 그랬고 엔론[122]이 그랬듯, 똑같이 대규모 회계부정을 저지르는 겁니다. 더불어 대규모 배당을 약속합니다. 그리고 닥치는 대로 M&A를 하고 소문을 또 퍼뜨립니다. 이제 미친 듯이 질주하지 않으

---

122. 엔론(Enron)의 파산 : 1985년 휴스턴의 가스 회사와 네브래스카주 천연가스 회사의 합병으로 15년 만에 미국과 유럽에서 거래되는 에너지의 많은 양을 차지하는 기업으로 성장했다. 엔론사의 케네스 레이 회장과 CEO인 제프리 스킬링은 각각 24년의 징역 선고와 24년의 유죄 판결을 받았다.

면 넘어지고 마는 자전거가 된 거지요. 계속 돈을 찍어 내고 대출을 받아 자사주를 사고 분식회계를 하고 배당을 약속하고 사기성 M&A를 해 나가고 이제 남은 것은 몰락뿐입니다.

어느 날 프랑스 왕자 콩티 공이 세 개의 수레에 미시시피 회사 주식을 가득 싣고 가져옵니다. 그리고 주식을 돈으로 바꿔 달라고 합니다. 존 로가 어떻게 했을까요? 표정 하나 바뀌지 않고 돈으로 바꾸어 줍니다. 여러분이 미시시피 회사 주식에 투자한 사람인데, 유명한 투자가가 와서 주식을 돈으로 바꿔 갔다는 말을 들었어요. 그러면 여러분도 주식을 팔고 싶지 않을까요? 그때 존 로가 역발상을 합니다.

"언제든지 주식을 가져오십시오! 다 바꿔 드리겠습니다!"

당시 존 로의 속마음은 이런 것이겠죠. '이러면 사람들이 오히려 미시시피 회사 주식이 더 오를 거라 생각하고 돈으로 바꿔 가지 않을 거야, 제발!' 어쨌든 겉으로는 강한 자신감을 내비치는 겁니다. 지금 주식을 팔면 후회할 거라는 메시지를 대중에게 던지면서 말입니다. 결과는 어땠을까요? 이번에는 통하지 않았습니다. 그 말과 동시에 많은 사람이 벌떼처럼 와서 주식을 돈으로 바꿔 달라고 요구합니다. 존 로는 그 요구를 들어 주기 위해 은행에서 계속 돈을 찍어 내고 결국 이 버블의 종착역은 '하이퍼 인플레이션'이었습니다.

하이퍼 인플레이션이 가져온 결과는 무엇이었을까요? 그 결과는 무시무시합니다. 첫째는 프랑스대혁명, 두 번째는 프랑스 금융업의 쇠퇴 그리고 마지막으로 나폴레옹전쟁의 패배입니다. 물론 전부 미시시피 버블 붕괴 때문만은 아닙니다. 그러나 이러한 사건이 벌어지기까지 중요한 역할을 한 것만은 부정할 수 없습니다. 프랑스대혁명의 원인이 되었다는 것과 프랑스 금융업의 쇠퇴를 가져왔다는 점은 쉽게 이해할 수 있을 겁니다. 당연히 미시시피 버블 붕괴가 가져온 하이퍼 인플레이션은 생필품 가격의 폭등을 가져와 민중의 분노를 샀을 겁니다. 그리고 미시시피 버블이 발생한 이후 당연히 프랑스 사람들은 금융을 믿지 못하게 되지 않았겠습니까? 주식을 사기도 그렇고 은행에 돈을 맡기기도 불안합니다. 차라리 금과 은을 사 두고 거래도 다시 금화나 은화로 하게 되었죠.

지금 당장 생각나는 프랑스 은행 이름이 있나요? 반면, 아래 있는 사진은 영국 은행들 로고를 모아 놓은 것입니다. 이름을 알 만한 은행들이 다 모였습니다. 영국과 프랑스의 건널 수 없는 금융 격차는 여기서 시작되었습니다.

마지막으로 미시시피 버블 붕괴는 나폴레옹전쟁 패인 중 하나가 되기도 했습니다. 뜬금없어 보이지요? 현대 전쟁은 알고 보면 돈 전쟁입니다. 나폴레옹전쟁을 그렇게 접근해야 합니다. 나폴레옹전쟁 당시 영국과 프랑스의 전비 조달 방식 차이를 이해해야 한다는 겁니다. 영국은 전쟁할 때 주로 금융시장을 통한 채권 발행으로 전비를 조달했습니다. 자국민에게뿐만 아니라 전 세계를 대상으로 전비를 조달했던 거죠. 반면 금융 산업이 붕괴된 프랑스 입장에서는 전비 조달을 세금으로밖에 할 수가 없었습니다. 국민에게

채권을 발행하는 것과 세금을 발행하는 것의 차이점은 무엇이겠습니까? 국민 입장에서는 세금보다 채권 발행이 백만 번 좋은 거지요. 채권을 사면 정부가 원금을 보장해 주는 것은 물론 이자도 주지만, 세금을 발행하면 이자를 줍니까? 아니죠. 100만 원의 세금을 내면 그 돈은 내 손을 떠나는 것으로 끝입니다. 국민 입장에서는 채권을 사는 것에는 기꺼이 동의할 수 있었겠지만, 세금을 낸다는 것에는 동의할 수 없겠지요. 역사는 정말 역설 덩어리인가 봅니다. 미시시피 버블은 프랑스혁명을 가지고 왔지만 그 혁명을 국제적으로 수출하는 나폴레옹전쟁의 실패를 가져오기도 했으니까요.

진짜로 버블을 만드는 것은 무엇인가?

버블을 만드는 것은 무엇일까요? 첫 번째 요인은 탐욕이겠죠? 한마디로 불로소득에 대한 본능적 욕구와 더불어, 나만 뒤처질 수 없다는 경쟁 심리가 작용하기 때문일 겁니다. 누구나 알다시피, 노동 소득으로만 세상을 살아간다는 것은 참으로 힘든 일입니다. 그런데 자기와 별로 다를 바 없었던 사람이 자기 노동 소득으로는 기대하기 어려운 돈을 불로소득으로 벌었다면 그때 우리가 느끼는 감정은 정말 말로 표현하기 어려운 겁니다. 버블이라고 모든 사람이 돈을 잃는 것은 아니지요. 일확천금을 번 사람들도 속속 등장합니다. 영국에서 발생했던 사우스시 버블[123]에서 돈을 많이 번 사람 중 한 명이

---

123. 사우스시 버블 : 사우스시 회사는 로버트 할리에 의해서 재정 위기를 타개하기 위해 설립되었다. 이후에 노예무역과 같은 무역 산업으로 시작했다가 금융 산업으로 돈을 끌어모으기 시작했다. 불려진 기업의 가치에 의해 사우스시 회사의 주가는 순식간에 뛰었고 이에 의해 버블이 일어났다.

음악가 헨델입니다. 그 돈으로 왕립음악아카데미를 세웁니다. 이것을 본 당대 다른 음악가들의 마음은 어땠을까요?

　버블을 만드는 두 번째 요소는 루머일 겁니다. 루머는 사람들이 듣고 싶어 하는 이야기를 누군가가 꾸며 내서 생기는 것이겠죠. 튤립 산업이 미래의 최고 산업이 될 거라는 소문, 미시시피 회사에 금과 은이 널려 있을 거라는 소문 그리고 영국 사우스시 회사가 남아메리카에서 모든 권한을 가지고 있다는 소문, 미국 닷컴 산업이 새로운 경제를 열 거라는 소문, 뭐 이런 것들 말이지요. 버블의 주요 원인으로 첫 번째를 탐욕, 두 번째를 루머로 꼽았습니다. 그렇다면 세 번째는 뭐가 되겠습니까? 비트코인도 거래소가 없으면 어떻게 샀겠어요. 그렇죠. 금융의 발달입니다. 버블은 무엇으로 구성될까요? 욕망과 루머와 금융으로 구성됩니다. 이 세 가지 조건이 없으면 버블은 일어나지 않습니다. 다단계도 마찬가지죠? 다단계 세 가지가 있어야 합니다. 욕망, 루머, 금융. 이게 있어야 됩니다.

　그런데 정말 거기서 끝나는 건가요? 저는 개인적으로 사회과학을 전공해서 그런지 두루뭉술하게 일반화시키는 답은 별로 좋아하지 않습니다. 다시 한번 생각해 보자는 거죠. 탐욕이 없는 시대는 없었습니다. 마찬가지로 루머 없는 시대가 있었습니까? 금융이 발전하는 시대는 굉장히 많았습니다. 제가 말하고 싶은 것은 탐욕, 루머 그리고 금융이 버블을 만들지만 그러한 요인이 언제나 버블을 만들어 내는 것은 아니라는 것입니다. 진짜 본질은 아니라는 것이지요. 저는 한국에 이는 가상화폐 열풍이, 대한민국을 헬조선이라 여기는 청춘이 가상화폐 투자를 다른 나라보다 많이 하기 때문이라는 주장에 반대합니다. 무슨 말도 안 되는 이야기를 합니까? 그럼 진짜 가상화폐 열풍은 스페인과 이탈리아에서 벌어졌어야죠. 청년 실업률이 44.5, 37.8%(2016년 기준)인데요. 그렇지 않습니까? 그래서 저는 이렇게 말하고 싶습니다. 탐욕이라고 쓰지만, 탐욕을 다르게 말하면 한탕 아닙니까? 한탕으로 대변될 수 있는 대표적인 산업은 카지노와 복권 산업일 겁니다. 카지노와 복권 산업은 무엇을 먹고 자랄까요? 바로 빈부 격차입니다. 17세기 네덜란드에서 튤립 버블이 터지고, 18세기 프랑스와 영국에서 미시시피 버블과 사우스시 버블이 터졌습니다. 왜일까요? 당시 그 나라들이 급속도로 발전했잖아요. 17세기 무역 전쟁에서 승리한 네덜란드와 산업혁명을 목전에 두고 급격하게 발전하고 있는 영국과 프랑스가 있었습니다. 그러나 이러한 급속한 발전은 필연적으로 빈부격차를 낳습니다. 앞에서도 말했지만, 나와 별반 다를 것 없던 사람이 커다란 부를 쟁취했다는 생각과 빈부 격차가 바로 버블을 만드는 뿌리가 되는 겁니다.

언젠가 프랑크푸르트로 갔어요. 저와 함께 갔던 사람이 카지노에 가고 싶어 해서 찾아봤는데 카지노가 없는 거예요. 저는 불법인 줄 알았어요. 그런데 카지노가 합법이라고 하는 데도 없는 거예요. 시장 형성이 안 되는 거죠. 스웨덴도 카지노가 다 합법인데 동네 구멍가게만 한 거밖에 없어요. 카지노가 잘되는 나라의 공통점은 무엇일까요? 중국 안에 카지노를 합법화시킨다고 생각해 보세요. 무슨 일이 벌어지겠습니까? 세계 최고 부자가 그다음 날 바뀔 겁니다. 여러분 라스베이거스가 큽니까, 마카오가 큽니까? 마카오 카지노 매출이 라스베이거스의 약 7~8배나 됩니다. 2012년, 2013년 기준으로 라스베이거스가 약 7조, 마카오가 40조에서 50조 정도 됩니다. 버블을 없애는 근본적인 방법, 바로 빈부 격차를 완화시키는 겁니다.

루머는 뭐라고 얘기해야 할까요? 단순한 거짓 소문? 아뇨. 뜬소문은 언제든지 있습니다. 그런데 버블이 등장할 때 발생하는 뜬소문은 더 많은 사람이 믿습니다. 왜일까요? 정말 그것이 이루어질 것 같기 때문입니다. 기술혁신으로 산업이 발전하고, 이러한 산업 발전이 사람들에게 낙관주의를 퍼뜨렸기 때문입니다. 기술혁신을 기반으로 한 낙관주의로 인해 루머가 버블을 만들 수 있게 된 거죠. 17세기 튤립 버블 당시에는 식물학이 최첨단 과학이었고, 미시시피 버블과 사우스시 버블 당시에는 아메리카 대륙의 본격적인 개발이 이루어졌습니다. 북아메리카 버블이 미시시피 버블이라면, 남아메리카 버블을 사우스시 버블이라고 단적으로 말할 수 있을 겁니다.

또한 금융이 있다고 다 버블이 터지는 게 아닙니다. 미국 2008년 월가의 금융 위기 발생 원인은 무엇이었을까요? 미국 대공황이 준 교훈을 다 잊었기 때문입니다. 공황이 발생하자 미국은 글래스—스티걸 법[124]을 만들어 상업은행과 투자은행을 분리시켰습니다. 그러다 세월이 지나자 그 교훈을 잊기 시작합니다. 신자유주의가 등장하고, 1999년 정부는 글래스—스티걸 법의 핵심 조항을 무력화시키고 상업은행과 투자은행의 겸업을 다시 허용합니다. 그러자 금융기관은 기다렸다는 듯이 닌자 대출[125]을 마구 실시하고, 온갖 규제 없는 금융상품을 만들어 수익 창출에 혈안이 되었습니다. 그 결과가 바로 미국의 2008 월가에서 벌어진 금융 버블입니다. 금융이 있어서 버블이 터진

124. 글래스-스티걸 법(Glass-Steagall Act) : 1933년 미국에서 은행계약과 투기규제를 목적으로 제정한 법이다. 쉽게 예금을 하는 상업은행과 산업의 자금 취급을 도와주는 금융기관의 의무를 엄격하게 분리하는 법이다.

125. 닌자 대출(NINJA Loan) : No Income No job or asset의 줄인 말로 수익도 없고 직업도 없으며 자산도 없는 사람에게 돈을 빌려주는 것

것이 아니라, 금융 규제가 없어서 버블이 터진 것입니다. 선물거래가 생겨서 튤립 버블이 터진 것이 아니고, 선물거래에 규제가 없었기 때문에 버블이 일어난 거죠. 존 로가 은행을 만들어 화폐를 찍었기 때문이 아니라, 프랑스 정부가 그것을 규제하지 않았기 때문에 버블이 일어난 겁니다.

버블은 쉽게 말하면 규제 없는 금융이 기술 진보와 빈부 격차를 만나면서 터지는 겁니다. 기술이 진보하고 빈부격차는 벌어지는데 금융 규제가 없다? 그러면 그곳이 바로 버블의 토양입니다. 만약 여러분이 존경하는 사람이 조희팔이나 주수도[126] 씨 같은 사람이라면 기술 진보가 빨리 이루어지는 곳에서 빈부격차를 확인하고, 금융 규제가 없는 곳을 선택하여 다단계 사업을 벌여 크게 성공하면 됩니다. 가상화폐 열풍도 이렇게 설명하면 상당히 합리적이지 않습니까? 왜 지금일까요? 우리가 지금 무슨 산업혁명이라고 떠들고 있습니까? 4차 산업혁명이라는 기술 진보가 있기 때문에 루머가 먹히잖아요! 두 번째, 뭐가 이루어졌습니까? 빈부 격차! 그리고 세 번째, 무엇이 없었습니까? 정부 규제! 이렇게 가상화폐 버블을 설명할 수 있지 않을까요?

---

126. 조희팔과 주수도 : 한국 최대의 사기를 친 사기 범죄자들로서 이들은 피라미드형 구조를 만들어 다단계 방식으로 엄청난 수익을 얻었다. 이 사건에 의해 많은 사람이 파산 심하게는 자살을 하는 등 한국 사회의 큰 문제가 되었다.

4차 산업혁명!
두려워할 것인가? 기회로 여길 것인가?

사우스시 버블

The Fourth Industrial Revolution

일단 사기 피해자의 진술을 들어 보도록 하겠습니다.

"천체의 움직임은 계산할 수 있어도 인간의 광기는 도저히 측정할 수 없다."

누가 한 말일까요? 바로 사과나무 밑에서 떨어지는 사과를 보고 만유인력을 발견한 뉴턴입니다. 사우스시 회사에 투자했다가 쫄딱 말아먹은 위인 중한 명이지요. 그저 천재라고만 불리던 그의 최고의 실수라고 하면, 바로 사우스시 회사에 투자한 것이 아닐까 싶습니다. 뉴턴은 사우스시 회사에 투자해 7,000파운드 정도의 평가 이익을 내기도 했다는데요. 그러나 2만 파운드의 손실을 보게 되면서 '인간의 광기'에 대해 다시 한번 생각하게 되는 계기가 되었습니다.

뉴턴보다 더 딱한 사람이 있었으니, 바로 『로빈슨 크루소』로 유명한 다니엘 디포입니다. 그는 자신이 신문까지 발행하면서 무역과 주식시장에 관한 기사를 실었지만, 사우스시 회사에 투자하고 재산을 모두 잃어버렸다고 합니다. 그리고 10년 뒤 홀로 사망했습니다. 자신의 욕망을 위한 인간의 움직임을 우리의 위인들이 몸소 보여주고 있습니다. 버블사에서 우리 위인들은 참 바보 같지 않나요?

그렇다면 어떻게 사우스시 회사는 우리 위인들을 속일 정도의 버블을 만들어 냈을까요? 버블이 일어나기 전 영국은 엄청난 정치적, 경제적 문제에 처해 있었습니다. 프랑스와 전쟁을 하느라 돈이 부족했고, 그때는 금화와 은화를 사용했는데 그 순도를 높이는 화폐개혁이 맞물려 경제 불황이 찾아왔습니다. 그리고 대표적 우량주였던 동인도회사의 주가도 200파운드에서 37파운드까지 떨어졌죠. 그런데 버블은 언제 터질까요? 새로운 산업이 발전할 때 버블 조짐이 보이기 시작합니다. 당시 경제적으로 좋지 않은 상황이었지만 영국에서 뉴턴은 만유인력을 발견했고, 방적기가 만들어졌으며, 증기엔진까지 발명되어 있는 상황이었습니다. 버블이 일어나기에 아주 좋은 조건이었죠.

그렇다면 왜 많은 사람이 사우스시 회사에 투자를 하게 된 것일까요?

사우스시 회사는 1711년 영국에서 설립된 특권 회사입니다. 본래 노예무역을 위해 만들어진 회사입니다. 그리고 가난한 영국 재정을 위해 설립되었죠. 증가하는 재정 압박을 완화하기 위해서 사우스시 회사는 부실채권과 증권들을 사들여 강제로 사우스시 회사 주식으로 전환시켰습니다. 그리고 노예무역을 통해 국가 채무를 정리하려 했죠. 그렇기에 초창기 사우스시 회사는 아주 좋았습니다. 영국 정부의 지원도 빵빵했고요. 그렇기 때문에 사우스시 제도 무역 독점권 또한 획득할 수 있었죠. 영국 정부는 술, 식초나 담배같이 선호도가 높은 상품에 대해 면세권을 부여했습니다. 결국 사우스시 회사는 최고의 투자처로 소문이 났죠. 정부 지원에 의해 돌아가는 회사인데 누가 투자하지 않으려 하겠습니까?

그러나 사우스시 회사의 설립 목적에 맞지 않게 회사는 제대로 경영되지 못했습니다. 노예무역으로 수익을 창출하는 것은 어려웠고, 이 과정에서 스페인과의 마찰도 생겼습니다. 그리고 수출 도중 해난 사고까지 잦아졌지요. 결국 스페인과의 전쟁이 시작됐고 이로 인해 회사 경영이 어려워지고 있었습니다. 당시 남아메리카를 장악한 나라는 스페인이었는데, 스페인은 당연히 사우스시 회사가 따낸 무역 독점권에 대해 부정적으로 생각했겠죠.

결국 스페인은 영국 선박의 입항을 금지시켰고 사우스시 회사는 200만 파운드의 빚을 지게 됩니다.

그러나 사우스시 회사 사장은 이렇게 말합니다.

"앞으로 스페인은 모든 식민지에서 사우스시 회사가 자유무역을 할 수 있도록 승인해 줄 것이다. 사우스시 제도의 풍부한 지하자원으로 영국 금은 값이 크게 떨어질 것이며, 현재 멕시코가 자국의 금광을 팔아 영국 목화와 양모를 수입할 예정인데, 사우스시 회사가 두 나라 무역을 독점하게 될 것이다. 사우스시 회사는 그 어떤 나라에도 관세를 낼 필요가 없다."

완벽한 거짓말이죠! 어떻게 가능할까요? 심지어 이 위기의 순간에 영국 정부는 3,000만 파운드에 달하는 국채 상환에 대해 논의하기 시작했는데요.

이때 사우스시 회사는 영국 국채를 자사 주식과 교환해 주겠다고 하면서 국채 이윤을 4%로 내린다는 파격적인 조건을 내세웠고, 결국 잉글랜드 은행은 국채 경매 입찰을 포기하게 됩니다. 정부 은행을 이긴 기업의 주가는 어떻게 되겠습니까? 단 하루 만에 130파운드에서 300파운드로 껑충 뛰게 됐죠. 또한 국채를 전액 인수하겠다고 하면서 자신들의 경제적인 가치가 치솟기 시작한 겁니다. 그러면서 순식간에 사우스시 회사는 무역 회사에서 금융회사로 정체성을 바꿔 버립니다. 그리고 위기를 모면하지요.

어떻게 했냐고요? 간단합니다. 주식과 국채의 교환은 시가로 했죠. 사우스시 회사 주식의 액면가가 100파운드인데 시장가격이 200파운드일 때, 부채 1개와 사우스시 회사 주식 100파운드를 교환합니다. 그러나 발행 허용 수량은 교환 금액에 따르기 때문에 200파운드로 교환을 하게 하는 것이지요. 아무리 주식과 국채를 교환해도 100파운드, 시장가격으로는 200파운드가 남게 됩니다. 이걸 시장에 내놓는다고 생각해 봅시다. 그러면 시장에서 나온 매출 200파운드는 그대로 사우스시 회사의 이익이 되는 것이죠.

이런 방법을 지속하면 사우스시 회사 이익이 상승하는 효과를 거두게 되는 겁니다!

심지어 사우스시 회사는 의회 의원들에게 로비를 하면서, 스페인이 가지고 있던 최대 은광 산인 포토시 은광의 운영권을 넘겨받았다는 소문을 만듭니다. 실질적인 수입이 아닌 불확실한 소문을 대중이 확인하기는 어려웠기 때문에, 사우스시 회사 주가는 천정부지로 뛰어오르게 됐습니다.

결국 회사 주식이 주당 1,000파운드까지 이르자, 회사 주식과 국채 교환 비율이 떨어져 정부가 손해 볼 가능성이 있었겠죠. 정부 관료들은 주식이 고점에 오르자 주식을 팔아치우기 시작합니다. 이 소문이 사람들에게 퍼지고 지금까지 사우스시 회사의 소문들이 사실이 아닐 가능성이 높고, 회사의 사업 이득이 좋지 않다는 의문이 커지면서 사람들은 계속해서 주식을 팔기 시작했습니다. 결국 1720년 8월까지 1,000파운드까지 올랐던 회사 주가는 9월 달에 150파운드까지 떨어지게 되었습니다. 그 결과 우리는 뉴턴의 사기 피해 진술을 들을 수 있는 기회가 생긴 것이지요.

한국인에게 물었습니다. 당신의 삶에서 "가장 큰 영향을 준 정치적 사건과 경제적 사건은 무엇입니까?"라고 말이죠. 가장 큰 정치적 사건으로는 '촛불 혁명'이 꼽혔고, 경제적 사건으로는 IMF 경제 위기가 꼽혔습니다.

버블 이론가
—민스키

미국인에게 똑같은 질문을 던졌습니다. 어떤 사건이 일등을 했을까요? 정치적 사건으로는 당연히 9.11 테러가 꼽혔고, 경제적 사건으로는 2008년 금융 위기가 꼽혔습니다. 2008년 금융 위기가 준 충격은 미국인에게는 9.11 테러와 같았죠. 당시 미국인을 비롯한 전 세계인이 가졌던 두려움은 정말 대단한 것이었습니다. 경제에서 가장 두려운 것이 '불확실성'이라는 것을 다시 한번 알게 해준 사건이었습니다. 내일 어떤 사건이 터질지, 앞으로 무슨 일이 벌어질지, 한치 앞을 내다볼 수 없던 때였습니다. 장밋빛 전망만을 제시하던 주류 경제학자들은 꼬리를 내렸고, 영국 여왕은 경제학은 어떻게 미래를 하나도 맞추지 못하느냐고 경제학자들을 질타했습니다. 그러자 전에는 비주류로 취급받던 경제학자들에 대한 관심이 자연스럽게 등장했습니다. 심지어 마르크스의 『자본론』을 공부하자는 열풍이 월가에 불기도 했습니다. 이 시기 가장 주목받았던 사람은 민스키[127]라는 경제학자였습니다. 버블을 새로운 금융 이론으로 설명한 경제학자 민스키! 버블을 어떻게 진단해야 할지, 현재의 가상화폐 열풍을 버블로 보아야 할지, 그의 이론을 통하여 한번 알아보겠습니다.

---

127. 하이먼 민스키(Hyman Minsky) : '민스키 모멘트'라는 말을 만들어 낸 숨어 있던 위대한 경제학자이다. 미국의 경제학자인 하이먼 민스키는 '금융 불안정성 가설'을 말했다. 2008 글로벌 금융 위기 이후 민스키의 이론이 주목받고 있다.

얼마 전 가상화폐 투자가들에게 민스키가 화제로 떠올랐습니다. 민스키 모델이라고 불리는 그래프가 가상화폐의 대장 비트코인이 만들어 낸 차트와 기가 막히게 일치했거든요. 자, 민스키 모델과 비트코인 차트를 한번 보죠.

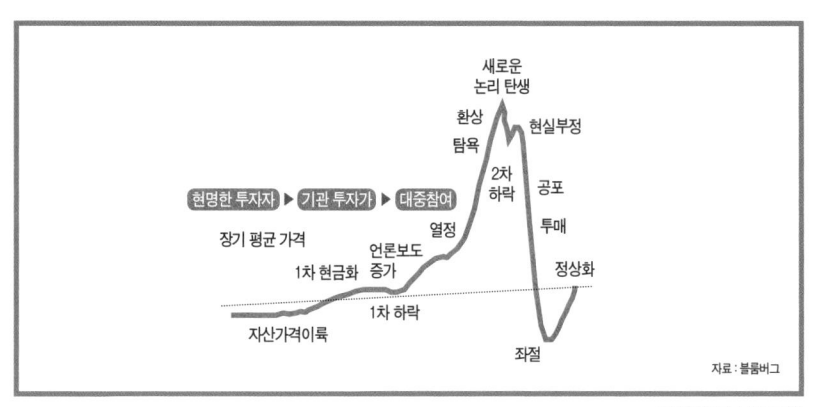

하이먼 민스키 모델

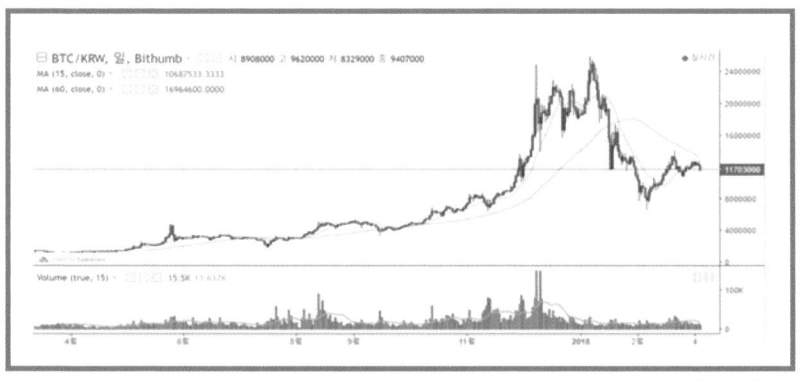

비트코인 차트

정말 놀라울 정도로 일치합니다. 계룡산 산신령처럼 가상화폐 차트를 맞춘 민스키 모델. 그 모델의 주인공인 민스키는 누구일까요?

민스키, 주류 경제학을 뒤집다

민스키 경제 이론은 주류 경제학자에게 철저하게 외면당해 왔습니다. 경제학자 대부분은 민스키가 누구인지조차 몰랐으니까요. 민스키가 처음 주목받았던 것은 러시아 금융 위기[128] 때였습니다. 당시 전개된 상황을 민스키가 만든 경제학적 모델이 잘 설명할 수 있었기 때문입니다. 러시아 금융 위기를 설명하기 위해 '민스키 모멘트'라는 용어가 만들어지면서 경제학계에 그의 이론이 소개되기 시작합니다. 그러던 중 앞에서 말했듯, 2008년 미국 월가에서 경제 위기가 일어나면서 민스키 이론은 단숨에 주목받기 시작합니다. 비록, 그의 사후였지만요. 그 후 당대 경제학자들에게 극찬을 받습니다. 민스키에 대한 경제학자들의 극찬을 몇 개만 소개해 보죠.

『대공황의 세계』를 쓴 경제 사학자 찰스 킨들버거의 극찬을 먼저 들어 봅시다. "민스키가 예측한 방식 그대로 금융 위기가 전개됐다." 다음은 파이낸셜 타임스의 칼럼니스트 마틴 울프입니다. "무엇이 잘못됐는가? 한마디로, 민스키가 옳았다. 장기간의 급속한 성장과 낮은 인플레이션, 저금리 그리고 거시경제적 안정이 자기만족을 낳았고, 위험을 감수할 욕구를 높였다."

자, 앞에 두 사람은 잘 모르겠죠? 알 만한 사람을 마지막으로 소개하죠. 노벨 경제학상에 빛나는 폴 크루그먼[129]입니다. 폴 크루그먼은 "우리 모두 이

---

128. 러시아 금융 위기 : 1997년 말에 시작된 동아시아 금융 위기가 러시아까지 영향을 미친 사건이다. 러시아는 루블화를 평가 절하하고 루블화로 표시된 외채에 대해서 모라토리엄을 선언했다. 당시 물가 상승률은 80% 정도를 웃돌았고 식량 부족 현상까지 겪을 정도였다.

129. 폴 크루그먼(Paul Robin Krugman) : 미국의 경제학자이며 아시아 경제 위기를 예견했다. 그리고 아시아 개발국들은 3년 뒤 실제로 금융 위기를 겪었다. 대표 저서로는 『경제학의 향연』 『불황의 경제학』 등이 있다.

제는 민스키주의자다"라고 말했습니다.

많은 경제학자가 "우리 모두는 케인주의자이다"라고 이야기했던 것처럼 "우리 모두는 민스키주의자다"라고 당대 최고 경제학자로 꼽히는 폴 크루그먼이 선언한 겁니다. 도대체 민스키 이론 중 어떤 내용이 비주류 취급을 받던 그를 주류 경제학자들에게 칭송받게 만들었을까요? 하나씩 살펴보겠습니다.

민스키를 이해하기 위해서는 먼저 그가 거부했던 당시 주류 경제학의 흐름을 이해해야 합니다. 당시 주류 경제학은 효율적 시장 이론에 근거한 경제 수학으로 경제학을 정립하고자 했습니다. 말은 어려워 보이지만 그다지 어려울 것은 없습니다. 효율적 시장 이론은, 일단, 시장에 참여하는 모든 인간은 모두 똑같은 정보를 가진 합리적 인간이라고 전제합니다. 모든 인간이 똑같은 정보를 갖고 합리적으로 행동한다면 경제가 균형 잡힐 수 있다는 결론에 도달합니다. 어렵지 않은데 어렵다고요? 자, 모든 사람이 똑같은 정보를 가지고 있다고 가정합시다. 그리고 그 정보를 가지고 합리적으로 행동합니다. 그러면 똑같은 상황에서는 항상 같은 결론이 나오지, 매번 다른 결론이 나올 수가 없지요. 이게 균형 상태라는 겁니다. 이러한 균형 상태에서는 변동이 발생하더라도 문제가 되지 않겠죠? 문제가 빠르게 처리될 테니까요. 그렇다면 경기도 변하지 않을 수 있습니다. 경기가 순환하지 않을 수 있겠죠. 그렇기 때문에 한 번 호황에 도달한다면 그 호황이 영원할 수도 있을 겁니다. 그래서 당시 주류 경제학자들은 미국이 "신경제 단계에 들어섰다"고 선언했습니다. 이제 미국은 더 이상 경기 순환을 겪지 않을 것이기에 계속되는 발전 단계만 남았다고 말입니다.

그러나 미국 경제는 닷컴 버블에 무너졌고 2008년 금융 위기에 다시 한 번 무너졌습니다. 신경제 이론의 기반이 되었던 효율적 시장 가설에 대한 믿음이 흔들렸습니다. 뒤에 민스키 이론을 설명하면서 언급하겠지만, 민스키는 주류 경제학자들과 정반대 주장을 합니다. 경기순환은 필연적이며 호황이 길어질수록 불황의 깊이는 깊어질 수밖에 없다고 말이죠.

민스키가 주목받았던 이유 중 또 하나는 우리가 '경제학' 하면 미쳐 버리는 요소 가운데 하나인 경제수학 모델을 던져 버렸기 때문입니다. 우리나라 대학교 경제수학 시험지를 한번 보죠.

2011년 1학기 미시경제1
Final Exam (80분/100점)

1. 어떤 소비자의 효용함수가 다음과 같이 주어져 있다.(50점)

$$U = X^{\frac{1}{3}} + Y^{\frac{1}{3}}$$

1) 소비자의 X재와 Y재의 통상수요함수(Ordinary Demand Function)를 각각 구하시오.(10점)

2) 소비자의 통상수요함수가 가법성(Adding-up Property)을 만족하는지 검증하고, 이를 이용하여 $1 = \alpha_x e^x_y + \alpha_x e^y_y$(단, α_x는 X재의 지출이 소득에서 차지하는 비율을 뜻한다)가 성립하는지 확인하시오.(10점)

3) 만약 X, Y재의 가격이 주어진 상태에서 효용을 2배로 증가시키려면 소비자의 소득은 몇 배가 증가하여야 하는지 구하시오.(10점)

4) 보상수요함수(Compensating Demand Function)와 지출함수(Expenditure Function)를 구하시오.(10점)

5) 슬러츠키 방정식(Slutsky Equation)을 이용하여, 이 소비자의 대체효과가 왜 항상 음(-)의 부호를 가지게 되는지 증명하시오.(반드시 주어진 효용함수를 사용)(10점)

물론 이 문제지는 학문적으로 당연히 의미가 있을 겁니다. 그리고 전공자들에게 필요한 공부일 거고요. 하지만 과연 이 문제를 풀었다는 것과 현실경제를 이해하는 것과 무슨 상관이 있을까요? 저는 부정적일 수밖에 없습니다. 그래서 아마 민스키도 "수학의 일반화를 거부하자"라고 이야기했던 것같습니다. 자, 그렇다면 효율적 시장이론 가설과 경제수학 모델을 던져버린민스키가 버블을 어떻게 설명하는지 보겠습니다. 아주 간단한 경기순환 곡선부터 보여 드리겠습니다.

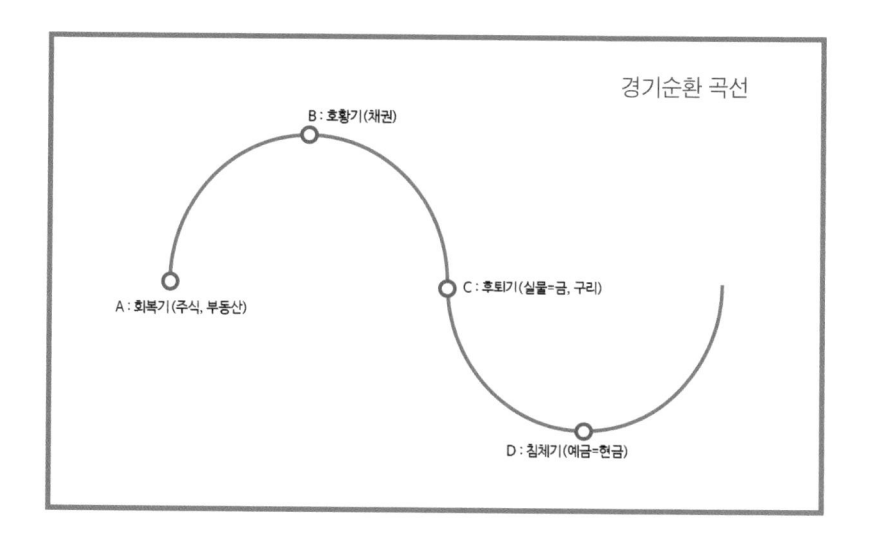

경기순환 곡선

B : 호황기(채권)

A : 회복기(주식, 부동산)

C : 후퇴기(실물=금, 구리)

D : 침체기(예금=현금)

경기가 순환하는 이유는 무엇일까요? 간단합니다. 호황일 때는 수요와공급 중 무엇이 많아질까요? 당연히 수요가 많죠. 물가는 자연스럽게 올라갈 겁니다. 그러면 사람들은 물가가 너무 비싸다고 판단해서 수요를 줄여 나가게 될 것이고 경기는 나빠지기 시작하겠죠. 또 호황국면에서는 누구나 공장을 지어서 물건을 만들려고 할 겁니다. 반면에 사람들은 호황이니 돈을 많이 쓰겠지요. 돈을 빌려서 공장을 만들려는 사람은 많지만 은행에 저축하려는 사람은 적으니 이자율이 높아질 수밖에 없을 겁니다. 그렇다면 이제 사람들은 소비보다 저축을 하려고 할 겁니다. 왜냐하면 이자율이 높아서 이자를 많이 받을 수 있으니까요. 이제 사람들은 저축을 하느라 자연스럽게 소비를 줄여 갈 것입니다. 호황에서 불황 국면으로 접어들겠지요. 불황국면에서는 지금까지와 반대되는 일들이 벌어지면서 경기가 자연스럽게 회복되기 시작할 겁니다. 여기에 민스키는 질문을 하나 더 던집니다.

'그렇다면 모든 호황국면은 버블인가?', '왜 어떤 호황국면에서는 버블이 나타나지만, 어떤 호황 국면에서는 버블이 나타나지 않는 것일까?'

우리 한번 주식시장에 회사가 상장되어 있다고 가정해 봅시다. 그 회사의 매출과 영업이익이 5% 상승했습니다. 회사 가치가 5% 증가한 것이지요. 이럴 때 주가는 보통 5% 오를까요? 아니면 5%보다 더 오를까요? 그렇죠. 더 많이 오를 때가 많고, 때로는 훨씬 더 많이 오르곤 하지요. 실제로 5% 좋아졌는데 주가는 50% 오른 경우가 많습니다. 다르게 표현하면 가치는 5% 올랐는데 가격은 50% 올랐다는 것이지요. 그렇다면 45%를 올린 것은 무엇일까요? 실물경제일까요, 아니면 금융 경제일까요? 민스키의 핵심 주장은 바로 '금융이 버블을 만든다'입니다. 앞에서 제가 버블이란 가치와 가격의 괴리에 의해서 만들어지는 것이라고 말했습니다. 표로 도식화하면 그림 A는 버블이 형성되지 않았지만 그림 B는 버블이 형성된 것이겠지요. 그렇다면 그림 B의 갭을 만든 것은 무엇일까요? 민스키는 그 답을 금융에서 찾습니다.

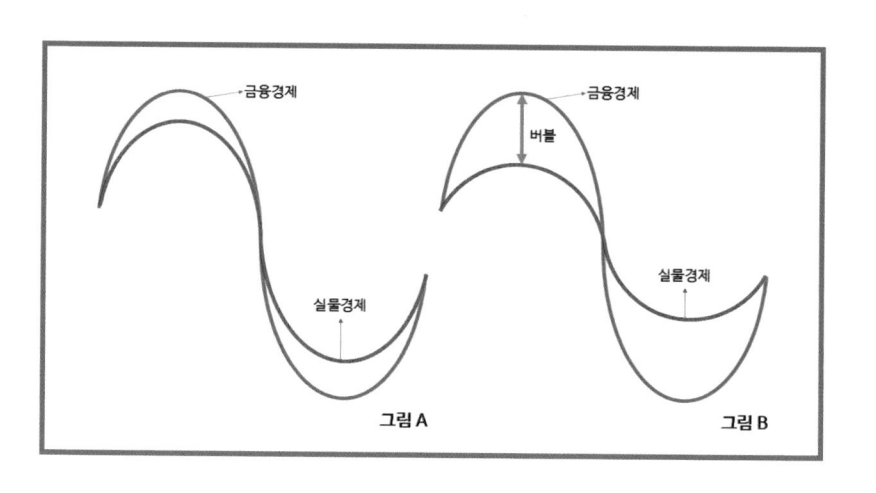

금융경제

버블

금융경제

실물경제

실물경제

그림 A

그림 B

　핵심은 실물경제의 변화가 버블을 만드는 것이 아니라, 금융경제의 변화가 버블을 만든다는 것입니다. 우리가 발 딛고 있는 자본주의는 이미 금융자본주의 단계로 접어들었기 때문이죠. 그래서 민스키는 주류 경제학이 실물 중심의 경제학으로 생산과 분배, 수요와 공급을 따졌기 때문에 버블을 정확히 예측, 설명할 수 없었다면, 버블을 정확히 예측, 설명하기 위해서는 새로운 금융 패러다임을 가져와야 된다고 주장했습니다.

　그리고 그 패러다임을 월스트리트 패러다임이라고 정의합니다. 월가는 말 그대로 대표적인 금융가입니다. 금융에서 제일 중요한 것은 뭐겠습니까? 투자. 그렇죠? 그래서 민스키는 투자가 어떻게 이뤄지고 있는지를 보아야 한다고 말합니다. 즉 버블을 보려면 투자 현황을 보아야 한다는 것입니다. 다시 정리해 보겠습니다. 버블을 알기 위해서는 무엇을 보아야 한다고요? 실물경제? 금융 경제? 금융 경제를 바라보자! 금융 경제를 바라보기 위해서는 무엇을 바라보아야 한다? 투자다! 어떤 투자가 이뤄지고 있는지를 보면 버블을 알 수 있다고 민스키는 말한 것입니다.

The Fourth Industrial Revolution

폰지 투자에 대해 알아보자!

민스키는 폰지 투자가 제일 위험하다고 말했죠. 그렇다면 폰지 투자는 어디에서 시작된 것일까요? 폰지 투자는 사기 기법 중 하나이기도 합니다. 실제로 아무런 이윤이 창출되지 않았는데, 투자자들이 투자한 돈으로 투자자들에게 수익을 지급해 버리는 행위를 '폰지 사기'라고 말하기도 합니다. 그리고 폰지는 한 사기꾼의 이름에서 따온 것이기도 합니다. 바로 찰스 폰지 (Charles Ponzi)죠. 그는 외국에서 구매한 만국우편연합 국제반신권을 미국에서 팔 때의 차익으로 수익을 얻을 수 있다고 투자가들에게 접근하여, 50일 내에는 50% 수익률을, 90일 내에는 100% 수익률을 낼 수 있다고 하면서 투자금을 모았습니다. 모은 돈을 어떻게 했을까요? 기존 투자자들에게 나누어 주는 겁니다. 그 어떤 경제활동도 없이 말이죠. 이런 기법으로 엄청난 손해를 입혔다고 합니다.

이제 이름만 들어도 폰지가 얼마나 위험한 투자인지 알 수 있지 않나요? 결국 폰지의 이러한 사기 행태는 언젠가는 무너질 수밖에 없습니다. 만약, 처음 지급되는 투자금이 나눠 줘야 할 금액보다 적다면 어떻게 될까요? 폰지는 그야말로 '폰지 투자'를 하게 된 것이지요! 생각해 보면 이것이 가장 원초적인 버블이 아닐까요? 수익을 낼 거라는 미래에 대한 믿음과 신문물 그리고 소문까지! 찰스 폰지라는 인물, 폰지 사기라는 단어, 폰지 투자라는 경제용어까지 본다면 폰지 투자가 얼마나 위험한 투자인지 알겠지요? 폰지 투자는 '버블 투자'라고 부를 수 있지 않을까요?

한 Q에 정리하기

Q1 | 툴립 버블은 언제 어디에서 일어났는가?

1636년 네덜란드에서 일어났다. 당시 네덜란드는 동인도 회사를 통해 비유럽권과의 무역으로 영국을 제치고 전성기를 구가하여 돈이 넘쳐나고 있었다.

Q2 | 툴립 구근은 어디서 어떤 방식으로 거래되었는가?

주점에서 선물(先物)로 거래되었다. 최소한의 증거금으로 아무런 규제 없이 거래되었다.

Q3 | 툴립 버블의 결과는 무엇인가?

금욕적인 청교도주의의 부활로 자본주의 발전 위축, 노동관과 기업관의 붕괴 → 영국에게 주도권을 넘겨주는 계기가 되었다.

Q4 | 버블은 무엇을 먹고 자라는가?

1. 탐욕 2. 루머 3. 발달된 금융

단, 탐욕은 빈부격차가 심할 때, 루머는 기술진보로 낙관주의가 형성될 때, 발달된 금융은 규제가 없을 때 비로소 버블이 형성된다.

Q5 | 미시시피 버블의 결과는 무엇이었는가?

1. 하이퍼 인플레이션으로 인한 민심 동요—프랑스혁명의 계기
2. 프랑스 금융 산업의 붕괴—영국에 금융 주도권 빼앗김
3. 금융기관을 통한 전비 조달 어려움으로 나폴레옹전쟁의 패배를 가져옴

Q6 | 민스키의 월스트리트 패러다임이란?

기존 경제학이 실물 중심의 경제학으로 생산과 분배, 수요와 공급을 따졌기에 버블을 정확히 예측, 설명할 수 없었다면, 월스트리트 패러다임이란 실물분석보다는 금융 분석을 우선하고, 금융 분석에 있어서는 투자 형태를 가장 중시하는 것

Q7 | 가상화폐 투자가들의 특징은 무엇인가?

1. 20, 30대 쌈짓돈
2. 코스닥 시장의 개미 출신
3. 소액투자자
4. 채굴업자는 PC방 사장 출신

민스키는
가상화폐에 누가 투자하는지 보라는 겁니다.
누가 가상화폐에 투자하는지를 보아야
현재 가상화폐 열풍이 버블인지 아닌지
판단할 수 있다는 겁니다.

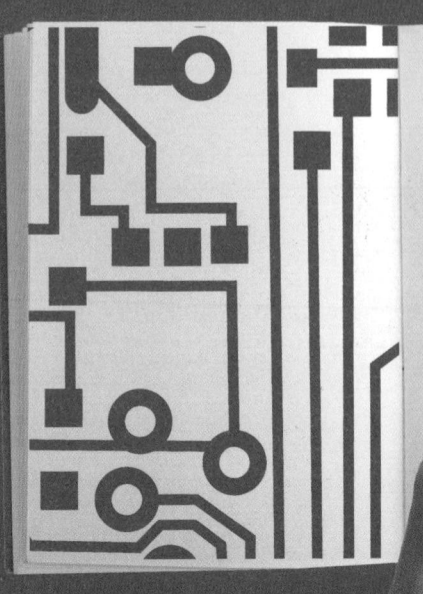

4차 산업혁명 시대
그리고 창의력

그렇다면 창의적 사고란 무엇인지, 한국인의 창의적 사고는 어느 정도 수준인지
한번 알아보도록 하겠습니다.

인공지능과 창의력

다보스 포럼 '미래고용 보고서'에서는 2020년 요구되는 교육 목표로 1위 복잡한 문제를 푸는 능력, 2위 비판적 사고, 3위 창의력, 4위 사람 관리, 5위 협업 (協業) 능력을 꼽았습니다. 아마도 이 다섯 가지 능력은 인공지능이 건드리지 못할 인간의 고유 영역이라고 다보스 포럼에서는 생각했을 것입니다.

산업혁명을 이렇게 정의할 수도 있다고 생각합니다. '인간의 근력이 얼마나 하찮은지를 보여 준 사건.' 그렇습니다. 트랙터가 나온 이후, 엄청난 근력과 숙련도를 가지고 삽질 잘하는 인간은 더 이상 멋진 사윗감이나 훌륭한 가장이 아닌, 하층 노동자가 되어 버렸습니다. 1차 산업혁명은 기계를 만들었고 기계라는 것은 석탄과 석유 같은 지하자원을 동력 삼아 놀라운 힘을 자랑하게 되었습니다. 그리고 산업혁명이 만든 기계는 인간의 육체노동을 산업현장에서 점차 배제시켜 나갔습니다. 이제 더 이상 사람들은 지게를 지고 물건을 나르지도, 곡괭이와 삽을 들고 땅을 파지도, 뙤약볕 아래서 모판을 들고 모를 심지도 않게 되었습니다. 즉 산업혁명이 만든 기계가 인간의 육체노동을 대신하게 된 것입니다.

그렇다면 4차 산업혁명이 가져올 미래는 어떨까요? 이를 가장 명료하게 보여 주는 사건이 바로 이세돌과 알파고의 대결이었습니다. 이세돌은 근력하고는 전혀 관계가 없는 사람이지요. 우리는 그를 '바둑의 천재', 즉, 인간정신의 극한이라고 생각하고 있었습니다. 그런데 그 이세돌이, 인공지능이 절대 점령할 수 없을 거라 믿었던 바둑이라는 인간 고유의 영역에서 속절없이 무너지고 말았던 것입니다. 이로 미루어 보건대, 4차 산업혁명 시대에 인공지능에 의해 대체되는 인간의 영역은 무엇이라 할 수 있을까요?

바로 정신노동입니다. 1차 산업혁명이 인간의 육체적 근력이 얼마나 덧없는가를 보여 주었다면, 4차 산업혁명은 인간의 정신노동이 얼마나 덧없는지를 보여 주는 것이지요.

육체노동과 정신노동이라는 두 가지 영역을 다 빼앗겨 버린 인간에게 남아 있는 것은 무엇일까요? 저는 그 힌트는 인공지능이라는 말에 있다고 봅니다. 즉, '인공지능은 인공지능이지 결코 인간 지능이 될 수는 없다'는 것이죠. 그럼 인공지능에는 없고 인간 지능에만 있는 것은 무엇일까요?

많은 전문가와 학자들은 그게 바로 인간의 창의력이라고 말합니다. 자, 이제 창의력이란 무엇인지 본격적으로 하나하나 접근해 나가도록 하겠습니다.

창의력이란 무엇인가?

당신의 아이큐는 얼마인가요? 혹시 멘사 회원이신가요, 아니면 멘사 회원 못지 않은 아이큐를 가지고 계신가요? 그렇다면 당신의 아이큐를 확인하기 위해 인터넷에서 떠도는 아이큐 테스트를 몇 개 제시해 보겠습니다.

문제 1[130] — ???에 들어갈 숫자를 구하시오.

$$5+3= 28$$
$$9+1 =810$$
$$8+6=214$$
$$5+4=19$$
$$then, 7+3=??$$

---

130. 정답 : 410
　　앞의 수에서 뒤의 수를 빼고, 그다음 앞의 수와 뒤의 수를 더하면 정답이 나온다.
　　7-3=4, 7+3=10, 그래서 410이 나온다.

문제 2[131] — 숫자 8549176320은 어떤 순서로 나열된 것일까요?

단서 ① 수학적인 계산은 필요 없다.

단서 ② 각 숫자는 한 번씩만 쓰였다.

단서 ③ 숫자가 적힌 순서를 눈여겨보라.

문제 3[132] — 다섯 개의 그림을 순서대로 나열하시오.

세 문제를 모두 맞혔다면 당신은 틀림없이 아이큐가 높은 사람이라고 할

---

131. 정답 : 0부터 9까지 영어로 읽었을 때의 알파벳순으로 정렬한 숫자
8 eight 5 five 4 four 9 nine 1 one 7 seven 6 six 3 three 2 two 0 zero

132. 정답 : C-E-A-B-D
C-사과가 필요했던 도둑은 총을 겨누고 사과를 뺏는다.
E-사과를 주머니에 넣으며 돈도 내놓으라고 한다.
A-남자가 돈을 건넨다.
B-도둑은 돈을 넣고 사과를 다시 꺼내든다.
D-사과를 돌려주고 돈만 챙겨서 도망간다.

수 있습니다. 아주 똑똑한 사람이지요. 하지만 그렇다고 당신이 창의적인 사람일까요? 그럴 수도 그렇지 않을 수도 있을 겁니다. 다음으로 창의력 테스트 문제를 보도록 하겠습니다.

1. 두 개의 원을 가지고 최대한 많은 이미지를 그려 보세요.

2. 박스 안의 선을 자유롭게 활용하여 박스 안을 채우세요.

part 6

아이큐 테스트와 창의력 테스트는 어떤 차이가 있는지 눈치채셨습니까? 어렵고 쉽고의 차이가 아니라 정답 존재의 유무이지요. 멘사 문제가 더 어려울지 몰라도 멘사 문제는 정답이 있지만, 창의력 문제는 명확한 정답이 없습니다. 이제 창의력이란 무엇인지 일단 가볍게 정의할 수 있을 것 같습니다. 정답 있는 문제가 아닌 '정답 없는 문제에 대한 해결 능력'이겠지요.

알파고가 이세돌을 바둑으로 이겼습니다. 그러나 저는 단언합니다. 알파고는 결코 저를 바둑으로 이길 수 없을 것입니다. 이렇게 말하면 저보고 미친놈이라고 하겠죠. 1급 바둑을 두는 네가 9단 이세돌도 못 이기는 알파고를 이긴다고? 물론 지금의 바둑 규칙으로는 결코 알파고를 이길 수 없습니다. 그러나 바둑의 규칙만 조금 바꾸면 저는 알파고를 가볍게 이길 수 있습니다. 한 번에 두 번씩 두기로 규칙을 바꾸는 거죠. 이렇게 규칙을 바꾸는 순간 알파고는 저를 절대로 이길 수 없습니다. 또한, 현재 19줄 바둑을 17줄이나 18줄 바둑으로 바꾸는 순간 알파고는 저의 적수가 되지 못합니다.

여기서 또 한 번 창의력이란 무엇인지 알 수 있습니다. 창의력이란 바로 '변화하는 환경에 적응하는 사고 능력'을 말하는 것이지요. 알파고가 아무리 바둑을 잘 두더라도 우리 인간 세상에서는 별로 쓸모가 없을지도 모릅니다. 예를 들어 알파고가 군대에 갔습니다. 알파고가 바둑을 잘 둔다는 소문을 듣자 사단장님이 불러서 바둑을 두자고 합니다. 알파고는 단 한 번도 봐주지 않고 사단장님을 이길 것입니다. 아마 알파고가 진짜 사람이었다면 군 생활이 꼬여서 군대에서 엄청 고생했을 겁니다. 즉, 알파고는 어떠한 유연성에 기반하고 있는 상황 대처 능력을 가지고 있지 못하다는 것입니다. 그래서 저는 창의력을 일단 '변화된 상황에 유연하게 적응할 수 있는 문제 해결 능력'이라 정의합니다.

많은 사람이 대기업에 입사하기를 원합니다. 그리고 그러한 대기업에 입사하려면 삼성의 경우 SSAT와 같은 시험을 치러야 합니다. 국내 대기업에서 출제되었던 입사 시험 문제 하나를 보여 드리겠습니다.

다음 빈칸에 들어갈 적당한 말을 고르시오.

> 그리하여 대부분의 사람들은 죽음에 이르러 자신의 생애를 돌이켜보며, 자신이 전 생
> 애를 공허하게 살아왔을 순간을 깨닫게 된다. ( ), 그들은 맛보지도 못하고 즐기지도
> 못한 채 흘려버린 것이 바로 자신이 기대하며 살아왔던 자신의 인생임을 알고 놀라는
> 것이다. 이와 같이 인간의 생애는 희망에 의해 끊임없이 기만하면서 죽음의 품속으로
> 뛰어드는 것이다.

① 더구나　　② 또한　　③ 그런데　　④ 즉

빈칸에 알맞은 말을 고르시오.

> 최근 들어 구조관 업계를 중심으로 나돌던 구조 조정의 필요성이 강관업계 전반으로
> 확산되고 있다. 8일 업계에 따르면 강관업계가 우려했던 '소재 부족'이 5월 들어 점점
> 현실화됨에 따라 강관업체들의 수를 줄이는 방법이 유력한 대안 중 하나로 떠오르면
> 서 '구조 조정' 문제가 다시 불거졌다.
> 이는 허약한 부실업체와 시장 질서를 어지럽히는 업체를 구조 조정을 통해 경쟁 질
> 서를 바로잡고 시장 전체 생산량 자체를 줄여 소재를 확보해야 한다는 업계 차원의
> ( )에서 비롯됐다.

① 苦肉之策　　② 萬全之策　　③ 糊口之策　　④ 鴛鴦之契

다음 보기의 문장을 문맥에 맞게 순서대로 배열한 것을 고르시오.

> A. 당신 자신을 다른 시각으로 보게 될 때 비로소 자기의 이미지가 바뀌고 능력을 발
> 휘할 수 있게 될 것이다.
> B. 당신은 자신에 대한 이미지에 갇혀 있으며 당신의 성격, 말투, 능력과 재능까지도
> 스스로 생각하고 인식한 자기 이미지대로 행동하고 있는 것이다.

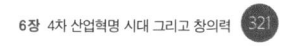

C. 평범한 삶의 굴레에서 벗어나 삶의 여러 영역에서 균형 잡힌 성공을 하기 위해서는 먼저 건전한 자기 이미지를 가져야 한다.

D. 동기 유발, 목표 설정, 긍정적인 사고방식 등 이 모든 것은 당신이 자기 자신을 믿지 않는 한 결코 효과를 거두지 못한다.

E. 자신의 능력을 극대화하기 위해서는 자기 자신을 먼저 신뢰하고 자신은 성공할 충분한 자격을 가졌다고 생각해야 한다.

① A C B D E   ② C D B E A   ③ C B D E A   ④ A C D B E

어때요? 아이큐 테스트에 가깝나요, 아니면 창의력 테스트에 가깝나요? 이번에는 최근 제일 잘나가는 어느 미국 회사의 입사 시험 문제들을 보여 드리겠습니다.

① 당신이 해적선의 선장인데 금괴를 발견했다. 당신의 금 배분 방안에 해적 절반 이상이 지지하지 않으면 당신은 죽는다. 목숨을 건지면서 금까지 챙길 수 있는 방법을 제시해 보라.

② 악마에게 내 영혼을 파는 계약서를 30분 만에 작성해 보라.

③ 동전 한 닢의 밀도와 크기로 변한 당신이 믹서에 던져졌다. 60초 뒤 작동하는 믹서를 어떻게 탈출할 것인가?

④ 친구가 당신의 휴대폰 번호를 제대로 알고 있는지 확인해야 한다. 단, 직접 물어볼 수는 없다. 어떻게 하겠는가?

⑤ 당신의 8살 된 조카에게 데이터베이스에 관해 세 문장으로 설명하시오.

이제까지는 구글의 문제였고요.

① 당신이 만약 애플 제품이라면 무엇에 비유할 수 있을까요?

② 당신은 시간도 리소스도 없는데 CEO가 지금 당장 20가지의 새로운 기능들을 추가하라고 시킵니다. 어떻게 해야 할까요?

③ 당신에게 계란이 두 개 있습니다. 이 계란들을 이용해 깨뜨리지 않고 가장 높은 곳에서 떨어트릴 수 있는 층을 찾아야 한다면 어떻게 하겠습니까?

④ 당신은 하와이로 신혼여행을 떠났습니다. 그런데 아이폰을 가방에 넣은 채로 수영을 하고 돌아왔더니 가방이 물에 흠뻑 젖어 있었습니다. 어떻게 해야 할까요? 결혼식 사진이 모두 젖은 휴대폰에 있습니다. 당신은 모든 사진을 잃어버릴 수밖에 없는 것일까요?

⑤ 한 고객이 전화를 해서 오래된 컴퓨터가 작동하지 않는다고 합니다. 당신은 어떻게 하겠습니까?

이 문제는 애플의 문제였습니다.

기존 한국의 대기업 문제와는 완전히 다르다는 것을 알 수 있지요. 기존 한국의 대기업 문제가 정답을 요구하는 아이큐 테스트형이라면, 구글이나 애플과 같은 기업들의 문제는 창의력 테스트형이라는 것을 금방 아실 수 있을 것입니다. 즉 4차 산업혁명 시대에 창의적 인재를 구하고자 하는 세계적 기업들의 노력을 엿볼 수 있지요. 다른 문제들도 보겠습니다.

① 높이, 위치, 촉각 등을 이용해 맞벌이 부부가 아이를 키울 때 도움이 될 수 있는 20년 뒤 기술에 대해서 논하라.

② 흰옷을 좋아하는 사람이 있다. 하지만 음식을 흘리면서 먹는 습관이 있어서 좀처럼 흰옷을 입지 못한다. 몇 년 뒤, 흰 옷을 마음대로 입게 됐다. 어떤 기술이 개발된 덕일까?

③ 여자친구와 여행에서 물건 하나를 선택한다면 무엇을 선택할 것인가?

④ 2020년에 잃어버릴 수 없는 휴대폰이 나왔다면 어떤 원리일까?

⑤ 어떻게 하면 명함을 버리지 않도록 제작할 수 있을까?

이 문제들은 최근 한국 대기업에서 출제된 문제입니다. 한국 대기업의 변화가 느껴지죠? 앞으로 여러분과 여러분의 자녀들이 왜 창의력을 키워야 하는지 단적으로 보여 주는 사례일 것입니다.

우리에게 부족한 창의력은?

한국 학생들은 공부를 정말 잘합니다. 고등학교 때까지만 잘하고 대학을 가면 그렇지 않다고 말하는 사람도 있지만 사실 한국 대학생들도 다른 선진국 못지않은 아니, 사실은 더 뛰어난 실력을 가지고 있습니다. 한국 기업이 세계적인 경쟁력을 갖출 수 있게 된 가장 큰 요인 중 하나는, 우수한 인력을 쉽게 뽑을 수 있는 한국 사회구조에 있다고 봅니다.

대기업에 입사하는 한국 청년들을 생각해 보십시오. 외국어 능력은 기본이고, 컴퓨터 활용 능력 및 직장에 대한 기본자세 등 사회에서 필요로 하는 능력을 이미 높은 수준으로 갖추고 있습니다.

한국 학생이 공부를 잘한다는 사실은 전 세계적으로 15세의 학생들이 공통적으로 보는 PISA[133] 시험 성적만으로도 알 수 있습니다. 다음 표를 보시

---

133. OECD 국제학생평가프로그램(PISA) : 경제협력개발기구(OECD)에서 3년마다 한 번씩 실시하는 국제 학업 성취도 평가. 조사 대상국의 만 15세 학생들을 기준으로 읽기, 수학, 과학의 지식적 소양을 측정하며, 이를 기반으로 각국의 교육 정책 수립 및 결정에 도움이 되는 정보를 산출하여 제공한다.

지요.

한국의 PISA 영역별 순위 및 평균 점수

연도 (참여국 수)		2000년 (43개국)	2003년 (41개국)	2006년 (57개국)	2009년 (75개국)	2012년 (65개국)	2015년 (70개국)
읽기	평균점수	525	534	556	539	536	517
	순위	7	2	1	2~4	3~5	4~9
수학	평균점수	547	542	547	546	554	524
	순위	3	3	1~4	3~6	3~5	6~9
과학	평균점수	552	538	522	538	538	516
	순위	1	4	7~13	4~7	5~8	9~14

출처 : 교육부

최근에 조금 떨어지고 있긴 하지만 한국이 여전히 상위권 성적을 유지하고 있습니다. 최근에는 특히 동아시아권 국가들이 최상위권을 차지하고 있습니다. 읽기와 과학, 수학, 모든 영역에서요. 2015년 시험 성적 결과를 보면 수학에서 1등 싱가포르, 2등 홍콩, 3등 마카오, 4등 타이완, 5등 일본, 6등 중국, 7등 한국까지 전부 동아시아권 국가에서 차지하고 있습니다.

그렇다면 한국의 창의력 지수는 얼마나 될까요? 몇몇 평가 기관에서 발표한 자료를 보도록 하겠습니다. 먼저 글로벌 창의성 지수입니다. 글로벌 창의성 지수는 토론토대학의 마틴 경제발전연구소(Martin Prosperity Institute)가 5년마다 평가하여 발표하는 것으로, 한국은 2015년에 총 139개국 중 31위 (0.660)를 기록했습니다. PISA 성적에 비하면 실망스러운 성적일 수밖에 없

지요.

주목할 만한 것은 최상위 성적을 기록한 국가들이 어느 곳인가입니다. 한번 볼까요? 1위 호주, 2위 미국, 3위 뉴질랜드, 4위 캐나다, 공동 5위 덴마크·핀란드, 7위 스웨덴입니다. 아까와 정반대의 결과가 나왔습니다.[134]

PISA 수학시험에서는 1위부터 7위까지 모두 동아시아 국가들이 차지한 반면, 글로벌 창의력 지수에서는 1위부터 7위까지 동아시아 국가들은 얼굴도 내밀지 못했다는 것이지요. 도대체 무엇이 이런 차이를 발생시켰을까요? 이것을 알기 위해서 글로벌 창의력 지수를 어떻게 평가하는지 알아보도록 하겠습니다. 글로벌 창의력 지수는 139개국을 대상으로 기술력(Technology), 인재(Talent), 관용성(Tolerance) 등 3개 부문을 평가하여 종합한 것입니다. 이를 통칭해서 3T라고 부릅니다. 즉, '창의력은 3T로 측정한다' 이렇게 생각하면 됩니다. 각 분야에서 한국 점수는 어땠을까요?

먼저 기술력을 보겠습니다. 한국은 기술력 부문에서 1위를 차지했습니다. 대단합니다. 기술력 점수는, 1. R&D에 대한 투자(GDP 대비 R&D 투자 비중)와 2. 혁신성(특허출원 수)으로 평가합니다. 한국은 1번에서는 3위, 2번에서는 1위를 기록해 종합 1위가 되었습니다. 그런데 왜 종합 점수에서는 31위로 밀려나게 된 걸까요?

---

134. 추가로 더 보아야 할 것은, 한국 학생들의 창의성은 OECD 국가 중 하위에 속한다는 것이다. 2010년 과학기술정책연구원에서 발표한 '창의성 지수 연구 결과'에 따르면 한국의 창의성 지수는 OECD 국가 15개국 중 11위를 차지했다. 특히, 1,000명당 과학 연구자 수로 나타내는 '과학재능지수'는 6위인 반면 창의적 직종에 종사하는 사람의 비중으로 나타내는 '창의계층지수'는 15개국 중 14위로 나타났다. 이는 곧 한국 학생들이 단순 지식에서는 세계적으로도 높은 수준이지만 이는 흥미를 느껴 해결하는 것이 아니라 입시 때문에 억지로 공부하는 것이라고 해석할 수 있다.

두 번째, 인재(Talent) 점수입니다. 여기서 한국은 50위를 기록합니다. 인재 점수도 두 가지로 평가됩니다. 1.높은 학력 수준을 가진 인재(전체 인구에서 대학 등록자가 차지하는 비중)와 2.창의성 집단(창의성을 요하는 직업에 종사하는 근로자 비중)입니다. 여기서 한국은 1번은 1등을 차지합니다. 한때 우리는 대학 진학률 83.4%라는 세계 기록을 세운 적도 있습니다. 그러니 1번의 1등은 당연한 것입니다. 그런데 인재 점수가 50등이니, 2번 점수가 형편없었겠지요. 2번 점수는 78위를 기록합니다. 2번 점수를 자세히 보면, 전체 인구에서 창의성 집단(과학자, 기술, 엔지니어링, 예술, 문화, 엔터테인먼트, 미디어, 비즈니스, 경영, 교육, 헬스케어, 법)에 종사하는 근로자 비중을 표시한 것인데요. 전 세계 상위 18개 국가에서 창의성 집단이 차지하는 비중이 전체의 40%인 것으로 나타난 반면, 한국은 12%에 불과해 낮은 성적을 기록했습니다. 여전히 한국 경제구조가 제조업과 단순 사무직 중심이고 자영업자 비율이 높다는 것을 반증하는 것이죠.

사실 진짜 중요한 것은 마지막입니다. 바로 세 번째 관용성입니다. 한국은 이 관용성 점수에서 70위를 기록하는 바람에 앞에서 벌었던 점수를 다 까먹었습니다. 관용성 지수도 두 가지로 평가합니다. 1.인종, 민족적 소수자에 대한 포용력, 2.성적 소수자에 대한 포용력입니다. 한국은 1번은 58위 그리고 2번은 82위를 기록합니다.

이 기준을 두고 독자 중에서는 이상하다고 생각하는 분도 계실 겁니다. '아니, 왜 창의력을 테스트하는데 소수자에 대한 포용력을 물어보지?' 이렇게 말이지요. 다시 말하면 동성애를 인정하는 것이 창의력과 무슨 상관이야? 이런 질문을 던질 수 있지요.

이것에 대한 대답은 아리스토텔레스가 강조했던 중용이라는 용어를 이해하는 데에서 시작해야 할 것 같습니다. 아리스토텔레스가 말하는 중용은 어느 양극단의 가운데에 서는 것을 가리키는 것이 아닙니다. 예를 들어 비겁과 만용의 중간을 중용이라고 합니다. 가운데 있다고 해서 중용이 아니라는 뜻입니다. 좌와 우 사이에 있으면 중용인가요? 아니죠. 우리는 그런 사람을 가리켜 회색분자라고 합니다. 누군가가 어떤 사람의 가랑이를 기어가고 있습니다. 아주 비겁해 보이지요. 하지만 아리스토텔레스가 봤다면 그렇게 말하지 않을 수도 있다는 것입니다.

초한지에 나오는 한신 아시죠? 한신은 남의 가랑이를 기어갔습니다. 하지만 그것은 먼 훗날을 위한 용기였지, 비겁이라고 말할 수 없을 것입니다. 마치 사기의 저자인 사마천이 궁형(宮刑)을 선택했을 때 당대 사람들은 비겁하다고 비난했지만, 인류 최고의 역사서 중 하나인 『사기』를 쓰기 위한 용기로 평가해야 하는 것처럼 말이지요.

정답은 여기에 있습니다. 즉, 중용이라는 것은 남들이 보기에는 아주 비겁한 행동도 용기가 될 수 있다는 뜻입니다. 특정한 행동도 상황에 따라 다르게 해석될 수 있다는 뜻입니다. 결국 상황이 변하면 그 전에는 말도 안 될 것 같은 대안이 오히려 정답이 될 수 있다는 것이지요. 창의력이란 변화된 구체적 상황에서 유연하게 정답을 찾아 나가는 능력이라고 했습니다. 새로운 상황이 닥치면 그것을 해결하기 위해서 사람은 많은 대안을 꺼내 놓고, 그중에 어느 대안이 올바른지를 선택해야 합니다. 예를 들어 보겠습니다.

어떤 나라가 빈부 격차가 벌어지는 상황에서 이것을 어떻게 해결할지 논의하고 있습니다. 그런데 관용성이 없는 극우파 학자는 그 대안으로 나온 기본소득세나 법인세 인상 또는 복지 확충 등을 좌파 포퓰리즘이라고 몰아붙여 대안에서 아예 배제해 버립니다. 그 사람은 테이블에 올려놓을 수 있는 대안을 스스로 줄이는 셈이죠. 창의적일 수 없을 것입니다.

마찬가지로 똑같은 상황에서 극좌파 학자는 이렇게 말할 수 있습니다. "기업 지원은 무조건 안 된다, 규제 완화는 안 된다, 수도권 지원은 안 된다." 이렇게 말하면 그 사람 역시 테이블에 올려놓을 수 있는 대안을 스스로 줄이는 거죠.

선입견과 편견을 배제하고 눈앞에서 벌어진 구체적 상황을 해결하기 위해 제기할 수 있는 모든 대안을 상상력을 동원해서 모두 끄집어내고, 거기서 가장 올바른 대안을 잡아내는 것이 바로 진짜 중용입니다. 그리고 그러한 중용을 실천할 수 있는 사람을 우리는 창의적인 사람이라고 합니다.

아이들은 끊임없이 질문합니다. 때로는 말도 안 되는 질문을 하지요. 그러나 우리는 아이들을 어리석다고 하지 않습니다. 아이들은 어떠한 선입견이나 편견이 없어서 구체적인 상황이 닥쳤을 때 상상할 수 있는 모든 대안을 떠올리고 말하기 때문에 우리는 아이들을 때로는 철부지라고 하지만 창의적이라고 말하는 것이지요.

하지만 오랜 세월을 살아온 사람은 이것은 이래서 안 되고 저것은 저래서 안 된다는 선입견과 편견을 많이 가지고 있기 때문에 꺼낼 수 있는 대안이 적어질 수밖에 없지요. 그래서 우리는 어르신들이 하실 말을 미리 짐작할 수 있는 겁니다. 우리는 어르신들에게 창의적이라는 말을 잘 쓰지 않습니다. 조선왕조와 같은 역사를 봐도 젊은 시절 창의적이고 개혁적인 대안을 내세웠던 군주들이 세월이 흘러 천편일률적인 행정을 고집하는 것을 쉽게 볼 수 있는 것처럼요.

결국 새로운 상황에 얼마나 많은 대안을 꺼낼 수 있는가가 창의력의 핵심입니다. 무인차가 등장하면 세상이 어떻게 변할까요? 이 문제를 해결할 수 있는 창의적인 사람은 누구겠습니까? 그 어떤 선입견이나 편견이 없어서, 남들은 상상할 수도 없는 대안을 내세우는 사람이 아니겠습니까?

"무인차를 화성왕복선에 실어서 보내겠다."

우리는 이런 말을 하는 사람을 또라이라고 하지 않고 창의적인 사람이라고 합니다. 바로 앨런 머스크죠?

"전화기에 MP3 기능과 컴퓨터를 붙여 버리겠다."

이렇게 말한 사람이 바로 스티브 잡스 아닐까요? 우리는 지금은 그들을 창의적인 사람이라고 부릅니다.

동성애에 관용적이고, 민족과 인종에 대해서 편견을 가지지 않는 사람! 그 사람이 바로 창의적인 사람입니다.

11

삼성의 창의성 면접

삼성에서는 2015년 하반기부터 창의성 면접을 도입했습니다. 삼성의 인사 채용제도는, 1. 직무 적합성 평가, 2. 직무 적성검사, 3. 종합 면접(직무 역량 면접, 창의성 면접, 임원 면접)의 3단계로 나눌 수 있습니다. 이 중 창의성 면접은 직무 적성검사(GSAT, 구SSAT)를 통과한 사람에 한해 진행하며, 직무역량 면접과 임원 면접 사이에 진행됩니다.

창의성 면접은 토론 형식으로 이루어집니다. 하지만 일반적으로 진행되던 지원자 간 다자 토론이 아닌, 면접관과의 토론으로 진행되지요. 즉, 자신보다 사회 경험이나 전문 지식이 훨씬 뛰어난 상대와 벌이는 토론인 셈입니다. 면접에서는 지원자에게 분석할 수 있는 자료를 주고 준비 시간을 40분 준 후, 5분 동안 분석 결과에 대해 발표하고 15~20분 동안 질의응답을 진행합니다. 이러한 면접을 통해 삼성에서는 지원자들이 얼마나 독창적인 아이디어를 내놓을 수 있는지, 논리 전개 과정이 얼마나 잘 구성되어 있는지 등을 평가합니다.

이러한 삼성의 면접 정책은 다른 기업에까지 퍼져 나가 여러 기업에서 인재 평가 요소로 사용되고 있습니다.

누구나 창의력이 필요하다고 주장합니다. 특히 4차 산업혁명 시대에 생존을 위해서는
당연히 창의력이 필요합니다.

어떻게 창의력을
키울 것인가?

저 역시 4차 산업혁명 시대에 생존을 위해서 창의력이 필요하다는 의견에는 토를 달고 싶지 않습니다. 그런데 항상 창의적으로 사는 삶을 생각해 봅시다. 너무 피곤한 삶은 아닐까요? 꼭 우리가 모두 창의적이어야 할까요? 창의가 늘 좋은 것인지 아닌지부터 알아야 창의력을 어떻게 키울지 알 수 있지 않겠습니까?

매 순간 창의적으로 살아라? 이거 너무 피곤한 인생 아닐까요?

창의의 반대는 뭐죠? 주어진 평범한 일상 아닐까요? 번뜩이는 창의보다는 주어진 평범한 일상이 더 소중하지 않나요?

자, 엄청 창의적인 사람이 있습니다. 뭔가 하나를 해도 다르고 톡톡 튑니다. 엄청 부럽습니다. 그 사람의 삶이 부럽나요? 만일 그가 어떤 집단에 들어간다면 아마 큰 사고를 칠지도 모릅니다. 그러면 그 집단은 그 사람의 창의력을 억제하려 애쓰겠죠.

그 집단이 어디냐고요? 남자분들은 맞추셔야 합니다. 건강한 대한민국 남자라면 거의 다 갔다 온 곳, 바로 군대입니다. 군대라는 집단은 창의를 요구하지 않습니다. 물론 전쟁 지휘관의 전략과 전술은 창의적이어야겠지만 그것을 따르는 군인에게는 창의란 금기어일 수밖에 없습니다.

지휘관이 전쟁에서 "돌격 앞으로!"라는 명령을 내립니다. 그런데 돌격을 준비 중이던 병사들이 너무나 창의적입니다. '꼭 이 시점에 돌격이 필요한 것일까? 오히려 참호 속에서 더 버텨야 하는 것은 아닐까?', '왜 꼭 돌격은 앞으로 하는 거지? 뒤나 옆으로 할 수도 있는 것 아니야?', '꼭 총을 앞으로 해서 돌격해야 하는 건가? 돌멩이를 던지면서 돌격하면 오히려 적이 더 당황하지 않을까?' 우리는 이런 군대를 당나라 군대라고 합니다.

군대라는 조직은 개인의 창의를 철저하게 배제합니다. 그리고 그래야만 합니다. 창의력이라는 것은 모든 조직, 모든 시대, 모든 사람에게 요구되는 것은 아니라는 것입니다. 다만 급변하는 4차 산업혁명 시대에 앞서나가기 위해서는 힘들고 어렵지만 창의적인 사람이 되어야 한다는 것이 시대적 요구라는 것이지요. 아무튼 좋든 싫든 창의력이 필요해진 시대, 이제 어떻게 하면 창의력을 키워 나갈 수 있는지 하나하나 짚어 보도록 하겠습니다.

자유를 주자

창의의 반대말은 무엇일까요? 비창의? 무능력? 저는 그렇게 생각하지 않습니다. 저는 창의의 반대말은 안정감이라고 생각합니다. 제복 입은 사람을 보면 무슨 생각이 들죠? 경찰, 군인, 소방관을 볼 때 우리는 안정감을 느끼죠? '아 저분들은 어떤 일이 벌어지면 어떻게 행동할 것이야'라는 예측이 가능하기 때문이지요.

불이 났습니다. 그런데 청바지에 면 티셔츠를 입은 분이 온다고 생각해 봅시다. 그 사람에게 누가 길을 비켜 줄까요? 아마 없을 겁니다. 왜냐하면 그 사람이 어떤 행동을 할지 우리는 예측할 수 없기 때문입니다. 하지만 불이 났을 때 소방관 옷을 입은 사람이 오면 우리는 모두 길을 비켜 줄 것입니다. 그건 바로 우리가 그 사람이 어떻게 행동할지, 그가 입은 옷을 보고 예측할 수 있기 때문입니다.

군대에서는 창의력이 필요 없다고 말씀드렸죠. 그래서 입대하는 모든 사람에게 군복을 입힙니다. 제복을 입는 순간, 저도 경험을 했지만 옆에 있는 사람과 다른 행동을 해서는 안 된다는 생각을 갖게 됩니다. 바로 그게 제복의 힘이지요.

그렇다면 창의를 키우기 위해서는 어떻게 해야 할까요? 그렇습니다. 제복을 던져 버려야 합니다. 학생이라면 교복을 던져 버려야 한다는 것입니다. 사복을 입는다는 것은 선택할 수 있는 가짓수가 넓어진다는 것입니다. 즉, 끄집어낼 수 있는 대안이 많아진다는 것이지요.

창의력의 기반은 바로 자유입니다. 자유의 다른 말은 개인주의이고요. 개인주의에 기반을 둔 자유가 바로 창의의 원천입니다. 이것이 집단 문화가 발달한 동아시아보다 개인주의 문화가 발달한 서구 사회가 좀 더 창의적일 수 있다는 주장의 근거가 되는 것입니다.

집단생활을 생각해 보십시오. 2박 3일 교회 캠프만 생각해도 즐거움을 떠올리면서도 한편으로는, 그 집단이 요구하는 규율을 받아들여야 한다고 생각하게 됩니다. 북한을 생각해 보세요. 거기서 어떤 창의적인 생각이 나올 수 있을까요? 그렇지 않죠. 그 원인은 바로 북한 사회가 전체주의 사회로, 개인주의를 허락하지 않고 개인에게 자유를 주지 않기 때문일 겁니다.

창의의 기반은 자유이고 그 원천은 개인주의입니다. 모범생을 생각해 보세요. 그 친구를 보면 훌륭하고 바르다는 생각은 들지만, 그 친구가 뭔가 창의적이라는 생각은 들지 않죠? 왜냐하면 모범생의 행동은 예측 가능하기 때문입니다. 스티브 잡스가 프레젠테이션 할 때의 의상을 생각해 보세요. 절대로 양복에 넥타이를 매는 등 규격화된 행동을 하지 않습니다. 청바지를 입고 아주 자유롭게 행동하죠. 알고 보면 굉장히 연출된 장면이라고 우리는 알고 있지만 그 프레젠테이션을 보는 순간만큼은 '역시 잡스야, 뭔가 창의적이야'라는 생각이 드는 거죠.

창의를 위해서는 말할 것도 없이 자유가 주어져야 합니다. 그래서 우리나라에서도 4차 산업혁명 시대를 맞이하여 학생들에게 어떤 제도를 본격적으로 시행하고 있습니다. 이 제도는 진보 교육감이나 보수 교육감이나 대체로 동의하고 있는 제도입니다. 무엇이냐고요? 바로 자율 학기제입니다. 자율 학기제는 아일랜드, 영국, 덴마크[135] 등에서 유래되었습니다. 현재 한국에서는 약간의 변형을 거쳐 중학교에서 실시하고 있습니다. 한 학기 정도는 학생들이 기존의 수업 부담을 벗어던지고 자유로운 생활 속에서 자발적으로 창의력을 키울 수 있도록 하자는 취지로 도입한 제도입니다. 아직 많은 문제점을 노정하고 있지만 궁극적으로는 우리가 가야 할 길이 아닌가 싶습니다.

창의력이 가장 필요한 회사 중 하나로 우리는 게임 회사를 들 수 있을 것입니다. 게임 회사 다니면서 정장 입고 다니는 사람들 거의 보지 못했겠지요? 대부분 편안하고 톡 튀는 복장을 하고 다닐 겁니다. 게임 산업의 역사를 간단히 한번 살펴볼까요?

2010년대에는 모바일 게임 산업에서 중국이 주류를 가져갔다면 1990년대 후반과 2000년대 초반에는 인터넷 중심 산업에서 한국이 리딩을, 그리고 1980~1990년대까지는 닌텐도로 대변되는 일본 기업들이 게임 산업을 리딩했다고 볼 수 있습니다. 그런데 그 전에는 미국이 게임 산업을 이끌었습니다. 바로 전설의 아타리[136]라는 기업이었습니다. 세계 최초의 상업 디지털 게임인 '컴퓨터 스페이스'를 만들었던 기업입니다. 그런데 지금은 그 이름조차

---

135. 덴마크에서는 애프터스콜레(Efterskole)라는 독특한 학교가 존재한다. 이 학교는 10학년까지의 기초 과정을 마치고 심화 과정으로 진학하기 전, 약 1년간 학생들이 자유롭게 진로를 탐색할 수 있도록 다양한 경험을 제공하고 있다. 모든 애프터스콜레는 각자의 특성을 지니고 그 분야에 대한 체험을 할 수 있도록 구성되어 있으며, 종류는 외국어 · 음악 · 미술 · 연극 · 영화 · 스포츠 · 여행 · 종교 · 국제교류 등 매우 다양하다. 현재 덴마크에는 총 245개의 애프터스콜레가 있으며, 2만 8,000여 명의 학생이 재학 중이다.

136. 1972년 설립된 미국의 게임 개발사. 세계 최초의 비디오 게임인 〈퐁(Pong)〉을 시작으로 전 세계 게임 시장을 독점하고 있었으나 1976년 워너에서 인수한 이후 아타리 쇼크로 인해 급속도로 무너졌다.

모르게 되었죠. 그렇게 된 데에 가장 큰 기여를 한 것은 나중에 아타리를 인수한 워너 경영진이었습니다.

워너 경영진 중 게임을 하는 사람은 한 명도 없었죠. 워너 경영진이 아타리를 인수하자마자 제일 먼저 한 조치가 게임 제작자들의 복장과 근무시간을 철저하게 관리한 것입니다. 워너 경영진 입장에서는 아타리에 근무하고 있는 기존 직원들의 모습이 너무 자유분방해 보였던 거죠. 그 결과를 말하면 뭐하겠습니까? 아타리 게임들은 참신성을 잃어버렸고 구태의연한 졸작에 머물면서 게임업계의 리더 자리를 내주게 된 것이죠.

구글 글로벌 내부 ⓒGoogle

위 사진은 세계적인 대기업 구글 회사 내부 전경입니다. 구글이 착한 회사라 직원들에게 저런 공간을 주는 걸까요? 자본주의사회에서 모든 기업가의 꿈은 같습니다. 보다 많은 이윤 창출이죠. 구글이라는 회사는 이렇게 판단하고 있겠죠. '직원들에게 자유로운 공간과 시간[137]을 좀 더 많이 제공하자. 그래야 직원들이 더 창의적인 제품과 콘텐츠를 만들어 낼 것이고 회사 이윤도 증가할 것이다.'

당연한 것 아니겠습니까? 사진 하나만 더 보여 드리겠습니다.

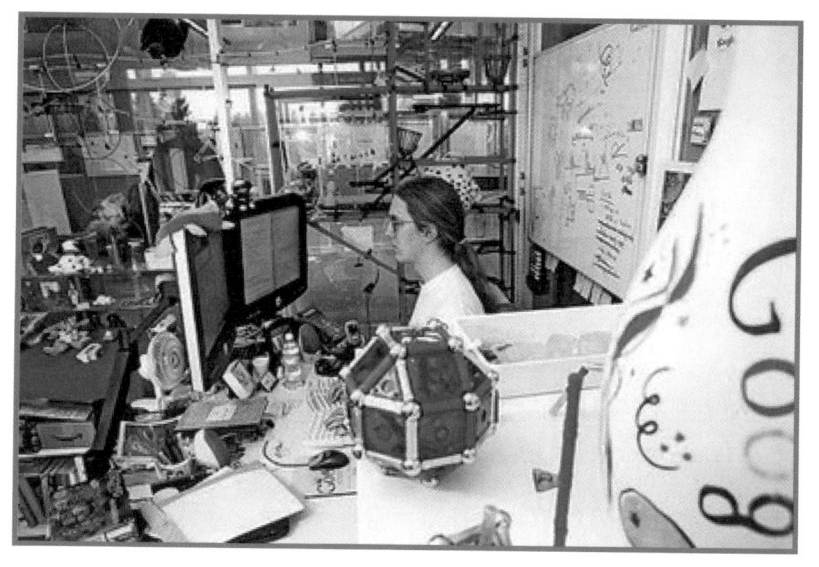

구글 임직원의 책상

개판이지요? 구글 직원의 책상입니다. 부럽다고요? 아뇨, 저는 회사의 강

137. 구글의 혁신을 위한 20% 타임제 : 근무시간의 20%를 자신이 하고 싶은 업무와 프로젝트에 사용
  • 엔지니어와 비엔지니어에게 모두 허용
  • 내부에서는 기존 업무를 다 하면서 추가로 20%를 하기 때문에 120%라는 농담도 나옴
  • 자발적으로 새로운 시도를 하도록 인센티브 제시
  • 새로운 시도를 하는 동료를 격려하는 조직 분위기 구축

압이 느껴집니다. "네 맘대로 해. 그런데 일정 시점까지 창의적인 대안을 내놓지 않으면 넌 해고야. 해고하지 않아도 네 스스로 나갈 거지?" 이게 바로 현대 ICT 기업들의 현주소입니다

우리나라 학생과 직장인도 마찬가지일 것입니다. 자유를 주지 않고 창의성을 기대하는 것은 연목구어 또는 누워서 입 벌리고 감 떨어지기를 기다리는 행위와 다를 바 없을 것입니다. 다만 그 자유는 아무에게나 주는 것이 아니라 목표와 성취 욕구가 뚜렷한 사람에게 주어져야겠지요? 그렇지 않으면 방종이 될 테니까요. 창의를 위해서는 목표와 성취 욕구가 뚜렷한 사람에게 자유를 주는 것, 이것이 그 첫 번째일 것입니다.

긍정 유인을 주자

인간은 어떤 행동을 하기 전에 그 행동을 위해 소비하는 어떤 것(기회비용)과 그 행동을 통해 얻을 수 있는 어떤 것(편익)을 비교해 보고 편익이 클 때 움직입니다. 인간은 유인 효과가 클 때 행동하게 된다는 것이지요. 쉽게 말해 말을 길들일 때 당근과 채찍이 필요하듯, 사람이 행동하도록 만들기 위해서는 상과 벌을 잘 활용해야 한다는 것이지요.

앞으로는 상을 긍정 유인이라는 표현으로, 벌을 부정 유인이라는 표현으로 말하겠습니다. 아이를 교육한다고 해 봅시다. 아이를 바르게 키우기 위해서 필요한 것은 무엇일까요? 긍정 유인일까요, 아니면 부정 유인일까요? 긍정 유인이라고요? 아니요. 반만 맞는 답입니다. 아이를 올바르게 키우기 위해서는 긍정 유인 뿐만 아니라 부정 유인도 반드시 필요합니다.

예를 들어, 백화점에 아이를 데리고 갔습니다. 그런데 아이가 마음에 드는 로봇 인형을 사 달라고 바닥에 누워서 깽판을 부리고 울고 있습니다. 어떻게 해야 할까요? 그럴 때 많은 부모님이 이렇게 하죠. "애야, 일어나렴. 울지 말고! 그러면 아빠가 다음에 이거보다 더 좋은 로봇인형을 사 줄게."

그 순간 아이는 무슨 생각을 할까요? '내 울음소리가 너무 작았구나. 나의 생떼가 너무 약했어. 만일 내 울음소리가 두 배가 되고, 나의 생떼가 더욱더 세진다면, 아빠는 지금 당장 저 로봇을 사 주는 것은 물론, 다음에는 저것보다 더 좋은 로봇을 많이 사 줄 거야.'

결국 아이는 이러한 판단 아래 울음소리를 더 높여 갈 겁니다. 이때는 따끔하게 아이를 혼내야 합니다. 그렇지 않으면 버르장머리 없는 아이가 되고 마는 것이지요. 즉, 부정 유인을 던져 주어야 할 때 긍정 유인을 던져 준다는 것은 오히려 부작용을 더 크게 만드는 행위입니다.

인간을 교육함에 있어서는 부정 유인과 긍정 유인이 둘 다 필요하지만, 창의를 키움에 있어서는 부정 유인은 아무런 도움이 되지 않습니다. 긍정 유인 없이 부정 유인으로만 움직이는 집단이 있습니다. 어느 집단이냐고요? 창의가 필요 없는 집단, 군대입니다.

군대에 가면 오직 '하지 마라'밖에 없습니다.[138] '까라면 까라'밖에 없습니

138. 다음은 한국 육군이 제정한 '성군기 행동수칙'이다.
  1. 여군 또는 남자 군인의 개별 행동을 통한 이성 관사 출입 불허
  2. 남자 군인과 여군이 부득이하게 신체를 접촉할 때는 한 손 악수만 허용
  3. 지휘 관계에 있는 이성 상하 간 교제 불허
  4. 남자 군인과 여군 단둘이 차량 이동 금지
  5. 남자 군인과 여군이 단둘이 사무실에 있는 행동 불허(단, 부득이한 경우 문을 열고 대화 가능)
  6. SNS(사회관계망서비스) 등으로 음란물을 이성에게 보내거나 보여 주는 행위 금지

다. 한마디로 생각을 하지 말라는 것이죠. 또 실제로 군대는 그래야만 합니다. 군대는 고도의 훈련으로 조직화되어 일사불란한 명령을 따르는 집단 체제입니다. 여기에서는 기본적으로 명령 즉, '생각하지 마'가 그 근본이 돼야 하는 것입니다. 그래야만 강군(强軍)이 될 수 있지요. "야, 넌 군대 체질이야"라고 할 때, 그 군대 체질인 사람이 누구입니까? 나쁘게 말하면 창의적이지 못하고 능동적 사고가 모자란 사람이라고 말할 수 있지만, 좋게 말하면 안정감 있게 책임감을 가지고 맡은 바를 다하는 사람이라는 뜻입니다. 어느 것이 좋고 나쁜 것이 아니라 동전의 양면과 같은 것이지요. 아무튼 군대는 부정 유인에 의해 움직이는 집단입니다. 아! 긍정 유인도 있습니다. 외박과 휴가가 있네요.

하지만 창의란 오직 긍정 유인을 통해서만 나올 수 있습니다. 노벨 물리학상을 받은 일본인이 있습니다. 1993년 세계 최초 청색 발광 다이오드(LED)를 발명하고 2014년 노벨 물리학상을 받은 나카무라 슈지[中村修二]입니다. 이 사람의 발명 덕분에 그가 근무하던 니치아화학공업은 LED로만 1조 2,086억 엔(12조 원)의 매출을 올려 굴지의 회사로 성장했습니다. 그래서 이 회사는 그에게 놀라운 포상을 합니다. 무려 2만 엔(20만 원)의 포상금을 주었고 무려 과장으로 승진시켜 줍니다. 그리고 그가 발명한 발명권은 전부 가볍게 회사로 귀속시키지요. 여러분이 나카무라 슈지라면 회사에 감사하겠습니까?

회사 매출을 12조 원이나 올려줬는데 20만 원을 주고, 거기다 과장으로 승진시켜 주고 내가 가지고 있으면 귀찮을지도 모를 발명권을 회사가 다 가져가고 너무 고마울까요?

그래서 나카무라 슈지 씨는 바로 미국 국적을 취득하고 회사에 사표를 내 버려요. 그 후 이 회사에서 이런 창의적인 발명이 더는 나오지 않았던 것은 너무나 당연한 일이겠지요.

창의를 위해서는 당연히 그 동기를 유발시킬 긍정 유인이 필요하지만 긍정 유인은 부정 유인보다는 제시하기 훨씬 어렵습니다. 왜냐하면 일반적으로 부정 유인은 집단 통제의 편리함이라는 장점과 더불어 보편성도 지니고 있기 때문입니다. 여기서 말하는 보편성이란 개인을 굳이 고려할 필요가 없다는 것입니다.

담임 선생님이 교실에 와서 이렇게 이야기합니다. "자, 앞으로 지각하는 사람은 벌금 만 원이다." 이 명령에는 개인에 대한 고려가 존재하지 않습니다. 그런데 여러분이 사장이라 가정해 봅시다. 그래서 회사 직원들의 창의를 높이기 위해서 창의적인 제안을 하는 사람은 승진시켜 주기로 했습니다. 별 문제 없을 것 같지만 문제가 있을 수 있습니다. 왜냐고요? 사실 창의적인 제안을 하려던 그 회사 직원은 승진에는 관심이 없고 오로지 휴가를 원했거든요. 그 사람에게는 승진이 어떤 긍정 유인으로도 작용할 수 없을 것입니다. 자칫 그 사람을 피곤하게만 하는 부정 유인으로 작용할 수도 있습니다.

이런 일은 가정에서는 더 흔히 벌어지는 일이지요. 아빠가 중학교 3학년 딸에게 이렇게 이야기합니다. "이번 중간고사에서 5등 이상 올라가면 아빠가 너랑 일요일마다 에버랜드 같이 갈게."

그 순간 공부를 열심히 해서 성적을 올리려던 딸의 마음은 어떻게 되겠습니까? '아 공부하지 말라는 이야기구나!!!!!' 아빠가 생각했던 긍정 유인은 알고 보면 딸에게는 엄청난 부정 유인이었던 것입니다.

긍정 유인을 던지기 위해서는 긍정 유인을 받는 사람이 무엇을 요구하고 있는지를 명확히 이해하고 있어야 합니다. '창의 있는 대안을 제시해 봐'라는 말을 하기 전에, '네가 만일 창의적인 대안을 제시한다면, 나는 네가 원하는 것이 이루어질 수 있게 해 주겠어'라는 전제조건을 제시해야 한다는 것입니다. 그런 전제조건을 제시할 수 없다면 무한한 칭찬을 보낼 마음의 준비라도 갖추고 있어야 합니다. "잘했어!", "최고야!", "나이스!", "너밖에 없어!"라고 말입니다. 칭찬은 고래도 춤추게 합니다.

낯설게 하자

앞에서 창의를 키우기 위해서는 자유를 주고 긍정 유인을 던져 주어야 한다고 했습니다. 그런데 사실 더 중요한 것은 바로 이것 '낯설게 하기'입니다. 낯설게 해야 창의가 발생한다는 저의 주장이 낯설 수도 있을 텐데요. 이 그림을 보면서 시작해 보겠습니다.

지우개가 달린 연필입니다. 학창 시절 누구나 가지고 다니던 물품이지요. 참 편한 물건입니다. 뭔가를 필기하다 실수하면 뒤에 달린 지우개로 쓱 지워 버리면 되니까요.

이 물건을 왜 소개시켜 드리냐고요? 이유는 간단합니다. 연필이 발명된 것은 1564년이고요. 지우개가 발명된 것은 1770년입니다. 그런데 이 지우개를 연필 뒤에 달기 시작한 것은 언제일까요? 바로 1858년입니다. 지우개가 발명되고 나서도 그 지우개를 연필에 다는 데 무려 86년이 걸렸다

는 것입니다. 그게 어리석은 우리의 모습입니다. 뭐 이거는 일도 아닙니다. 옆의 그림을 보시죠.

아주 평범한 캐리어입니다. 캐리어에 바퀴가 달려 있죠. 그래서 우리는 이 캐리어로 쉽게 짐을 옮길 수 있습니다. 가방에 바퀴가 달려 있다. 참 당연한 일 같지만 절대 당연한 일이 아니었습니다. 바퀴가 발명된 것은 5,000년 전일 테고, 가방이 발명된 것도 수천 년 전의 일일 겁니다. 그런데 이 가방에 바퀴를 단 것은 1970년입니다. 그래서 고전 영화를 보면 가는 허리에 힘이라고는 하나도 없을 듯한 오드리 햅번 같은 여자 주인공이 무거운 가방을 낑낑대면서 들고 다니는 것입니다. 어이없지요. 수천 년 동안 가방에 바퀴를 달겠다는 그 간단한 생각을 못했다니, 인간의 창의력이란 그렇게 형편없나 봅니다.

왜 그랬을까요? 바로 '낯설게 하기'를 못했기 때문입니다. 낯설게 하기의 반대말은 '일상적 사고하기'일 것입니다. 일상적으로 연필은 연필, 지우개는 지우개, 바퀴는 바퀴, 가방은 가방 이렇게 생각해 왔기에 어떤 사람도 지우

개와 연필을, 가방과 바퀴를 연결시키지 못했던 거지요. 그게 바로 창의입니다. 왜 잡스가 창의적인 사람입니까? 모든 사람이 컴퓨터는 컴퓨터, 전화기는 전화기, MP3는 MP3라고 생각할 때, 컴퓨터와 전화기와 MP3를 한꺼번에 묶었죠! 그것이 바로 스마트폰 아니겠습니까? 모든 사람이 화려한 디자인을 생각할 때, 애플의 수석 디자이너인 조나단 아이브와 잡스는 이렇게 말합니다. "최고의 디자인은 디자인이 사라져서 보이지 않는 것"이라고요. 그러한 창의적인 철학이 오늘날 누구도 따라 하기 힘든 독보적인 애플의 디자인을 만든 것 아니겠습니까?

낯설게 한다는 것은 개인의 삶에서도 굉장히 중요한 일입니다. 책 한 권을 소개하겠습니다. 제목만 들어도 솔깃할 텐데요, 바로『나이 들수록 왜 시간은 빨리 흐르는가』[139]입니다.

여러 이유가 있지만 그중 하나는 나이 들수록 낯선 경험이 적어지기 때문이라고 합니다. 우리가 기억하는 것은 시간이 아니라 사건입니다. 일주일 전 오늘 이 시간을 기억하는 사람은 없죠. 우리는 지난 사건만을 기억할 뿐입니다. 그리고 그 사건은 항상 있었던 사건이 아니라, 새로 일어난 사건입니다.

열다섯 살 때 하루를 생각해 봅시다. 그때는 하루에 새로운 사건이 많이 일어나지요. 하루에 새로 일어나는 사건이 열 개라고 생각해 봅시다. 그러면 그때는 사건이 100개 일어나기 위해서는 열흘이 필요하지요. 즉 열흘을 100개의 사건으로 기억하는 것입니다. 그런데 60살이 되었습니다. 이제는 하루

139.『나이 들수록 왜 시간은 빨리 흐르는가』: 네덜란드의 심리학자이자 흐로닝언 대학의 교수로 재직하고 있는 '다우어 드라이스마'가 2001년에 편찬한 책. 나이가 들수록 시간이 빨리 흐르는 것처럼 느껴지는 것에 대해 심리학적 실험은 물론 철학, 정신의학, 생물학, 신경학 등 다양한 분야의 연구 성과를 기반으로 설명한다.

에 새로운 사건이 2개밖에 발생하지 않습니다. 새로운 사건이 100개가 발생하려면 50일이 있어야겠지요. 이제 100개의 사건은 우리 머릿속에는 50일로 기억되는 것입니다. 이 경우 나이가 60살인 사람은 15살인 사람보다 시간이 5배 빠르게 흐른다고 느끼게 된다는 것입니다. 그만큼 나이 들수록 의도적으로 더 활기차게 새로운 도전을 받아들여야 하지 않겠습니까? 그게 바로 젊게 사는 방법이겠지요.

어떻게 하면 이 '낯설게 하기'를 할 수 있을까요? 첫 번째 방법은 간단히 말해 여행하는 겁니다. 여행 간다는 말의 동의어가 바로 '낯설게 하기' 아니겠습니까? 단체로 철저한 계획에 의해 움직이는 여행이 아니라 혼자만의 계획 없는 배낭여행이라면 더 좋겠죠. 그랜드 투어라는 말을 들어 보셨나요? 거대한, 혹은, 대단한 여행이라고 번역될 텐데, 여행사 광고가 아니라 18세기 영국에서 청년이 된 귀족 자제를 부모가 프랑스와 이탈리아로 여행을 보내던 관행을 일컫는 말입니다. 르네상스 시대부터 등장한 믿음, 즉, '더 멀리 갈수록 더 많이 보고 알게 된다'를 실천했던 것이지요. 당시 귀족 자제의 부모가 가장 고민하던 것 중 하나는 이 여행을 같이해 줄 동행 교사를 구하는 것이었습니다. 동행 교사 중 우리가 알고 있는 유명한 사람이 바로 『국부론』의 저자인 애덤 스미스입니다. 18세기 이후 영국에서 수많은 발명품과 획기적인 제도가 출현하여 해가지지 않는 강국이 된 배경에는 바로 이러한 그랜드 여행에서 느꼈던 낯섦이 있었던 게 아닐까요?

여행도 좋지만 좀 고리타분한 이야기일 수도 있는데 이 '낯설게 하기'에 가장 좋은 방법은 바로 독서입니다. 여행이 우리를 직접적으로 낯설게 한다면 독서는 우리를 간접적으로 낯설게 합니다. 원래 '낯설게 하기'라는 말 자체가 문학에서 나온 말입니다. 지각의 자동화를 피하기 위한 예술 기법으로 등장한 것인데 소련 문학이론가 빅토르 시클롭스키(Viktor Shklovski)에 의해 개념화된 용어입니다. 지각의 자동화를 깨뜨린다는 말은 이런 뜻입니다.

막대사탕을 먹는 아이가 있다고 해 봅시다. 그러면 우리는 그걸 보고 이렇게 말하겠죠. "사탕을 입으로 먹었다." 지각이 이렇게 바로 자동화가 된다는 이야기입니다. 한마디로 그냥 평범한 일상적 사고를 한다는 것이지요.

그런데 이런 지각의 자동화는 기억으로 남지 않고 문학적 감동도 주기 어렵습니다. 그래서 이것을 이렇게 표현해 보는 거죠. '쓰디쓴 사탕을 몸 안에 녹여 버렸다.' 이것이 지각의 자동화입니다. 그 순간 사탕을 먹은 행위는 단지 사탕을 먹은 행위에서 끝나는 것이 아니라, 그것을 뛰어넘는 어떤 특정한 행위로 기억되는 것이지요.

독서는 지각의 자동화를 막는 지름길입니다. 내가 일상적으로 생각하고 내 몸에 굳어져 버린 것, 저는 이것을 선입견과 편견이라 표현하고 싶습니다. 그건 그랬으니까 당연히 이래야 한다는 사고방식. 그것이 바로 지각의 자동화, 또 다르게 말하면 선입견과 편견에서 나온 관습이겠지요. 이것을 깨뜨릴 수 있다는 것입니다.

노벨상 수상자 중 22%는 유태인입니다. 유태인 인구는 1,400만 명밖에 되지 않습니다. 이 유태인들을 이렇게 만든 것은 무엇일까요? 여러 요인이 있겠지만 저는 단연코 독서를 꼽고 싶습니다. 유태인 연평균 독서량 68권, 한국인 연평균 독서량 9.1권. 이 차이 아닐까요? 북유럽 강국 스웨덴은 인구 980만 명 가운데 300만 명 이상이 하나의 독서 클럽에 가입해 있다고 합니다. 그리고 우리에게도 소개된 『창문 넘어 도망친 100세 노인』[140]은 100만 부 이상 팔렸습니다. 스웨덴 인구가 한국의 1/5임을 감안했을 때 우리나라로 치면 500만 부가 팔린 것이지요. 바로 이것이 스웨덴의 저력 아니겠습니까? 이들 국가들이 4차 산업혁명 시대에 도태될 거라고 쉽게 말할 수 있을까요? 고위 임원 교육과정에서 소포클레스[141]의 『안티고네』를 읽고 기업의 변화방향을 제시하라'는 문제를 내는 마크 저커버크는 그리스 라틴 고전을 원전으로 읽는 것이 취미라고 합니다. 스티브 잡스는 어린 시절 담임으로부터 "뛰어난 독서가지만 독서를 하느라 너무 많은 시간을 허비한다"는 평을 들었다고 합니다.

이 외에도 수없이 많은 사례가 있겠지요, 자, 결론입니다. 4차 산업혁명은 정말 세상의 모든 것을 다 바꾸어 나갈지도 모릅니다. 하지만 4차 산업혁명이 바꿀 수 없는 진실 하나는 독서하는 자가 여전히 승리한다는 진실일 겁니다.

140. 『창문 넘어 도망친 100세 노인』 : 자신의 100세 생일날, 슬리퍼 바람으로 양로원의 창문을 넘어 탈출한 알란이 우연히 갱단의 돈가방을 손에 넣고 자신을 추적하는 사람들을 피해 도망가며 벌어지는 이야기를 담은 작품이다. 요나스 요나손은 데뷔작인 이 소설을 통해 스웨덴, 덴마크, 독일, 프랑스에서 상을 수상했다.

141. 소포클레스(B.C 497~406) : 그리스 비극 3대 작가 중 하나. 무대에 배경을 도입하고 배우 수를 늘리는 등 비극의 개혁에 힘써, 고대 그리스 비극의 완성자로 불린다. 주요 작품으로는 『아이아스』 『안티고네』 『오이디푸스 왕』 『엘렉트라』 등이 있다.

12

현대미술과 낯설게 하기

창의력이 가장 잘 요구되는 것이 미술 특히 현대미술일 것입니다. 우리나라에도 많은 미대가 있고요, 그 미대를 가려면 당연히 미대 입시를 치러야 합니다. 미대 입시가 어떻게 변했는지 한번 볼까요?

〈주제〉
휘어진 공간 속에 제시된 소재를 활용하여 따뜻함과 차가움을 표현하시오.

〈소재〉
1. 볼트, 너트(투명한 재질로 그릴 것)
2. 구겨진 종이(A4용지 3장, 자기 스스로 구길 것)
3. 은박접시
* 주어진 소재는 부분적으로 반드시 확대된 부분이 있어야 한다.

〈제한 조건〉
1. 연필, 색연필, 수제도구만 사용하시오(파스텔 사용 금지).
2. 주어진 실물소재는 사실 표현하시오.
3. 주어진 A4 용지는 각자 원하는 대로 구기시오.
4. 결합, 배열, 개수는 자유

예전에는 미대 입시를 보려면 왼편처럼 아그리파를 잘 그려야 했습니다. 명암과 선의 굵기를 통해 그 사람을 완벽하게 구현하는 기술이 중요했지요. 하지만 요새 대입 시험은 왼쪽보다는 오른쪽에 가깝습니다.

볼트, 너트와 종이와 은박접시로 따뜻함과 차가움을 표현하라.

현대미술의 핵심이 바로 창의력에 있다는 것을 단적으로 보여 줍니다. 그리고 그 창의력은 바로 '낯설게 하기'지요. 현대미술의 '낯설게 하기'가 어떻게 활용되었는지 한번 보겠습니다.

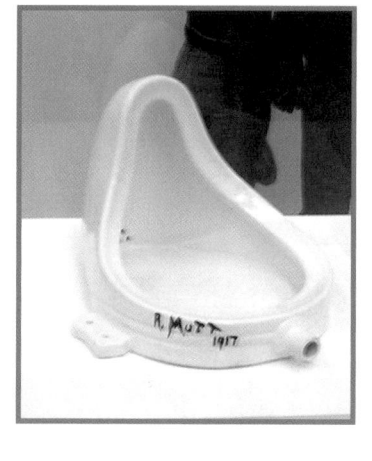

'샘'은 마르셀 뒤샹의 1917년 작품입니다. 제목이 샘(Fontaine)이라는 것도 우습지만 어쨌든 저 소변기를 작품이라고 내놓았지요. 당시에는 욕을 많이 먹었지만 지금은 모두 예술 작품으로 여기고 있는 추세입니다.

단순한 변기지만 작품이라고 하는 순간 그 의미가 달라집니다. 바로 '낯설게 하기'의 전형이지요. 그 옆의 작품도 마찬가지입니다. 이 작품은 뒤샹이 1919년 발표한 L.H.O.O.Q입니다. 앞의 '샘'처럼 모나리자에 수염 하나 붙이는 순간 새로운 작품이 되었습니다. 역시 '낯설게 하기'를 통해 새로운 것을 만들어 낸 것이지요.

사실 뒤샹보다 더 '낯설게 하기'를 실험한 작가가 있습니다. 철학하는 미술가라고 불리는 르네 마그리트입니다. 먼저 그의 작품부터 보겠습니다.

뿌리가 드러난 나무, 떠 있는 바위, 복제되어 공중에 둥둥 떠다니는 사람들. 르네 마그리트의 그림이 중요한 이유는 단순히 잘 그려서가 아니라, 우리에게 '낯설게 하기'를 보여 줌으로써 사고의 확장을 일으키기 때문입니다. 르네 마그리트는 이러한 사고의 확장을 예술의 본질로 보았던 화가입니다.

위의 우측 하단 작품은 〈이것은 파이프가 아니다〉입니다. 마그리트의 작품 중 가장 유명한 작품이지요. 파이프가 아닌 이유는 너무나 간단합니다. 실제로 담배를 피울 수가 없으니까요.

끊임없이 '낯설게 하기'를 선보여야 했던 르네 마그리트. 다르게 말하면 한 평생 창의적인 삶을 살아야 했다는 것인데 너무 힘들고 피곤한 삶은 아니었을까요?

한 Q에 정리하기

Q1 창의력이란 무엇인가?
변화된 환경에 유연하게 주어진 문제를 해결해 나갈 수 있는 능력을 말한다.

Q2 인공지능은 창의력을 갖는가?
전공자마다 평가가 다를 수 있으나 현재의 인공지능은 인간과 같은 창의력을 가진다고 할 수 없다.

Q3 토론토대학의 마틴경제발전연구소(Martin Prosperity Institute)는 글로벌 창의력 지수를 무엇으로 평가하는가?
기술력(Technology), 인재(Talent), 관용성(Tolerance) 등 3개 부문을 종합 평가한다.

Q4 토론토대학의 마틴경제발전연구소는 글로벌 창의력 지수 중 관용성(Tolerance) 지수를 무엇으로 평가하는가?
두 가지로 평가합니다.
1. 인종, 민족적 소수자에 대한 포용력
2. 성적 소수자에 대한 포용력

Q5 창의력이 필요없는 가장 대표적인 집단은?
군대

Q6 창의력을 키우는 세 가지 방법은?
1. 자유
2. 긍정 유인
3. 낯설게 하기

Q7 '낯설게 하기'의 방법은?
1. 여행
2. 독서

Q8 나이가 들수록 시간이 빠르게 흐르는 대표적인 이유는?
새로운 경험을 하지 않기 때문이다.

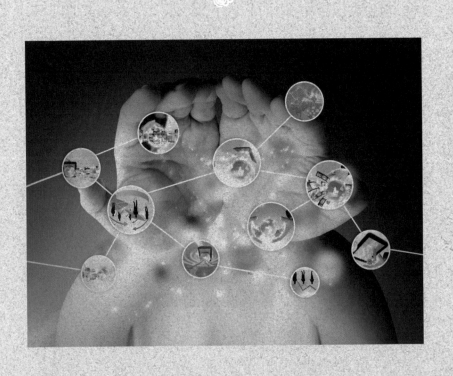

인공지능이 가져올 미래에 대한 가벼운 철학적 생각

인공지능이 우리를 어떻게 변화시킬지 두려우십니까? 인간과 같은 감정을 지닌 인공지능을 '강한 인공지능'이라고 하는데, 이런 '강한 인공지능'의 등장이 혹시 인류를 위협하지는 않을까, 우리는 굉장히 두려워합니다.

하지만 사실 이것은 먼 미래의 이야기이고 약한 인공지능만 하더라도 우리의 삶을 송두리째 변화시킬 겁니다. 아주 쉽게 약한 인공지능의 대표 격인 알파고만 봐도 그렇지요. 수많은 책에서 매번 다루는 인공지능이 가져올 실업이나 인류와의 전쟁 문제가 아닌, 인공지능이 제기할 인류에 대한 철학적 문제를 중심으로 인공지능 이야기를 풀어 나갈까 합니다.

제가 어렸을 때 TV에 등장했던 키트 자동차[142] 시대가 이제 머지않았습

---

142. 키트 자동차 : 〈전격 Z 작전〉이라는 미국 드라마에서 있던 '키트'라는 이름의 자동차이다. 이 자동차는 인공지능 시스템으로 만들어져 음성인식이 가능하다.

니다. 뿐만 아니라 이미 현실화된 유명한 애완 로봇 파로[143]도 있습니다. 파로는 주로 양로원이나 병원에 계신 분들과 함께합니다. 이 아이는 똥도 안 쌉니다. 굉장히 훌륭하죠. 물지도 않아서 굉장히 안전합니다. 그래서 특히 양로원에서 노후를 보내는 분들이 파로를 찾아 많은 대화를 나눕니다. 지금은 간단한 대화에 머물고 있지만 점점 깊은 수준의 대화를 나누게 되겠죠.

가령 "세 시입니다, 약 드셔야죠.", "오늘 토요일인데, 병원 건강검진 가셔야 해요, 같이 말이죠." 거기다 아기처럼 귀여운 외모는 로봇과 인간을 더 친하게 만들 겁니다. 미래에는 노후를 앞두고 파로와 같은 로봇을 누구나 가지게 될 것입니다. 그렇지 않겠습니까, 여러분? 얼마나 예쁘겠어요. 갖고 있으면. 털도 복슬복슬하고 말이죠. 내가 말하는 것, 내가 좋아하는 것도 다 알고 말이죠. 그렇죠? "커피 한 잔 마시면 어떨까?"라는 물음에 "아니요, 오늘은 혈압이 높으시잖아요. 아침에 잰 혈압에 따르면 커피보다 녹차 한 잔 하시는 게 어떻겠습니까?" 하고 얘기해 줄 겁니다. "그러면 빵은 무엇을 먹을까?"라는 질문에는 "예, 오늘은 밀로 만들어진 빵을 드시는 게 낫겠습니다. 오늘 건강 상태로 보아서 크림빵과 같은 달콤한 빵은 가급적 삼가는 게 좋겠습니다. 크림빵은 내일 드시지요"라는 답을 주기도 하고요.

인공지능의 미래는 우리가 영화에서 보는 것처럼 꼭 인간의 감정을 가진 강한 인공지능이 나와서 우리의 삶을 변화시키는 것이 아닙니다. 그리고 사실 강한 인공지능이 등장하는 특별한 상황이 올지 안 올지도 알 수 없습니다. 많은 과학자들은 그런 특별한 상황이 가까운 시일 내에 올 것이라고 말

---

143. 파로 : 일본산업기술총합연구소가 개발한 치료 로봇이다. 이는 입원 환자, 요양시설 수용자 간병인 등의 치료를 돕는 목적으로 쓰인다.

하지만, 저처럼 인문학을 했던 사람들은 그런 과학자의 주장을 의심할 수밖에 없습니다. 왜냐하면 중세에 많은 과학자들은 조만간 연금술이 완벽해질 것이라고 믿었으니까요. 또한 언젠가는 동력을 주지 않아도 영원히 동력을 생산할 수 있는 영구기관이 발명될 거라고 믿어 의심치 않았으니까요.

하지만 지금의 과학은 연금술과 영구기관은 불가능하다고 판결 내리지 않았습니까? 어쨌든 약한 인공지능만 하더라도 '곧' 우리 삶을 충분히 변화시킬 수 있다고 생각합니다. 그렇다면 이런 가까운 미래에 인간 삶을 변화시킬 철학적 문제로는 어떤 게 있을까요?

가장 먼저 말씀드리고 싶은 주제는 바로 Personification, 즉, 의인화의 문제입니다. 우리 인간이라는 동물은 '의인화의 마법사'입니다. 우리는 모든 것을 마치 사람처럼 생각합니다. 가령 장례식 날 비가 오면 "하늘도 슬피 우는구나" 하고 말하죠. 지진이 발생하면 "하늘이 노했구나" 하고 말합니다. 왜 그럴까요? 그것이 우리 본성이기 때문입니다.

특정 결과가 발생했을 때 그 결과의 원인을 찾아내는 것이 바로 인간의 대표적인 특성입니다. 영화 속 인물이 총에 맞아서 죽어 갑니다. 그는 죽으면서 어떤 말을 남길까요? 바로 "왜"입니다. "아프다", "살 수 있을까"가 아니라 "도대체 왜 날 죽이냐"고 묻습니다. 자신이 죽는 원인이 무엇이냐는 것이지요. 그만큼 원인에 집착하는 것이 바로 인간 본성입니다.

왜 이토록 인간은 사건 발생 원인을 찾아내려고 할까요? 때로 그 원인을 찾아내지 못하면 무엇이라도 갖다 붙여 원인이라고 부르는데, 왜 그러는 걸까요?

진화인류학에서 내놓은 설명에 따르면 그래야만 인류가 생존과 번식에 유리한 고지를 차지할 수 있다고 합니다. 무슨 말인가 하면 결과가 있을 때 반드시 그 원인을 부여해 주어야만 우리의 생존 확률이 높아진다는 겁니다.

예를 들어 내가 친구랑 길을 걸어가고 있는데 호랑이가 튀어나옵니다. 그리고 친구가 잡아먹혔습니다. 친구의 죽음은 결과죠. 그때 내가 "음, 그냥 죽었군" 하고 가게 되면 저는 다음에 친구처럼 호랑이에게 잡아먹힐 겁니다. 원인을 따져야만 제가 죽질 않죠. "아, 호랑이가 나온 곳이 수풀이구나. 호랑이가 나온 시간은 저녁이구나. 저녁에 수풀을 지나가는 것은 위험한 일이구나" 하며 원인을 찾아야 한다는 겁니다. 그럼 이제 저녁에 수풀을 지나가지 않게 될 것입니다. 그렇게 저는 생존 확률을 높일 수 있는 거죠.

만약 원인을 찾지 않게 되면 아마 이렇게 될 것입니다. '왜 수풀에, 그것도 저녁에 호랑이가 있는지 모르겠군.' 그러다 이렇게까지 생각할지 모르겠네요. '저녁의 수풀 속 호랑이는 호랑이를 사랑했던 내 친구가 환생한 거야. 그러니까 호랑이가 항상 이 시간이 되면 저 수풀에 머무르지.' 이렇게 말입니다.

다음 사진 하나를 보면서 이야기를 풀어 나가겠습니다.

로봇을 아이스하키 스틱으로 치는 사진

사람이 아이스하키 스틱으로 로봇을 치는 그림입니다. 공개된 이 사진 아래에는 댓글이 많이 달렸습니다. 로봇을 때리는 사람을 엄청 욕하는 거죠. "개자식, 나쁜 새끼. 왜 때려. 로봇 안 불쌍해?" 이런 식으로 댓글이 엄청 많이 달렸습니다. 어떤가요? 로봇이 불쌍합니까? 책상을 때리면 책상이 불쌍해지는 건가요? 제 대답은, 책상은 불쌍하지 않아도 로봇은 불쌍할 수 있다는 겁니다. 더 나아가 이런 질문을 던져 봅시다. '로봇 학대법'이 생길까요, 안 생길까요?

저는 로봇 학대법이 '생긴다'에 손을 들겠습니다. 왜냐고요? 로봇은 곧 의인화될 테니까요.

의인화가 이루어진 사물에 대해 가중 처벌하는 법은 이미 현실에 존재합니다. 바로 '도축법'입니다. 여러분, 소나 돼지를 도축하면 잡혀가나요, 안 잡혀가나요? 안 잡혀가죠? 하지만 개를 도축하면 잡혀가잖아요. 간단한 거예요. 그렇지 않습니까?

도살장에서 소를 잡았어요. 나쁜 놈이라 하나요? 아니죠. 근데 개는 도축하면 잡혀가죠. 왜 그럴까요? 사람이 개와 소를 구별하기 때문입니다. 왜 구별할까요? 개가 더 똑똑해서? 아닙니다. 차이는 바로 의인화 여부입니다.

개를 키우는 사람 대부분이 자신의 개와 대화할 수 있다고 주장합니다. "나는 내 개와 대화할 수 있어", "내 개는 내 말을 알아들어"라고요. 그런데 개를 키우지 않는 사람들이 보면 어떨까요? 우습죠. 이것이 바로 Personification, 의인화입니다.

만약, 내가 사랑하는 개를 누가 와서 때렸어요. 분노합니다. 왜 그럴까요? 이 개에게는 내 모든 감정이 들어가 있기 때문입니다. 가축을 학대한 것과 반려동물을 학대한 것. 모두 죄가 되지만 반려동물을 학대한 것이 더 큰 죄가 되는 이유가 바로 여기에 있습니다.

로봇학대죄가 안 생길까요? 같은 맥락으로 이번에는 파로 로봇의 주인 이야기를 들어보죠.

"나는 양로원에서 파로 로봇을 하나 키웠어요. 파로는 나와 10년 동안 함께 살았어요. 얘는 맨날 세 시만 되면 나한테 약 먹으라고 그랬어요. 토요일이 되면 나한테 병원 같이 가자고 했고요. 내가 근심 어린 표정을 짓고 있으면 무슨 일이냐고 물어보기도 했죠. 오늘은 무슨 재롱 떨어줄까 물어보는 애예요. 자식들은 안 찾아와도 얘는 늘 내 곁에 있었어요. 그리고 10년 동안 배터리만 갈아 주면 됐어요. 그런데 요새는 파로도 나이를 먹어서 그런지 예전보다는 힘이 떨어져서 안 그래도 우리 파로를 걱정하고 있던 참인데, 어떤 사람이 와서 애를 때렸어요. 그래서 파로가 심하게 다쳤어요. (망가졌어요가 아닙니다.) 아무런 이유 없이 그냥 심심풀이로 우리 파로를 때린 겁니다."

파로를 키우는 사람의 입장에서 파로 가해자를 처벌해야 한다고요? 다른 물건을 파괴하는 것과 동일하게 처벌해야 한다고요? 아니죠. 파로 주인은 훨씬 더 강력한 처벌을 원할 겁니다. 단순히 사유재산을 손괴한 것이 아닌 더 큰 죄로 말이죠! 로봇학대죄에 대한 문제는 결코 쉬운 문제가 아닙니다. "이게 무슨 문제야?" 하실 수 있지만 그렇지 않습니다.

그렇다면 의인화를 했을 때 어떤 문제가 발생할 수 있는지 생각해 봅시다. 개와 대화를 하는 사람에게 그게 문제라고 지적하면, 바로 "그게 왜 문제야? 내가 내 개랑 대화를 한다는데? 누가 뭐라 그럴 거야?"라고 반문할 겁니다. 예, 사실 그 자체로는 문제가 없습니다. 누가 그걸 문제라고 하겠습니까? 그런데 만일 그 사람이 하루 종일 개하고만 대화하면서 산다고 생각해 보십시오. 그건 문제가 되지 않을까요? 누가 하루 종일 개하고만 대화하고 사냐고요? 우리의 과거를 돌아보면 우리 조상 가운데 상당수는 개는 아니지만 의인화된 사물과 하루 종일 대화하면서 살았던 것을 알 수 있습니다.

사실 인류는 과거에 모든 사물을 의인화하고 그 속에서 살아왔습니다. 하늘도 의인화했고, 별자리도 의인화했습니다. 우리가 알고 있는 카시오페이아나 오리온 등도 그렇지요. 산, 강, 달, 별, 돌, 나무 등등, 가만히 생각해 보면 우리 주변의 모든 사물을 의인화하고 살았습니다. '백두산의 높은 기상', '한강의 넓은 품', '옥토끼가 놀고 있는 달' 등의 표현도 그렇고, 돌을 쌓아 기원하거나 신성한 나무 앞에서 정화수를 떠 놓고 기도하는 것도 그렇고, 이렇듯 우리 과거 세대는 모든 사물을 의인화하며 살았습니다.

의인화가 만연했던 때는 지금 보면 참 아름다웠던 시절이라고 생각할 수도 있지만 실은 이성이 부재했던 시대였고, 이성이 본격적으로 대두될 때쯤에는 의인화가 그 이성을 가로막는 걸림돌이 되기도 했습니다. 별의 움직임을 의인화한 점성술을 일례로 들 수 있습니다. 중세 시대에는 점성술이 사람들로 하여금 비이성적인 판단을 하게 만들었습니다. 마녀 자리가 별자리에 뜨면 "올해는 마녀가 나타나겠군"과 같은 생각을 하는 것이지요. 그래서 멀쩡한 노파를 데려다 마녀 심판을 합니다. 판결 결과는 노파를 물속에 빠뜨려서 알 수 있습니다. 만약 노파가 물속에 가라앉으면 "어휴, 마녀가 아니었는데 미안해서 어쩌지?" 하고 애석해하고, 노파가 물 위로 떠오르면 "마녀가 틀림없어!"라고 말하며 화형시키는 겁니다.

결국 마녀로 지목받은 사람의 선택지는 물에 빠져 죽을 것이냐, 불에 타서 죽을 것이냐, 둘 중 하나밖에 없는 거예요. 다른 예를 들어 보겠습니다. 제갈량이 하늘을 바라보며 한숨을 쉽니다. 삼국지를 보면 이럴 때 꼭 옆에 있는 사람이 물어봅니다. "무슨 일이십니까?" 하고요. 그럼 제갈량이 굳이 또 대답을 해 주죠. "방통이 오늘 죽었겠구나…"라고 말입니다. 하지만 실제로는 별을 보고 뭘 알 수 있겠습니까? 아무것도 알 수 없는 거예요. 이어서 깃대가 부러집니다. "아 오늘 적군이 야습을 하겠구나." 무슨 소리를 하는 거죠? 깃발은 중력의 법칙에 의해서 부러졌을 뿐이에요. 보면 알겠지만 모든 의인화가 바로 이런 어이없는 문제를 갖게 되는 겁니다. 다시 한번 말하지만 의인화는 '이성의 부재'라고 표현할 수 있습니다.

중세에서 근세로 넘어오는 시기에 이러한 이성의 부재를 날카롭게 비판한 철학자가 있습니다. 바로 프랜시스 베이컨이죠. 프랜시스 베이컨이 우상론(idol theory)을 펼칩니다. 이 우상론[144]에는 네 가지 우상이 있습니다. 그중 '종족의 우상'을 보겠습니다.

마치 모든 것을 다 인간처럼 생각하는 것을 종족의 우상이라고 말합니다. 한마디로 의인화지요. 베이컨은 "우리는 중세의 미몽에서 벗어나지 못하고 있다"고 말했습니다. 의인화가 반드시 나쁜 것은 아니지만 의인화로 삶을 점철하게 되면 우리는 미몽에 빠질 수밖에 없습니다. 올바른 지혜를 획득할 수 없겠지요.

따라서 의인화의 문제점을 철학적인 시각으로 접근해 보자면 첫 번째로, 종족의 우상으로 인한 인간의 이성 약화를 들 수 있습니다. 우리가 인간보다 로봇과 더 많은 시간을 보내고 그 로봇을 끊임없이 의인화한다면 이성이 부재하는 시대가 또다시 오지 않을까요? 저는 이것이 그저 기우에 불과할 것 같지는 않습니다.

이러한 의인화는 인간을 인간답게 만드는 상호작용을 할 수 없게 만듭니

---

144. 프랜시스 베이컨의 네 가지 우상 : 베이컨은 사람들이 판단을 흐리게 하는 장애 요인이 있다고 말했다. 그리고 그것을 우상이라고 부른다. 그는 네 가지의 우상을 꼽았다. 모든 사물을 인간의 입장에서만 해석하려는 '종족의 우상', 개인적인 환경이나 습관에서 나타나는 편견인 '동굴의 우상', 인간의 말에 의해 나타나는 편견인 '시장의 우상', 독단적으로 상황을 해석하거나 전통, 역사, 권위에 의존하는 '극장의 우상'이다.

다. 아니, 로봇과 상호작용을 하는데 무슨 소리냐고 하는 분도 계실 겁니다. 예를 들어 볼게요. 사랑도 로봇과 한다고 생각해 봅시다. 여러분, 사람하고 사랑을 하는 것과 로봇과 사랑을 하는 것 중 무엇이 나을까요? 어떤 분은 로봇과의 사랑을 더 선호할지도 모릅니다. 인간하고 사랑해 보면 어떻습니까? 너무 피곤하잖아요. 그렇다면 한번 생각해 봅시다. 사람이 로봇과 사랑을 하고 로봇과 생활을 하고 그렇게 로봇과 온종일 지내게 되면 어떤 문제가 나타날까요? 로봇하고만 살면 상호작용을 하지 못합니다. "무슨 소리! 나는 로봇하고 상호작용하는데?"라고 반문할 수도 있겠습니다.

가령, 이런 대화가 오간다고 합시다. "3시입니다. 커피를 드실 시간입니다." "커피 말고 녹차 마시면 안 될까?" "컨디션 보니까 오늘은 녹차를 드셔도 괜찮을 것 같습니다." 더 나아가 "자기, 나 사랑해? 나 말고 다른 사람 있는 거 아니지?", "그럼요 저는 당신만을 사랑한답니다. 당신이야말로 다른 로봇을 마음에 두지 마세요." 이렇게 열심히 상호작용하고 있는데 무슨 말이냐고 반박할 수 있겠지요. 하지만 가만히 생각해 보면 이건 상호작용이 아닙니다.

개와 대화를 나누는 개 주인 얘기로 다시 돌아가 봅시다. 개와 대화한다는 것은 진짜로 개와 대화하는 것일까요, 아니면 '개' 안에 빙의되어 있는 '나'와 대화한 것일까요? 이 차이를 이해하셔야 합니다. 집에서 개와 대화를 한다는 것은 실제로 개와 대화한 것이 아니라, 사실은 '개 안에 빙의된 나'와 대화를 하는 것이지요. "나, 오랜만에 봤지, 내가 밤 9시에 집에 와서 그동안 네가 많이 외로웠지? 이 외로움을 어떻게 보상해 줄까? 개뼈다귀 하나 더 줄게." 이건 개와 대화한 것인가요? 아니오, 나랑 대화한 겁니다.

굉장히 재미있는 얘기죠. 그런 맥락에서 우리 인간은 인공지능하고는 진

정한 '대화'를 나눌 수 없다는 겁니다. 알고 보면 나와 인공지능의 대화가 아니라, 나와 나에게 맞추어져 있는 프로그램이라는 또 다른 나와 대화를 나누었을 뿐이지요. 즉, 그러한 상호작용은 주체와 주체 간의 교류가 아니라, 주체와 객체 간의 교류일 뿐이라는 겁니다. 진정한 의미의 상호작용일 수 없지요.

사랑하는 사람과의 관계는 서로 각자가 주체임을 인정하고 만남이 있어야 진정한 애인이 될 수가 있지요. 그래야 때로는 싸우고 헤어지고 때로는 원수가 될 수도 있습니다. 그러나 인공지능 애인은 내가 원하지 않는 한 나와 싸우지도 헤어지지도 원수가 되지도 않습니다. 그렇기 때문에 인공지능 애인이 더 좋을지도 모르지만 말입니다.

흔히 인공지능과의 사랑에서는 "진정한 감정을 못 느낄 거야"라는 식의 주장을 합니다. 하지만 이는 굉장히 피상적인 접근입니다. 진정한 감정을 얼마든지 느낄 수 있을 테니까요. 개를 진정으로 사랑하는 견주는 있을 수 없습니까? 그렇지 않죠. 그리고 그게 나쁜 건가요? 절대 그렇지 않죠. 다만 진실은 주체와 주체 간의 대화가 아니라는 것이지요.

그것은 결국 나의 복제품과 나와의 대화일 뿐인 겁니다. 그래서 우리가 인공지능에 둘러싸이게 되면 마치 군중 속의 고독과 같은 현상이 일어나게 됩니다. 많은 사람에게 둘러싸여 있지만 진정한 상호작용을 못할 때 이렇게 표현하죠. 마찬가지로 우리가 인공지능에 둘러싸여 있을 때 누군가 옆에 있지만 아무도 존재하지 않는 듯한 고독을 느낄 수 있다는 겁니다.

마지막으로 인공지능 로봇으로 둘러싸인 삶을 상상해 보기로 합시다. 그 상상의 출발점을 '오타쿠'로 시작하겠습니다. 저는 이 용어가 앞서 언급한 '고독'을 표현하기에 적당하다고 생각합니다. 세상에는 여러 오타쿠가 있습니다. 그런데 가만히 생각해 보면 그들의 공통점은 '인간과의 접촉을 끊은 사람들'이라는 사실을 알 수 있습니다. 그들은 골방에 틀어박혀서 어떤 사물 하나를 의인화하고 그것하고만 대화를 합니다. 또한 모든 것을 그 안에서 해결하죠. 그렇죠? 그렇다면 오타쿠가 나쁜 건가요? 아니지요. 저는 우리 인공지능 사회가 나쁘다고 말씀드리는 게 아니라, 그 변화가 어떻게 전개될 것이고 인간에게 있어서는 어떤 영향을 줄 것이냐를 생각해 보자는 것이지요.

극단적으로 마리화나를 통해서도 행복해질 수 있잖아요? 마리화나에 중독되면 자신만의 공간 속에서 대화를 한다고 합니다. 만일 어떤 사람이 마리화나를 피우는데 그것이 남에게 피해를 주지도 않고 자신의 건강을 해치는 것도 아니어서, 사람과의 관계를 최소화한 채 골방에서 혼자 마리화나를 피우며 사는 삶을 선택했다고 칩시다. 그 선택이 잘못되었다고 쉽게 말할 수 있을까요?

〈매트릭스〉라는 영화에서 주인공들을 배신하고 행복한 가상세계에 남겠다고 선택한 인간을 로봇 편을 들었다고 함부로 매도할 수 있을까요? 참으로 어려운 문제입니다. 인공지능으로 둘러싸인 새로운 인간의 모습. 어찌 보면 '행복한 정신병원'이 아닐까요?

한 권으로 정리하는
4차산업혁명

초판 1쇄 발행 2018년 5월 11일
1판 19쇄 발행 2022년 1월 3일

지은이   최진기
편집인   서진
펴낸곳   이지퍼블리싱

마케팅   김정현
디자인   강희연
제작   김경호

주소   서울시 서초구 반포대로 20길 29, JK빌딩 2층
대표번호   031-946-0423
팩스   070-7589-0721
전자우편   edit@izipub.co.kr
출판신고   2018년 4월 23일 제 2018-000094호

ISBN 979-11-963764-0-6 03320
값 16,800원